Karl Ludwig Peter

Studien zur römischen Geschichte

Ein Beitrag zur Kritik von Th. Mommsen's Römischer Geschichte

Karl Ludwig Peter

Studien zur römischen Geschichte
Ein Beitrag zur Kritik von Th. Mommsen's Römischer Geschichte

ISBN/EAN: 9783743657151

Hergestellt in Europa, USA, Kanada, Australien, Japan

Cover: Foto ©ninafisch / pixelio.de

Weitere Bücher finden Sie auf **www.hansebooks.com**

STUDIEN
ZUR
RÖMISCHEN GESCHICHTE.

EIN BEITRAG ZUR KRITIK

VON

TH. MOMMSEN'S RÖMISCHER GESCHICHTE.

I. DIE ERSTEN JAHRE DES ZWEITEN PUNISCHEN KRIEGS. II. DIE ENTWICKELUNG DER VERFASSUNG. III. DIE MACCHIAVELLISTISCHE POLITIK DER RÖMER IN DER ZEIT VOM ENDE DES ZWEITEN PUNISCHEN KRIEGES BIS ZU DEN GRACCHEN.

VON

CARL PETER,

DOCTOR DER THEOL. UND PHIL., RECTOR DER KÖNIGL. LANDESSCHULE PFORTA UND CONSISTORIAL- UND SCHULRATH.

HALLE,

VERLAG DER BUCHHANDLUNG DES WAISENHAUSES.

1863.

Die gegenwärtige Schrift ist hauptsächlich für den Kreis der Gymnasien bestimmt. Der Verf. hat seit seiner ersten Bekanntschaft mit dem Mommsenschen Geschichtswerke das Bedürfniss gefühlt, von den Gymnasien den nachtheiligen Einfluss abzuwehren, von dem sie nach seiner Meinung durch das genannte Werk bedroht sind; aus diesem Bedürfniss ist sowohl die gegenwärtige Veröffentlichung als eine frühere von ähnlicher Art hervorgegangen. Unsere Schüler werden nur zu leicht durch die lebhafte, erregte Darstellung, durch die Neuheit der Urtheile und durch die glänzende Gelehrsamkeit fortgerissen, sie erfüllen sich mit Ansichten, die theils unhaltbar theils für sie geradezu verderblich sind und zu deren Prüfung es ihnen an allem Erforderlichen fehlt, und wenden sich dafür von dem ab, was immer die wichtigste Aufgabe der Gymnasien bleiben muss, nämlich von der sicheren Aneignung des historischen Materials und von der eigenen Arbeit des Forschens und Denkens, zu der sie schon auf der Schule angeleitet werden sollen und ohne die jede Beschäftigung mit der Geschichte eine nutzlose und unfruchtbare ist. Um also diesen Nachtheilen vorzubeugen, hat der Verf. schon im J. 1861 die beiden Abhandlungen über die ersten Jahre des zweiten punischen Kriegs und über die Entwickelung der Verfassung als Programm der hiesigen Landesschule drucken lassen, und zu demselben Zweck veröffentlicht er jetzt eine dritte Abhandlung über die Macchiavellistische Politik der Römer in der Zeit von dem Ende des zweiten punischen Kriegs bis zu den Gracchen; womit, wie uns scheint, die Hauptseiten des Mommsenschen Werkes erschöpft sind.

Wenn jetzt auch die früher schon gedruckten Theile nur mit geringen Aenderungen wieder dargeboten werden, so geschieht diess auf Veranlassung der geehrten Buchhandlung, welche damit den häufigen Nachfragen nach denselben entgegenzukommen wünschte.

Noch ist zu bemerken, dass die Anführungen aus dem Mommsenschen Werke überall auf die dritte Auflage gehen. Nur S. 74 sind die Seitenzahlen der zweiten Auflage 761. 763. 764. 767 statt 781. 783. 784. 787 durch ein Versehen stehen geblieben.

Pforta, im Juni 1863.

Uebersicht des Inhalts.

Einleitung, S. 1—19.
  Allgemeine Betrachtungen über das Mommsen'sche Werk, S. 1—5. Subjectivität und Leidenschaftlichkeit der Urtheile, S. 5—8. Widersprüche, S. 8—14. Uebermass in der Modernisirung, S. 14—17. Plan der gegenwärtigen Schrift, S. 17—19.

I. Die ersten Jahre des zweiten punischen Kriegs, S. 19—54.
  Die Vorspiele des Kriegs: Hannibals Krieg in Spanien und seine Stellung zu der heimischen Regierung, S. 19—27. Die Versäumungen und sonstigen Fehler der Römer im ersten Jahre des Kriegs, S. 28—34. Die Schlacht am Ticinus, S. 34—35. Die Schlacht an der Trebia und ihre falsche Auffassung in Folge der Uebertragung moderner Verhältnisse auf die alte Zeit, S. 35—45. Das Urtheil über Fabius Cunctator und Hannibals Kriegführung, S. 45—52. Schlacht bei Cannä, S. 52—53. Resultate, S. 53—54.

II. Die Entwickelung der Verfassung, S. 54—115.
  Die Entwickelung der römischen Verfassung bis zu den Gracchen überhaupt, S. 54—56. Die Servianische Verfassung, S. 56—61. Das Volkstribunat, S. 61—64. Die Comitien, S. 64—65. Der Charakter und die verschiedenen Stadien des Parteikampfs, S. 66—78. Hrn. M.'s Auffassung von der Zeit seit den Gracchen, S. 78—82. Prüfung derselben im Allgemeinen, S. 82—88. Ueber Pompejus und die römische Demokratie vom J. 70 v. Chr. bis 61, S. 89—98, vom J. 61 bis zum Ausbruch des Bürgerkriegs, S. 99—108. Hrn M.'s Stellung zu den Quellen, insbesondere zu Cicero's Briefen und zu Sallust, S. 108—112. Widersprüche in den Urtheilen über Cäsar und sein Werk, S. 112—115.

III. Die Macchiavellistische Politik der Römer in der Zeit vom Ende des zweiten punischen Kriegs bis zu den Gracchen, S. 115 — 183.

Begriff der Macchiavellistischen Politik und Ableitung derselben aus dem Grundcharakter des römischen Volks, S. 115 — 127. Nachweis derselben an dem Verfahren der Römer gegen die Karthager, S. 127 — 138, an Macedonien, Syrien, Pergamum und Rhodus, S. 138 — 155, an Aegypten, S. 155 — 158. Hrn. M.'s Ansicht von dem Verfahren der Römer gegen Griechenland, S. 158 — 165. Kritik dieser Ansicht, S. 165 — 182. Schlussbetrachtungen, S. 182 — 183.

STUDIEN

ZUR

RÖMISCHEN GESCHICHTE.

Diejenigen, welche sich gleich dem Verfasser dieser Abhandlung bereits seit mehreren Decennien mit der römischen Geschichte beschäftigen, werden sich noch des Eindrucks lebhaft erinnern, den Niebuhrs römische Geschichte zu der Zeit machte, wo sie entweder eben erst erschien oder doch noch durch den Reiz der Neuheit wirkte, und wo Jeder, der sich mit der alten Geschichte gründlicher vertraut zu machen suchte, es vor Allem für seine (heut zu Tage nicht selten vergessene) Pflicht hielt, sich in dieses Werk hinein zu studieren. Es war als ob die römische Geschichte mit einem Zauberstabe berührt worden wäre, so viel des Todten war lebendig gemacht, so viel Neues war an das Licht gezogen worden.

Wir sind weit entfernt, an dieser Stelle eine Charakteristik des Niebuhrschen Werkes unternehmen zu wollen; indess können wir doch nicht umhin, Eins in Bezug auf dasselbe hervorzuheben.

Niebuhr ging von der Ansicht aus, dass die Darstellung der sog. Annalisten die Wahrheit der römischen Geschichte enthalten habe und dass es demnach die Hauptaufgabe des Geschichtsforschers sei, von denjenigen Quellenschriftstellern, denen wir unsere Kunde von der älteren römischen Geschichte verdanken, wieder auf jene Annalisten, aus denen die letztern geschöpft, zurückzudringen. Er meinte, dass die echte Gestalt der ältern Geschichte in diesen letztern nur wie mit einem Firniss überzogen sei, und dass es dem geübten Urtheile des Kritikers gelingen müsse, diesen Firniss zu erkennen und zu beseitigen. Das Auge des Geschichtsforschers müsse sich — so drückt er sich bildlich aus — in Bezug auf die älteste Zeit, wie das des Gefangenen im Kerker, an das Dunkel gewöhnen und sich dadurch in den Stand setzen, Dinge zu erkennen und zu unterscheiden, die dem gewöhnlichen Beobachter verhüllt blieben.

An die Stelle des reinen unverfälschten geschichtlichen Bildes der Annalisten, welches nur in der Voraussetzung Niebuhrs, nur in der Idee existirte, setzte sich leicht und von selbst die Idee der historischen Wahrheit selbst, und so hat Niebuhr, indem er dieser mit allen Mitteln des Scharfsinns und der umfassendsten, reichsten Gelehrsamkeit dem Buchstaben der Quellenschriftsteller gegenüber zu ihrem Rechte verhalf, zur Begründung der neuen Methode der historischen Forschung und Geschichtschreibung Wesentliches beigetragen. Indess konnte jene nicht völlig klare Auffassung des Sachverhältnisses doch nicht ohne nachtheilige Einwirkung auf sein Werk bleiben, namentlich auf die Form desselben. In Folge derselben stellte er sich, soweit sein Werk einen darstellenden Charakter hatte, die Aufgabe, nach Auffassung und Stil so viel als möglich die Annalisten wiederzugeben und so das vermeintlich ursprüngliche Bild der Dinge wieder herzustellen; da aber in diesen Partieen das Ergebniss seiner Forschungen nur zum geringsten Theile niedergelegt werden konnte, so sah er sich genöthigt, diesen darstellenden Abschnitten andere untersuchenden und begründenden Inhalts hinzuzufügen, so dass also das ganze Werk in zwei verschiedene Bestandtheile zerfällt, die erst vereinigt und verschmolzen ein den Anforderungen der Wissenschaft der Gegenwart entsprechendes Ganze zu geben vermögen.

Seit Niebuhr nun hat man sich in den fünfzig Jahren, die seit dem ersten Erscheinen seines Werks verflossen sind, auf dem Gebiete der römischen Geschichte fast ausschliesslich darauf beschränkt, die von ihm gelieferten Ergebnisse zu prüfen und zu sichten und weiter auszubilden oder wohl auch nur verschiedentlich zu variiren; wobei man überall in den zahlreichen Untersuchungen dieser Art auf Niebuhrs Ansichten als Ausgangspunkt zurückgegangen ist.

Durch Th. Mommsens römische Geschichte ist, so zu sagen, jener Zauberstab wieder von Neuem in Bewegung gesetzt worden. Durch Mommsen ist die römische Geschichte wiederum etwas Neues geworden, sie hat durch die Gelehrsamkeit des Herrn Verfassers eine Menge neuer Gebiete oder doch Gebietsstrecken gewonnen; was aber noch viel höher anzuschlagen, es ist ihr ein neuer Geist eingehaucht und damit eine neue Gestalt verliehen worden.

Es ist wahrhaft bewundernswürdig, wie der H. Verf. überall neue Quellen der Erkenntniss in Inschriften, in der Sprachforschung, in den Denkmälern aller Art, nicht minder aber auch in den allgemein benutzten Schriftstellern durch einzelne erst von ihm ans Licht gezogene Stellen entdeckt und flüssig gemacht, und vielleicht noch bewundernswürdiger, wie er diesen ausserordentlichen Reichthum an Material durch Aufnahme in den Zusammenhang und durch Herstellung von Bedingungen und Beziehungen zu beleben und fruchtbar zu machen gewusst hat. Das Werk bietet dem Leser in dieser Hinsicht vielfach den höchsten Genuss, den überhaupt das Studium gewähren kann, den Genuss, unter dem Lesen sich klarer und durch die Beseitigung des Druckes, den alles Unverstandene oder Unvollständige und Lückenhafte auf den Geist ausübt, sich freier werden zu fühlen. Dazu kommt der ungemeine Reiz der frischen, erregten, geistvollen, überall in ungehemmtem Fluss strömenden Darstellung. Es ist dem H. Verf. nicht selten in glänzendster Weise gelungen, ohne den Boden der Geschichtschreibung zu verlassen, das Werk des Dichters zu üben und den historischen Ideen eine wahrhaft plastische, den Leser durch die ganze Macht sinnlicher Wirkung fesselnde Gestaltung zu verleihen.

Der Hauptgrund dieser glänzenden Leistung ist, wie wir nicht bezweifeln möchten, neben der ausserordentlichen, allgemein anerkannten Gelehrsamkeit des H. Verf., neben seinem allgemeinen Talent und der Fruchtbarkeit seiner Phantasie, ohne die sie nicht möglich gewesen wäre, hauptsächlich darin zu suchen, dass er jene Zweiheit Niebuhrs, jene Trennung zwischen Darstellung und Vermittelung derselben mit den Forderungen der Wissenschaft beseitigt, dass er den Stoff vollständig verinnerlicht, mit dem geistigen Erwerb der Gegenwart durchdrungen und den Ansprüchen und dem Gehalt der Wissenschaft gemäss gestaltet, oder, wie es uns nun zu sagen gestattet sein wird, dass er die römische Geschichte völlig ins Licht der Gegenwart gerückt, sie modernisirt hat.

Es wird nach dem, was heut zu Tage auf dem Gebiete der Geschichte als Grundsatz ausgesprochen und von den Meistern wirklich geleistet worden ist, keines Beweises bedürfen, dass diess vollkommen berechtigt ist. Nur auf diese Weise kann die Geschichte, indem sie sich in den Organismus der Wissenschaft einfügt, ein lebendiges Glied, ein integrirender Theil derselben werden, nur so ist es möglich, dass die behandelte Partie ihre Stelle in dem Ganzen der bisherigen historischen Entwickelung einnehme, dass sie als ein Theil des bisher von der Menschheit zurückgelegten Wegs erscheine; wie sollten wir auch sonst dazu kommen, woher den Muth nehmen, Perioden zu reproduciren, die z. B. ein Thucydides, ein Tacitus bereits bearbeitet hat? Freilich wird sich demnach auch die Geschichte (wie jede lebendige Wissenschaft) mit jedem grossen Schritt, den die Menschheit in ihrer geistigen Entwickelung thut, erneuen müssen; indess eben dadurch wird sie sich auch als die sich stets verjüngende, die anregende und belebende Wissenschaft bewähren, die sie sein soll.

Wir wollen noch hinzufügen, dass für eine lebendige, aus dem Innern heraus geschaffene und gestaltete Geschichtschreibung, wie wir sie im Sinne haben, auch der Parteistandpunkt des Verfassers im Allgemeinen seine volle Berechtigung hat. So lange die Ansicht von dem Gange der Entwickelung, den die Menschheit bisher genommen und von dem Ziele, welchem sie zustrebt, so sehr eine vom Parteistandpunkte bedingte bleibt, wie sie es jetzt ist und wohl noch lange sein wird, so lange wird es nicht anders möglich sein als dass jede Partie der Geschichte, die einen historischen Gehalt hat, sofern sie überhaupt von dem Geiste ihres Darstellers durchdrungen und erleuchtet wird, in dem Lichte seiner Parteiansicht erscheine. So bildet z. B., um unserer vaterländischen grossen Geschichtschreiber nicht zu gedenken, bei Macaulay der whigistische Parteistandpunkt die Grundlage, gleichsam den Einschlag seiner ganzen Darstellung, und eben so ist es bei Grote der Standpunkt des englischen Radicalismus, der überall — bei ihm vielleicht zu sehr — hervortritt. Und hiermit hängt es auch zusammen, dass der subjektiven Empfindung in der Geschichtsdarstellung keineswegs, wie man wohl gemeint hat, aller Ausdruck versagt ist. Wir besitzen an Tacitus eins der bewunderungswürdigsten Beispiele, was für eine grossartige Wirkung die Empfindung des Darstellers in einem Geschichtswerke hervorbringen und wie sehr der Ausdruck derselben der Aufgabe und den Gesetzen der Geschichtschreibung entsprechen kann, zugleich aber auch, wie sehr es hierzu der Mässigung und Zurückhaltung und Besonnenheit des Geschichtschreibers bedarf.

Wenn nun aber H. M. auf diesem Wege seinem Werke die ausgezeichnetsten Vorzüge verliehen hat (die wir unserem Zwecke gemäss nur anzudeuten haben versuchen können): so stehen denselben auf der andern Seite gewisse Mängel entgegen, die um so mehr eine genaue Erörterung erfordern dürften, je mehr jene glänzenden Vorzüge geeignet sind, den Leser gefangen zu nehmen und fortzureissen. Zum nicht geringen Theil aber haben diese Mängel ihren Grund darin, dass dieselbe schöpferische Kraft, die sein Werk zu einer so ausgezeichneten Leistung erhoben hat, nicht selten durch ein gewisses Uebermass in ihrer Anwendung die der Geschichtsforschung wie der Geschichtschreibung gesetzten Schranken überschreitet und ihn deshalb auf Wege führt, die, so nahe sie auch seinen Vorzügen liegen, dennoch nach unserer Ansicht nichts anderes sind als Verirrungen.

Einen besonders grossen Theil dieser Schuld scheint uns die übergrosse Erregtheit des H. Verf. im Ausdruck der eigenen subjektiven Empfindung zu tragen. Wir haben oben diesem Ausdruck im Allgemeinen seine Berechtigung zugestanden, wir verkennen ferner keineswegs, dass es gerade die Lebhaftigkeit der Empfindung des H. Verf. ist, welche seiner Darstellung oft den höchsten Reiz verleiht: indess nur zu oft geht er damit weit über alle Grenzen des Erlaubten hinaus. Man höre, wie er über abweichende Ansichten Anderer zu urtheilen pflegt. Er selbst hat z. B. die Ansicht, dass die

Befreiung Griechenlands durch Flaminius aus den redlichsten, gegen die Griechen nur allzu wohlwollenden Motiven hervorgegangen sei. Von denen, die anderer Ansicht sind, sagt er I. S. 717. (3. Aufl.): „Nur von der verächtlichen Unredlichkeit" (S. 695 wird an deren Stelle „die stumpfe Unbilligkeit" gesetzt) „oder der elenden Sentimentalität kann es verkannt werden, dass es mit der Befreiung Griechenlands den Römern Ernst war," S. 718: „Blos die Jämmerlichkeit sieht hierin nichts als politische Berechnung," S. 745: „Der von dem gelehrten Pöbel hellenischer und nachhellenischer Zeit bis zum Ekel wiederholte Vorwurf, dass die Römer bestrebt gewesen wären, den inneren Zwist nach Griechenland zu tragen, ist eine der tollsten Abgeschmacktheiten, welche politisirende Philologen nur je ausgesonnen haben." Ueber einen anderen Gegenstand heisst es I. S. 94: „Nichts verkehrter als die Servianische Ordnung für die Einführung der Timokratie in Rom auszugeben," ferner I. S. 44: „Man hat mit diesen drei Elementen, in die die älteste römische Bürgerschaft zerfiel, den heillosesten Unfug getrieben; die unverständige Meinung, dass die römische Nation ein Mischvolk sei, knüpft hier an und bemüht sich in verschiedenartiger Weise die drei ältesten italischen Racen — in ein wüstes Geröllc etruskischer und sabinischer, hellenischer und leider sogar pelasgischer Elemente zu verwandeln. Nach Beseitigung der theils widersinnigen theils grundlosen Hypothesen" etc. In Bezug auf Cäsar und die Ansicht, dass der Krieg in Gallien wesentlich dazu beigetragen habe, ihm in einem tüchtigen, ergebenen Heere das Werkzeug zur Gewinnung und Begründung seiner Alleinherrschaft zu verschaffen, lesen wir sogar III. S. 209: „Es ist mehr als ein Irrthum, es ist ein Frevel gegen den in der Geschichte mächtigen heiligen Geist, wenn man Gallien einzig und allein als den Exercierplatz betrachtet, auf dem Cäsar sich und seine Legionen für den bevorstehenden Bürgerkrieg übte."

Eben derselbe Ton herrscht aber auch nicht minder vielfach in den Urtheilen über die Dinge und Personen der Geschichte selbst. Auch hier müssen wir aus der grossen Menge von Beispielen wenigstens einige anführen. In der ältesten Zeit sind es hauptsächlich die Etrusker, die den Ausdruck seiner Empfindung über das richtige Mass hinaus fortreissen. Von dem etruskischen „Sakralwesen" heisst es I. S. 178, es herrsche darin „eine düstere und dennoch langweilige Mystik, Zahlenspiel und Zeichendeuterei und jene feierliche Inthronisirung des reinen Aberwitzes, die zu allen Zeiten ihr Publikum findet." Ihre Blitzlehre, Haruspicin, Wunderdeutung sind „ausgesponnen mit der ganzen Haarspalterei des im Absurden lustwandelnden Verstandes" (S. 179): unter ihnen soll „schon in früher Zeit der Grund gelegt sein zu der geistlosen Ansammlung gelehrten, namentlich theologischen und astrologischen Plunders, durch den die Tusker späterhin, als in dem allgemeinen Verfall die Zopfgelehrsamkeit zur Blüthe kam, mit den Juden, Chaldäern und Aegyptern die Ehre theilten als Urquell göttlicher Weisheit angestaunt zu werden" (S. 228). Und dieser Zorn erstreckt sich bis auf die Vertreter Etruriens in der römischen Literatur „den Arretiner Mäcenas, den unleidlichsten aller vertrockneten und worteverkräuselnden Hofpoeten*), und den Volaterraner Persius, das rechte Ideal eines hoffärtigen und mattherzigen der Poesie beflissenen Jungen" (ebend.). In späterer Zeit ist es zwar nicht allein aber doch vorzugsweise alles der Umgestaltung der Republik in die militärische Monarchie Entgegentretende, was ein solches Ueberströmen der Leidenschaft des H. Verf. im Ausdruck veranlasst. So also namentlich wird z. B. Pompejus als der „Wachtmeister" (III. S. 10), als der „langweiligste und steifleinenste aller nachgemachten grossen Männer" (S. 12), als der „eckige vornehme Mustersoldat" (S. 291), und als

---

*) Die Urtheile der Alten über die schriftstellerischen Leistungen des Mäcenas sind bekanntlich nicht eben günstig, sie sind aber im Vergleich mit dem obigen überaus mild und gehen nicht über den Tadel seiner weichlichen, gezierten Form hinaus. Nun möchten wir fragen, woher hat der H. Verf. seine Steigerung und weitere Ausdehnung des Urtheils genommen? woher namentlich den Hofpoeten? Aus den Fragmenten des Mäcenas gewiss nicht, da deren hierzu viel zu wenig und diese wenigen überdem zum grossen Theil unverständlich sind.

„schwachköpfig" (S. 12) prädicirt, und ähnliche Prädikate erhält Cato, der „bocksteife und halbnärrische" (S. 188), „der standhafte Prinzipiennarr" (S. 199), „der Don Quixote der Aristokratie" (S. 156), und vor Allem Cicero, dessen Auffassung und Schilderung von Seiten des H. Verf. zu bekannt ist, als dass es weiterer Belege bedürfte. Mit Cato sind die Stoiker überhaupt seinem Zorn verfallen, welche er „die grossmäuligen und langweiligen römischen Pharisäer" nennt (S. 554) und deren „terminologischem Geplapper und hohlen Begriffen" er sogar das epikureische System und die „diogenische Hundephilosophie" vorzieht, letztere „von allen damaligen philosophischen Systemen insofern bei weitem das vorzüglichste, als ihr System sich darauf beschränkte gar kein System zu haben, sondern alle Systeme und Systematiker zu verhöhnen" (ebend.). Daneben lesen wir zugleich von dem „feigen, verlotterten adlichen Gesindel" (II. S. 133), „den glattkinnigen Manschettenträgern" (S. 85), „der dämischen Verstocktheit oligarchischer Gewissen" (III. S. 24), dem „hauptstädtischen politischen Brodel" (II. S. 257), den „Gassenbuben" d. h. dem römischen Volke in den Concionen (S. 155) u. s. w.

Wir gestehen, dass wir völlig ausser Stande sind — ganz abgesehen von der Sache selbst — einen solchen Ton des Ausdrucks und der Darstellung mit unserer Vorstellung von der Würde und Haltung der Geschichte zu vereinbaren, und Männer wie Pompejus, Cicero, Cato, die, man mag sonst über sie urtheilen wie man will, doch jedenfalls eine der höchsten Stellen in der Geschichte einnehmen, scheinen uns schon um desswillen eine grössere Rücksicht hinsichtlich der Form der Behandlung zu erfordern.

Eben hierher dürften aber ferner die zahlreichen Widersprüche gehören, die sich in unserem Werke finden und die ebenfalls wenigstens zum grossen Theil ihren Grund in der übergrossen Erregtheit der Empfindung des H. Verf. haben. Da bekanntlich jedes Ding zwei Seiten hat, so versteht es sich von selbst, dass je nach Umständen die eine oder die andere derselben hervorgehoben werden kann; wenn diess aber in einer Weise geschieht, dass erst die eine und dann die andere als die einzig und allein berechtigte hingestellt und mit der grössten Entschiedenheit behauptet wird, wie es die erregte Empfindung zu thun pflegt: so kann es nicht ausbleiben, dass Widersprüche entstehen.

So kommen bei unserem H. Vf. zunächst nicht selten allgemeine Sätze vor, die zur Begründung des Urtheils über concrete Fälle dienen sollen und die unter einander im directesten Widerspruch stehen. Von Palliativmitteln z. B. wird zu sagen sein, dass sie im Allgemeinen unzureichend, gleichwohl aber zuweilen unerlässlich nothwendig seien. H. M. aber sagt erst (I. S. 293): „Die Anwendung partialer und palliativer Mittel gegen radicale Leiden für nutzlos zu erklären, weil sie nur zum Theil helfen, ist zwar eines der Evangelien, das der Einfalt von der Niederträchtigkeit nie ohne Erfolg gepredigt wird, aber darum nicht minder unverständig;" nachdem er aber sonach über diejenigen, welche die Anwendung von Palliativmitteln gegen radicale Leiden tadeln, das entschiedenste Verdammungsurtheil ausgesprochen hat, so erhebt er gleichwohl S. 825 eben diesen Tadel selbst mit den Worten: „Indem auch sie (die bessern Männer) sich mit Palliativen begnügten und selbst diese, namentlich aber die wichtigsten, wie die Verbesserung der Justiz und die Auftheilung des Domaniallandes nicht rechtzeitig und umfänglich genug anwandten, halfen sie mit den Nachkommen eine böse Zukunft zu bereiten." Was ist diess anders als der directeste Widerspruch? Noch viel häufiger aber findet sich derselbe in seinen Urtheilen über Zeiten und Personen und Gegenstände der Geschichte selbst, die vielfach auf das Verschiedenste geschildert werden und die entgegengesetztesten Prädikate erhalten, je nachdem es eben darauf ankommt, die Licht- oder die Schattenseite hervorzuheben. So heisst es von der Zeit nach dem zweiten punischen Kriege bis zur Schlacht bei Pydna, also von der zweiten Hälfte des sechsten Jahrhunderts (I. S. 826): „Den späteren Geschlechtern, die die Stürme der Revolution erlebten, erschien die Zeit nach dem Hannibalischen Kriege als die goldene Roms —. Es war vielmehr die Windstille vor dem Sturm und die Epoche der politischen Mittelmässigkeiten, eine Zeit wie die des walpoleschen Regiments in England; und kein Chatham befand sich in Rom, der die stockenden Adern der Nation wieder in frische Wallung gebracht hätte — die Stabilität der Verfassung war hier wie überall nicht ein Zeichen der Gesundheit des Staats, sondern der beginnenden Erkrankung und der Vorbote der Revolution." Wie soll man es nun damit vereinigen, wenn II. S. 436 von derselben Zeit gesagt wird: „Das sechste Jahrhundert ist politisch wie literarisch eine frische und grosse Zeit." Ferner wie ist es mit den oben angeführten Bezeichnungen des Pompejus zu vereinbaren, namentlich damit, dass es an einer der angeführten Stellen (III. S. 10) von ihm heisst: „er war ein durchaus gewöhnlicher Mensch, durch die Natur geschaffen, ein tüchtiger Wachtmeister, durch die Umstände berufen-Feldherr und Staatsmann zu sein," wenn er III. S. 368 „als Taktiker Cäsar gewachsen, an Erfahrung ihm überlegen" und demnach „ein furchtbarer Gegner" Cäsars genannt, wenn ihm S. 395 das Lob ertheilt wird, dass er die Armee seit dem Beginn des Bürgerkriegs „geschickt und muthig geführt" habe, wenn er S. 482 mit Cäsar und Gabinius unter die Kategorie der „fähigen Führer" der Zeit gestellt wird? Ist es nicht ferner ein Widerspruch, wenn C. Gracchus mit Nachdruck als „Staatsmann" bezeichnet (II. S. 118) und sein „staatsmännisches Talent" gerühmt (S. 106), und dann gleichwohl von ihm gesagt wird, dass in ihm „die verzehrende Leidenschaft, die glühende Rache, die den eigenen Untergang voraussehend den Feuerbrand schleudert in das Haus des Feindes", gewirkt habe, dass er „ein politischer Brandstifter" gewesen sei (S. 119); wenn Marius im J. 100 v. Chr. an einer bald wieder anzuführenden Stelle (II. S. 210) erst als vollständig ruinirt und als „auf aristokratischer" wie „auf demokratischer Seite" gleichmässig discreditirt geschildert wird, und wenn derselbe nachher (S. 258) gleichwohl noch „hinreichend populär" ist, um von Sulpicius auf den Schild erhoben zu werden, wenn nach S. 224 die italischen Bundesgenossen „jetzt (d. h. zur Zeit des ausbrechenden Bundesgenossenkriegs) sämmtlich ungefähr in gleicher Unterthänigkeit und gleicher Hoffnungslosigkeit unter den Ruthen und Beilen ihrer Zwingherren" stehen und nachher gleichwohl im Bundesgenossenkriege „die am besten gestellten bundesgenössischen Gemeinden, in Campanien Nola und Nuceria und die griechischen Seestädte Neapolis und Rhegion, dessgleichen wenigstens die meisten latinischen Colonien, wie z. B. Alba und Aesernia" fest an Rom halten (S. 230) und wenn hierbei ausdrücklich die Treue derselben Städte im Hannibalischen Kriege in Parallele gesetzt, beide Zeiten also in dieser Hinsicht einander gleich gestellt werden?

Eine Reihe anderer Beispiele, bei denen der Widerspruch darauf beruht, dass bei längeren Entwickelungen von Ansichten die Voraussetzungen nicht festgehalten werden, übergehen wir hier, weil sie uns zu lange aufhalten würden; auch werden wir ohnehin an späteren Stellen Gelegenheit erhalten, einige derselben zu besprechen. Indessen wollen wir doch wenigstens eins schon hier anführen, obwohl es ebenfalls eine etwas längere Erörterung verlangt, weil uns dasselbe besonders auffällig erscheint und sich weiterhin keine geeignete Gelegenheit bieten wird, wieder darauf zurückzukommen.

Der H. Verf. hat bekanntlich die Ansicht aufgestellt, dass Rom in der älteren Zeit eine Handelsstadt, ein Emporium für die lateinischen Städte gewesen sei. Zu deren Begründung wird I. S. 46 deducirt, dass „die Stätte, auf der Rom liegt, minder gesund und minder fruchtbar als die der meisten alten Latinerstädte" sei, dass „für den Ansiedler die Oertlichkeit nichts weniger als lockend" sei, es sei daher schon in alter Zeit ausgesprochen worden, „dass auf diesen ungesunden und unfruchtbaren Fleck innerhalb eines gesegneten Landstrichs sich nicht die erste naturgemässe Ansiedelung der einwandernden Bauern gelenkt haben könne, sondern dass die Noth oder vielmehr irgend ein besonderer Grund die Anlage dieser Stadt veranlasst haben müsse."*) Demgemäss

---

*) Hiermit scheint die Stelle Strab. pag. 229 extr. gemeint zu sein, wo gesagt wird: κτίσαι τὴν Ῥώμην ἐν τόποις οὐ πρὸς αἵρεσιν μᾶλλον ἢ πρὸς ἀνάγκην ἐπιτηδείοις· οὔτε γὰρ ἐρυμνὸν τὸ ἔδαφος οὔτε χώραν οἰκείαν ἔχον τὴν πέριξ ὅση πόλει πρόσφορος. Dass aber

heisst es dann S. 87: „Es ist eben Rom eine Handelsstadt gewesen," S. 140 werden Rom und Caere „grosse Kaufstädte" genannt, ebendas. ist wiederum von den „von der Natur zu Emporien bestimmten Städten der Italiker an den Mündungen der Tiber und des Po" die Rede; desswegen wird auch S. 171 die Gewissenhaftigkeit der Römer in Erfüllung der Vorschriften des heiligen Rituals auf ihre „kaufmännische Pünktlichkeit" zurückgeführt und S. 187 „die Entstehung grösseren Grundbesitzes" aus der Menge der in Rom zusammenfliessenden kaufmännischen Capitalien erklärt. Wie sind nun aber damit Stellen in Einklang zu bringen wie folgende (S. 181): „Dass namentlich in Rom — nicht bloss der Schwerpunkt des Staates ursprünglich in der Bauerschaft lag, sondern auch dahin gearbeitet ward die Gesammtheit der Ansässigen immer festzuhalten als den Kern der Gemeinde, zeigt am klarsten die Servianische Reform," ferner wie S. 200: „Im Wesentlichen ward Rom keine Handelsstadt wie Caere oder Tarent, sondern war und blieb der Mittelpunkt einer ackerbauenden Gemeinde," oder S. 432: „In der Volkswirthschaft war und blieb der Ackerbau die sociale und politische Grundlage sowohl der römischen Gemeinde als des neuen italischen Staates."

Wir dürfen dabei freilich nicht unerwähnt lassen, dass der H. Verf. selbst einen Unterschied hinsichtlich der vor-

---

Strabo damit — ausser dem Mangel an Festigkeit — nur meint, dass das Gebiet eben eng und beschränkt gewesen, nicht dass es unfruchtbar und ungesund, geht aus folgenden Worten desselben (p. 234 extr.) hervor: κατ' ἀρχὰς μὲν οὖν ἀλλοτρίας τῆς κύκλῳ χώρας οὔσης ἀγαθῆς τε καὶ πολλῆς, τοῦ δὲ τῆς πόλεως ἐδάφους εὐεπιχειρήτου, τὸ μακαρισθησόμενον οὐδὲν ἦν τοπικὸν εὐκλήρημα. Und wie ganz anders lautet Ciceros Urtheil (de rep. II, 6): *Locumque delegit (Romulus) et fontibus abundantem et in regione pestilenti salubrem: colles enim sunt, qui cum perflantur ipsi, tum afferant umbram collibus!* Herr M. selbst erkennt S. 49 wenigstens die „luftigeren und gesunderen Stadthügel" an, und S. 189 sagt er von dem römischen Gutsherrn, dass sein Haus auf dem Lande gewesen sei und dass er in der Stadt nur ein Quartier gehabt habe, „um seine Geschäfte dort zu besorgen und etwa während der heissen Zeit dort die reinere Luft zu athmen."

schiedenen Zeiten Roms macht, durch den diese Widersprüche vielleicht gelöst zu werden scheinen möchten. Er nimmt nämlich S. 56 eine früheste Periode an, „in der der Ackermann auf dem Palatin nicht anders als auf den andern Hügeln Latiums den Pflug führte," und lässt dieser eine zweite folgen, die durch die Besetzung der Tibermündungen und durch den Fortschritt zu regerem und freierem Verkehr bezeichnet ist, d. h. also, wenn wir recht verstehen, wo Rom sich als Handelsstadt entwickelt, und endlich auch noch eine dritte, wo Rom eine „Grossstadt" wird und in der es „um die Herrschaft über die latinische Eidgenossenschaft zu ringen und endlich sie zu erringen vermochte," welche letzte Periode in eine gewisse Verbindung mit dem Servianischen Wall gebracht und damit in die Zeit gesetzt wird, welche durch den Namen des Königs Servius Tullius bezeichnet ist. Eben desshalb wird auch S. 46 aus der oben angeführten Deduction der Schluss nicht auf die Entstehung Roms, sondern auf die „Veranlassung seines raschen und auffallenden Gedeihens" gezogen und das Resultat S. 48 dahin gefasst, „dass Rom wenn nicht seine Entstehung, doch seine Bedeutung" seiner Bestimmung „zum Entrepot für den latinischen Fluss- und Seehandel und zur maritimen Grenzfestung Latiums" verdankt habe. Man könnte also meinen, dass Rom nach H. M. wirklich zu verschiedenen Zeiten sowohl „Mittelpunkt einer ackerbauenden Gemeinde" als auch „Kaufstadt" (nämlich erst ackerbauende, dann Handels- und endlich wieder ackerbauende Stadt) gewesen sei und dass sich so der Widerspruch löse. Allein einestheils stimmt diess nicht überein mit der Beschaffenheit der S. 46 für den kaufmännischen Charakter der Stadt gemachten, oben angeführten Gründe, welche nicht für eine spätere Annahme eines solchen Charakters, sondern für die Erbauung Roms als Kaufstadt beweisend sind, sofern sie eben darin bestehen, dass die Wahl dieser Oertlichkeit lediglich in einer solchen Bestimmung ihre Erklärung finde. Sodann heisst es an einer der oben mitgetheilten Stellen (S. 200) ausdrücklich: „Rom war und blieb der Mittelpunkt einer ackerbauenden Gemeinde," was ebenfalls die Annahme eines Wechsels in dem Charakter der Stadt ausschliesst; auch stehen die als unvereinbar angeführten Stellen z. Th. dicht neben einander, so dass sie von derselben Zeit gelten *), und sind nirgends so ausgedrückt oder in einen solchen Zusammenhang gestellt, dass man sie, je nachdem sie Rom als eine Kauf- oder als eine ackerbauende Stadt bezeichnen, auf verschiedene Perioden beziehen könnte. Endlich aber ist eine solche Unterscheidung überhaupt für eine Periode, in welcher wir so wenig klar zu sehen im Stande sind und wo namentlich H. M. selbst die zusammenhängende Ueberlieferung so gut wie gar nicht gelten lässt, eine so wenig fassbare, dass dadurch in der That, von allem Andern abgesehen, die ackerbauende und die Handelsstadt nicht nach, sondern vielmehr neben einander gestellt werden würden.

Zu diesem Uebermass im Ausdruck der eignen Empfindung kommt nun aber ferner ein gleiches Uebermass in der Geltendmachung der eigenen politischen Parteistellung und in dem, was wir oben die Modernisirung der Geschichte genannt haben.

Wir meinen nicht die Parteistellung selbst (so wenig wir auch mit dem H. Verf. uns einverstanden erklären können, wenn er die „demokratische" oder, wie er sie auch nennt, die „absolute Militärmonarchie" als Ideal und Zielpunkt der Entwickelung der römischen Geschichte und Julius Cäsar nicht bloss als einen Mann von der seltensten Begabung, als welchen ihn Jedermann anerkennt, sondern auch den Wohlthäter und Vollender des römischen Staates gepriesen finden); wir verlangen auch nicht, dass der Geschichtschreiber seiner Parteistellung gar keinen Einfluss gestatten oder sich jeder Beziehung auf die Gegenwart enthalten solle, was vielmehr, wie wir schon oben bemerkt, geradezu unmöglich ist, wenn die

---

*) Auch zu der oben aus S. 432, also aus einem spätern Abschnitte angeführten Stelle lässt sich eine andere aus demselben Zusammenhange von widersprechendem Inhalt anführen, nämlich S. 436: „Roms Handel und Gewerbe, auf denen ja neben dem Ackerbau seine Blüthe von Haus aus beruhte."

rechte Wirkung der Geschichtschreibung erzielt werden soll; wir sind aber der Ansicht, dass in der einen wie in der andern Hinsicht ein gewisses strenges Mass einzuhalten sei, wenn nicht die Vertiefung in den Gegenstand und die Erkennung und Darstellung der eigenthümlichen Entwickelungsmomente der vergangenen Zeit durch den fremden Massstab behindert und der Eindruck früherer Verhältnisse und Zustände durch die Beimischung fremdartiger Vorstellungen getrübt werden soll. *) Wir begnügen uns zunächst einige Einzelnheiten anzuführen, die von dem Einen wie von dem Andern vorläufig einen deutlichen Eindruck geben werden. So spielt z. B. das „Junkerthum" und zwar mit den verschiedensten Attributen eine grosse Rolle bei ihm; als Junker treten zuerst nach der Vertreibung der Könige die Patrizier auf, nachher geht diese Bezeichnung zusammen mit der des „adlichen Vollbluts" (II. S. 341) auf die plebejische Aristokratie und die sogenannte Nobilität über; als ein Curiosum mag noch erwähnt werden, dass einmal (I. S. 799) sogar die geringere Klasse der Plebejer im Gegensatz zu den Nichtbürgern als „in die starren Satzungen des Junkerthums eingeschnürt" erscheint. Wir sind aber auch sehr zweifelhaft, ob selbst Ausdrücke wie „die kleinen Herren" (I. S. 709), „einen Schritt zurückthun" (I. S. 389), „Gesinnungstüchtigkeit" in dem bekannten höhnischen Sinne (I. S. 746), „Emigranten" von den zum Heere des Sulla stossenden, vorher aus Rom geflüchteten Aristokraten (II. S. 325. 341), „das römische Koblenz" von einem Sammelplatz von Aristokraten (III. S. 392), „die hohe Finanz" von dem Kaufmannsgeschäfte treibenden Ritterstande (III. S. 4), als den politischen Erregungen der

---

*) Wir können uns nicht enthalten, hierbei die folgenden Worte L. Ranke's aus der Vorrede zu seiner englischen Geschichte anzuführen: „Die Muse der Geschichte hat den weitesten geistigen Horizont und den vollen Muth der Meinung, aber sie ist in der Bildung derselben durch und durch gewissenhaft, und man möchte sagen, eifersüchtig auf ihren Dienst. Interessen der Gegenwart in die historische Arbeit hineinzubringen, hat gewöhnlich die Folge, deren freie Vollziehung zu beeinträchtigen."

Gegenwart zu nahe liegend der Würde und Haltung der Geschichtschreibung vollkommen entsprechen. Dergleichen scheint uns zwar in einem politischen Pamphlet ganz an der Stelle zu sein, in einem Geschichtswerke aber kann es nur dazu dienen, den reinen klaren Eindruck, der hier hervorgebracht werden soll, zu trüben.

Ferner aber gehören hierher Ausdrücke wie „Muckerwirthschaft" (von den römischen Bacchanalien I. S. 866), „Priesterschwindel" (I. S. 81), „Pfaffentrug" (I. S. 283), „Rotüre" (die dem Marius angehangen haben soll, II. S. 193), „die plumpe Morgue der Römer" (II. S. 374), „Landsknechte" (von dem römischen Heere seit Marius, II. S. 371), „Renegat" (von Lepidus im J. 78 v. Chr., III. S. 22) u. dgl. m. Selbst die Uebersetzungen der Bezeichnungen römischer Aemter, wie Gerichtsherren, Marktrichter, Rügeherren, Schmausherren (für die epulones), Vögte oder Landvögte (für die Provincialstatthalter), die Bezeichnung der Provinzen selbst als „Aemter," der Centumviratgerichte als „Schaltgerichte" (II. S. 364), scheinen mir im Grunde nicht minder bedenklich als die veralteten Bürgermeister für die Consuln; nur dass jene als neu und in ihrem sonstigen Gebrauch, soweit sie einen solchen haben, weniger üblich nicht so auffällig sind wie die Bürgermeister.

Endlich aber finden wir jene Erscheinung auch in den häufigen Vergleichungen von Dingen und Personen der alten Welt mit anderen aus der Gegenwart oder doch einer späteren Zeit, von denen wir nur einige hervorheben wollen, die uns besonders auffällig erschienen sind. So wird der Satiriker Lucilius mit Beranger verglichen (II. S. 453), die Lex Licinia Mucia vom J. 95 v. Chr. mit der Besteuerungsacte von Nordamerika (II. S. 226), der asiatische Römerstaat mit dem heiligen römischen Reiche deutscher Nation (III. S. 145), das Auseinandergehen der Belgier im Gallischen Kriege (im J. 57 v. Chr.) mit der Kanonade von Valmy (III. S. 246), Sulla, wenn auch nur in einer bestimmten Beziehung mit Washington (II. S. 378) oder mit Cromwell (S. 379); eben derselbe wird der Don Juan der Politik genannt (S. 381); Antiochus Epiphanes ist der karikirte Joseph II. (II. S. 59), die Samniten die Aetoler Italiens (I. S. 354), Q. Roscius der römische Talma (II. S. 373); die Stellung der Barciden in Karthago, heisst es I. S. 558, habe „manche Aehnlichkeit mit der der Oranier gegen die Generalstaaten," Marius wird „abergläubisch wie ein Landsknecht" genannt (II. S. 192) u. dgl. m. Daneben haben die Schilderungen der Charaktere und der Verhältnisse, so weit sie nicht den Quellen entnommen sind (und gerade diese Schilderungen bilden einen charakteristischen und in vieler Hinsicht höchst interessanten und werthvollen Bestandtheil des Werkes), oft ein ziemlich modernes Gepräge, wobei zuweilen das antike Kostüm geradezu verletzt sein dürfte, wie wenn es z. B. bei einer höchst lebhaften Schilderung der Situation des Marius nach der Katastrophe vom J. 100 v. Chr. heisst (II. S. 210): „Eine kläglichere Stellung ist kaum zu erdenken, als wie sie der Held von Aquä und Vercellä nach jener Katastrophe einnahm. — Weder auf aristokratischer noch auf demokratischer Seite gedachte weiter Jemand des siegreichen Feldherrn bei der Besetzung der Aemter. — Er ging fort in den Osten, wie er sagte um ein Gelübde dort zu lösen, in der That um nicht von der triumphirenden Rückkehr seines Todfeindes, des Q. Metellus Zeuge zu sein; man liess ihn gehen. Er kam wieder zurück und öffnete sein Haus; seine Säle standen leer." Wer könnte diese letzten Worte lesen, ohne an eine gefallene Grösse an einem modernen Hofe und an die leer stehenden Gesellschaftssalons einer solchen zu denken, die freilich zu der „groben Bauernfaust" des Marius (ebend.) am allerwenigsten passen.

Wir haben diese allgemeinen Bemerkungen zur Charakteristik des Mommsenschen Werkes vorausschicken zu müssen geglaubt, um für die nachstehenden Erörterungen eine gewisse Grundlage zu gewinnen.

Es ist nämlich unsere Absicht, einige Partieen der römischen Geschichte ausführlicher zu behandeln, die uns sowohl an sich als für Beurtheilung des Mommsenschen Werkes besonders interessant und wichtig scheinen, um unsere Ansicht über dasselbe fester zu begründen. Einzelne Stellen und Ausdrücke können zwar eine allgemeine Vorstellung von einem Geschichtswerke geben, sie erschöpfen aber das Werk nicht, es wäre also in unserem Falle immer noch möglich, dass trotz jener Auswüchse der Kern desselben intact geblieben wäre, dass ungeachtet jener einzelnen Einwirkungen der Parteileidenschaft und jener Beziehungen auf die Gegenwart an der Auffassung und Darstellung der römischen Verhältnisse im Ganzen und Wesentlichen nichts auszusetzen wäre, wenn wir nicht wenigstens gewisse Particen im Zusammenhange verfolgen und unserer Prüfung unterwerfen wollten.

Es ist dies ferner nöthig, um zugleich erkennen zu lassen, wie das Verhältniss des H. Verf. zu den Quellen ist; wozu ein auf einzelne Beispiele gegründeter Beweis bei Weitem nicht ausreicht. Denn in welchem Geschichtswerke würden sich nicht einzelne Fälle herausheben lassen, in welchen der Verf. theils die Quellen nicht richtig gedeutet, theils sich sonst in Widerspruch mit der Ueberlieferung oder den allgemeinen Erkenntnissquellen der Geschichte gesetzt hätte oder doch gesetzt zu haben schiene? Auch hierfür bedarf es also der Untersuchung einer grösseren Partie, um den Beweis genügend führen zu können.

Wir werden demnach in Nachstehendem folgende Particen, immer mit besonderer Rücksicht auf H. M., behandeln:

1) die ersten Jahre des zweiten punischen Krieges,
2) die Grundzüge der Verfassungsentwickelung zur Zeit der Republik, besonders seit den Gracchen,
3) die Macchiavellistische Politik der Römer in der Zeit vom Ende des zweiten punischen Kriegs bis zu den Gracchen.

In diesen Particen werden sich für alle obigen Ausstellungen Beispiele und Belege genug finden; indem wir uns aber auf einem bestimmt begrenzten Felde halten und uns auf demselben wenigstens einigermassen vollständig orientiren, so werden wir den Vortheil haben, dass wir nicht bloss einzelne Erscheinungen des Mommsenschen Werks kennen lernen, sondern von der Art und Weise seiner Geschichtsbehandlung — wenn auch zunächst nur für diese Particen — ein zusammenhängendes Gesammtbild gewinnen.

I.
Die ersten Jahre des zweiten punischen Krieges.

Wir beginnen mit den Vorspielen des zweiten punischen Krieges und erlauben uns dieselben zunächst unseren Lesern unter Hervorhebung derjenigen Punkte, auf die sich unsere Bedenken hinsichtlich der Darstellung H. M's. beziehen, zur Vergegenwärtigung in einem kurzen Abriss vorzuführen, wie sie uns von Polybius überliefert sind.

Als Hannibal den Oberbefehl in Spanien übernahm, was im J. 221 v. Chr. geschah (s. Clinton Fast. z. d. J.), waren seine Absichten und Pläne allerdings sofort, wie die seines Vaters, auf den Krieg mit Rom gerichtet, er hielt es aber für angemessen, zunächst die karthagische Herrschaft in Spanien noch mehr zu befestigen und auszubreiten und dabei zugleich seine Streitkräfte immer mehr zu verstärken und sich die Geldmittel für den Krieg zu verschaffen, ehe er ihn anfing. Desshalb zog er (im J. 221) gegen die Olkaden, hierauf (im J. 220) gegen die Vaccäer, bei welchem letzteren Zuge zugleich die Carpetaner geschlagen und gedemüthigt wurden; endlich (im J. 219) suchte und fand er einen Vorwand, mit den Saguntinern, den Verbündeten Roms, Krieg anzufangen, belagerte die Stadt und nahm sie nach einem achtmonatlichen Widerstande. Die Römer, seine Fortschritte mit Aufmerksamkeit verfolgend und von den Saguntinern gewarnt und um Beistand gebeten, schicken noch vor der Belagerung im Winter $2^{20}/_{19}$ eine erste Gesandtschaft an Hannibal und nach Karthago, um von Feindseligkeiten gegen Sagunt abzunehmen, und nach der Eroberung Sagunts eine zweite nach Karthago (im Winter 2¹⁹/₁₈), um von den Karthagern die Auslieferung Hannibals zu fordern oder ihnen den Krieg zu erklären. Die erste Gesandtschaft wird lediglich durch Gegenklagen und Vorwürfe erwiedert (nach Livius wird sie von Hannibal gar nicht vorgelassen), bei der zweiten wird die verlangte Auslieferung des Hannibal verweigert und somit der Krieg erklärt.

Diess ist der Hergang der Dinge bei Polybius. Insbesondere wird es von ihm ausdrücklich als Plan des Hannibal bei Uebernahme des Oberbefehls bezeichnet, zunächst die karthagische Herrschaft in Spanien zu befestigen und bis dahin, wo diess geschehen, den Zusammenstoss mit Rom zu vermeiden, namentlich also Sagunt nicht anzugreifen, bis er diesseits des Iberus Alles entweder unterworfen oder wenigstens gedemüthigt und in Schrecken gesetzt hätte, und in der That, wie konnte er von Spanien aus und mit dessen Kräften und Hülfsmitteln den Krieg gegen Rom unternehmen, wenn der Krieg nicht vor Allem dort völlig beendigt war? Polybius sagt diess mit den deutlichsten Worten (III, 14): ὧν ἐπιτεθέντων (d. h. nach Besiegung der oben genannten Völker) οὐδεὶς ἔτι τῶν ἐντὸς Ἴβηρος ποταμοῦ ῥᾳδίως πρὸς αὐτοὺς ἀντοφθαλμεῖν ἐτόλμα πλὴν Ζακανθαίων. ταύτης δὲ τῆς πόλεως ἐπειρᾶτο κατὰ δύναμιν ἀπέχεσθαι βουλόμενος μηδεμίαν ἀφορμὴν ὁμολογουμένην δοῦναι τοῦ πολέμου Ῥωμαίοις, ἕως τἆλλα πάντα βεβαίως ὑφ᾽ αὑτὸν ποιήσαιτο κατὰ τὰς Ἀμίλκου τοῦ πατρὸς ὑποθήκας καὶ ὑποθέσεις. Erst nachdem in zwei grossen Feldzügen die Herrschaft Karthagos über Spanien so weit als nöthig ausgedehnt und in ihrem ganzen Umfange befestigt, nachdem auf diese Art der Plan Hamilkars in Bezug auf Spanien zur Ausführung gebracht und die Bedingung, unter der allein schon dieser die Unternehmung gegen Rom für ausführbar erachtet hatte, erfüllt worden war, erst da fängt Hannibal (in einer Weise, wie es überall vorgekommen ist und noch vorkömmt) mit Sagunt Händel an, die zur Belagerung und zur Zerstörung der Stadt führen, nicht sowohl um damit den Krieg gegen Rom zu beginnen, wenn er sich auch nicht verhehlen konnte, dass der Krieg daraus folgen müsste, als weil ihm die Niederwerfung dieser mächtigen Stadt aus denselben Gründen wie die der mächtigen Völker Spaniens unerlässlich nothwendig schien, und zwar um so mehr, weil die Römer sie sonst ihrerseits zum Stütz- und Mittelpunkt des Krieges in Spanien benutzen konnten, wie dies wiederum Polybius (III, 17) bezeugt.

Hiermit stimmt im Wesentlichen auch Livius überein, bei dem sich Alles, was wir aus Polybius angeführt haben, wieder findet, nur mit der an sich nicht eben erheblichen Abweichung, dass die erste Gesandtschaft der Römer nicht vor, sondern während der Belagerung von Sagunt nach Spanien kömmt und dass bei ihm schon diese Gesandtschaft in Karthago (bei Hannibal wird sie gar nicht vorgelassen) die Auslieferung Hannibals fordert. Ausserdem nimmt Livius noch an, wovon sich bei Polybius nichts findet, dass dem Hannibal im Senate zu Karthago eine aristokratische, den Römern ergebene und den Krieg mit Rom um jeden Preis zu vermeiden suchende Partei entgegengestanden habe. Indess ist er weit entfernt, einen Bruch Hannibals mit der einheimischen Regierung vorauszusetzen, auch bei ihm ist vielmehr ungeachtet der Gegenbestrebungen jener Partei der Verlauf der Sache wie bei Polybius der, dass Senat und Regierung überhaupt es mit Hannibal halten und sein Verfahren in jeder Hinsicht billigen. Desshalb erhält die erste Gesandtschaft auch in Karthago eine ablehnende Antwort, und als die zweite Gesandtschaft in Karthago nach nochmaliger Zurückweisung ihrer Forderung den Krieg erklärt, so wird diese Erklärung mit allgemeinem Zuruf entgegengenommen, Liv. XXI, 18: *accipere se omnes responderunt et quibus acciperent animis, isdem se gesturos.* Bei Gelegenheit der ersten Gesandtschaft tritt zwar einer der Gegner Hannibals, Hanno, im Senat mit einer heftigen Gegenrede auf, aber ohne allen Erfolg, s. Liv. XXI, 11: *cum Hanno perorasset, nemini omnium certare oratione cum eo necesse fuit: adeo prope omnis senatus Hannibalis fuit,* wie denn auch an einer andern Stelle (c. 4) Livius, der als Römer in seinem Herzen es mit den Gegnern Hannbals hält, die Gegenpartei zwar die bessere, aber zugleich die kleinere nennt. Desshalb erscheinen auch im weiteren Verlauf Senat und Regierung überhaupt mit Hannibal in stetem Zusammenhang und Einvernehmen. Wie hätte Hannibal vor seinem Aufbruche nach Italien nicht nur für Spanien, sondern auch für Afrika die erforderlichen Anstalten zum Schutze dieser Länder treffen, wie zu diesem Zwecke Truppen nach Afrika schicken und wieder andere von dort an sich ziehen können, wenn der Senat nicht damit einverstanden gewesen wäre und ihm seine Mitwirkung geliehen hätte? Wie wäre es ferner erklärlich, dass die Karthager von Haus aus sogleich im ersten Jahre des Kriegs gleichzeitig mit dem Marsche Hannibals aus Spanien nach Italien Flotten nach Sicilien und nach den Küsten von Unteritalien schicken und damit auch ihrerseits den Krieg gegen die Römer eröffnen, c. 49—51? Aber auch später während des Krieges in Italien sind ihm Unterstützungen und Verstärkungen aus Karthago zwar nicht so reichlich wie es die Umstände erforderten und Hannibal es in Anspruch nehmen mochte, gewährt, jedoch auch nicht völlig versagt worden; ein Beweis, dass die Gegenpartei nur eine Minorität bildete, die zwar Manches, was zu Gunsten des Hannibal beantragt wurde, verkümmern, ihre entgegengesetzte Politik aber in keiner Weise durchsetzen konnte.

II. M. hat das Bild dieser Vorgänge, wie es Polybius und Livius ergeben, besonders durch zwei von denselben abweichende Voraussetzungen wesentlich alterirt, indem er erstens annimmt, dass die Barciden überhaupt „eine von den Regierungscollegien unabhängige Stellung" (I. S. 558) innegehabt, dass sie also völlig auf eigene Hand und in Isolirung von den heimischen Behörden gehandelt und dass namentlich Hannibal der Partei des Friedens, welche damals die Oberhand in Karthago gehabt (S. 566), feindlich gegenüber gestanden habe, und zweitens, dass Hannibal sofort nach Uebernahme des Oberbefehls den Beginn des Kriegs gegen Rom beschlossen habe und nur dadurch eine kurze Zeit aufgehalten worden sei, dass er sich gescheut habe, dem Willen der Regierung geradezu entgegen zu handeln.

Desswegen lässt er ihn nach Antritt des Oberbefehls (den er nicht ins J. 221, sondern mit Appian ius J. 220 setzt, wie es scheint, um die Zeit bis zum Aufbruch gegen Italien möglichst abzukürzen) sein Heer sofort marschfertig machen und „die Kasse durch einige Razzias in grossem Massstabe füllen" (S. 566), um „ungesäumt loszuschlagen." „Allein die karthagische Regierung zeigte nichts weniger als Lust die Kriegserklärung nach Rom zu expediren. Hasdrubals, des patriotischen Volksführers Platz war in Karthago schwerer zu ersetzen als der Platz des Feldherrn Hasdrubal in Spanien; die Partei des Friedens hatte jetzt daheim die Oberhand und verfolgte die Führer der Kriegspartei mit politischen Prozessen. Sie, die schon Hamilkars Pläne beschnitten und bemängelt hatte, war keineswegs gemeint, den unbekannten jungen Mann, der jetzt in Spanien befehligte, auf Staatskosten jugendlichen Patriotismus treiben zu lassen; und Hannibal scheute doch davor zurück den Krieg in offener Widersetzlichkeit gegen die legitimen Behörden selber zu erklären" (S. 566). Hannibal versucht daher die Saguntiner zum Friedensbruch zu reizen: „allein sie begnügten sich in Rom Klagen zu führen. Er versuchte, als darauf von Rom eine Commission erschien (erste Gesandtschaft), nun diese durch schnöde Behandlung zur Kriegserklärung zu treiben; allein die Commissarien sahen, wie die Dinge standen: sie schwiegen in Spanien, um in Karthago Beschwerde zu führen und daheim zu berichten, dass Hannibal schlagfertig stehe und der Krieg vor der Thür sei" (ebend.). Mittlerweile wird die Ungeduld Hannibals immer grösser; „jeder Tag war kostbar; Hannibal entschloss sich. Er meldete kurz und gut nach Karthago, dass die Saguntiner karthagischen Unterthanen, den Torboleten zu nahe träten und er sie darum angreifen müsse; und ohne die Antwort abzuwarten, begann er im Frühling 539 (219 v. Chr.) die Belagerung der mit Rom verbündeten Stadt, das heisst den Krieg mit Rom" (ebend.). Alle angesehenen Männer in Karthago missbilligen den Angriff. „Aber sei es, dass die nähere Furcht vor dem Heer und der Menge im karthagischen Rath die vor Rom überwog; sei es, dass man die Unmöglichkeit begriff einen solchen Schritt, einmal gethan, zurückzuthun; sei es, dass die blosse Macht der Trägheit ein bestimmtes Auftreten hinderte — man entschloss sich endlich sich zu nichts zu entschliessen und den Krieg wenn nicht zu führen, doch ihn für sich führen zu lassen" (S. 567). Hannibal benutzt sodann die Beute von Sagunt zu Bestechungen in Karthago, wodurch „der Patriotismus und die Kriegslust bei Vielen rege wurde, die davon bisher nichts gespürt hatten"; so findet die zweite römische Gesandtschaft (im Winter $2^{19}/_{18}$) einen kühnen Senat, der sich „ermannt", den Krieg anzunehmen, und so kommt denn derselbe zum Ausbruch.

Es wird kaum gesagt werden können, dass sich diese Darstellung der Vorgänge durch ihre innere Wahrscheinlichkeit vor der des Polybius und Livius empfehle.

Erstlich scheint es uns der Vorstellung, die wir uns von Hannibal überhaupt zu bilden haben, weit entsprechender und namentlich mit der von ihm überall bewiesenen Klugheit und Besonnenheit in weit besserem Einklang, wenn wir annehmen, dass er zunächst in Spanien den weise berechneten Plan seines Vaters zur Ausführung gebracht und demnach sich den vollen Besitz Spaniens erst gesichert, und bis diess der Fall, jeden Anlass zum Krieg mit Rom sorgfältig vermieden habe, als wenn wir ihn sich sofort in diesen Krieg stürzen und dessen Ausbruch nur durch das Fehlschlagen einiger Berechnungen (wie dass die Saguntiner sich zum Friedensbruch oder die römischen Gesandten zur Kriegserklärung würden verleiten lassen) sich noch eine kurze Zeit verzögern lassen.

Eben so scheint es uns zweitens mit Hannibals Klugheit und Voraussicht völlig unvereinbar zu sein, wenn er darauf gerechnet haben soll, dass die Saguntiner sich von ihm zum Friedensbruch oder die römischen Gesandten zur Kriegserklärung würden fortreissen lassen. Wie konnte er etwas Anderes voraussetzen, als dass die Saguntiner gegen ihre übermächtigen Gegner die Hülfe ihrer Verbündeten, der Römer, anrufen würden? Und wiederum wie konnte er erwarten, dass die römischen Gesandten in Folge einer augenblicklichen Erregung den Krieg erklären und damit etwas thun würden, wozu sie ohne ausdrücklichen Auftrag völlig unberechtigt waren? Wir sollten meinen, eine viel geringere Klugheit als Hannibal wirklich besass, hätte das voraussehen lassen müssen, was der Erfolg nachher bewahrheitete.

Was konnte es aber ferner dem Hannibal helfen, wenn er es dazu brachte, dass Sagunt der Form nach den Krieg anfing oder dass Rom ihn zuerst erklärte? Die Römer würden einen Krieg Hannibals mit Sagunt unter allen Umständen für einen casus belli erachtet haben, wie es denn auch ihre Gesandten Polyb. c. 15 ausdrücklich ankündigen, und eben so war es für sie völlig unerheblich, ob sie sich den Krieg erklären liessen oder ihn aus (nach ihrer Meinung wenigstens) zureichenden Gründen selbst erklärten. Eben so wenig aber konnte es ihm den Karthagern gegenüber etwas helfen, am allerwenigsten dann, wenn er sich, wie der H. Verf. annimmt, von der einheimischen Regierung völlig losgesagt hatte und lediglich auf seine eigene Hand verfuhr.

Nun ist aber endlich diese Annahme selbst in Betreff der Stellung Hannibals und der Barciden wenig glaublich. Ein Compromiss, wie der von ihm angenommene, wonach dem Hasdrubal eine von der Regierung unabhängige Stellung an der Spitze des Heeres eingeräumt wird, scheint uns ohne Zerrüttung des Staates und ohne als unmittelbare Folge eine Revolution nach sich zu ziehen, kaum denkbar; und gerade die von H. M. herbeigezogene Vergleichung der Stellung der Barciden mit der der Oranier (S. 558), so viel Anscheinendes dieselbe auf den ersten Blick hat, dürfte diess beweisen, da das Verhältniss der Oranier zu den Generalstaaten, so oft nicht der eine oder der andere Theil völlig machtlos war, bekanntlich immer dazu gedient, die Niederlande zu zerrütten, und endlich dazu geführt hat, das Land unter die Herrschaft der Oranier zu bringen. Noch unglaublicher aber scheint uns die Annahme, zu der der H. Verf. durch die oben erwähnten thatsächlichen Beweise von dem Zusammenwirken Hannibals mit der Regierung genöthigt wird, dass die Gegner gerade in der Zeit ihren Widerstand gegen Hannibal aufgegeben haben sollten, wo derselbe am nöthigsten und durch die Eigenmächtigkeit Hannibals wie durch die Gefahr, in die das Vaterland dadurch gebracht wurde, am meisten herausgefordert war. Hatten diese Gegner der Barciden, die mit Rom „schon in Verbindungen standen, die an Landesverrath grenzten" (S. 558), die nichts mehr fürchteten, als den Krieg mit Rom, die gegen die Barciden den bittersten Hass hegten, hatten diese zur Zeit als Hannibal den Oberbefehl antritt, die Oberhand, so ist es in der That schwer zu begreifen, wie sie, als Hannibal seine Absicht, Sagunt anzugreifen, nach Karthago meldete, aus Furcht vor dem Heere oder aus Rathlosigkeit oder aus Trägheit geschwiegen und den Hannibal gewähren gelassen, wie sie sich nicht vielmehr ihm aufs Entschiedenste entgegengestellt und wenigstens ihr Möglichstes gethan haben sollten, um den Hannibal abzuhalten oder doch ihre Nichtbetheiligung an diesem Schritt zu constatiren.

Wenn nun aber sonach H. M's. Auffassung dieser Vorgänge eben so wenig durch Polybius und Livius als durch die innere Wahrscheinlichkeit unterstützt wird: so bliebe allenfalls noch übrig, dass sie auf eine andere Auctorität als die des Polybius und Livius aufgebaut wäre. Nun finden wir allerdings, dass sie in Bezug auf jene zwei Hauptpunkte, die Stellung der Barciden und den sofortigen Angriff auf Sagunt mit Appian und im letzteren Punkt auch mit Zonaras übereinstimmt; indess auf der anderen Seite weicht H. M. von Appian und Zonaras wieder darin ab, dass er mit Polybius und Livius die Unternehmungen Hannibals gegen die Olkaden Vaccäer und Carpetaner, wenn auch nur als „Razzias im grossartigen Massstab" seiner Darstellung einverleibt, während Appian und Zonaras nichts davon wissen, ferner darin, dass er annimmt, Hannibal habe die erste römische Gesandtschaft durch schnöde Behandlung zur Kriegserklärung reizen wollen, während diese nach jenen Schriftstellern gar nicht zum Hannibal gelangt, sondern verhindert wird ihn aufzusuchen, was überdem (wenigstens nach Zonaras) durch eine künstliche, jeder Verletzung vorbeugende Veranstaltung geschickt; endlich auch noch darin, dass Hannibal, nachdem er eine Botschaft an den Senat in Karthago wegen des Angriffs auf Sagunt geschickt, „ohne die Antwort abzuwarten, die Belagerung der mit Rom verbündeten Stadt, das heisst den Krieg gegen Rom beginnt" (S. 567), während Appian ausdrücklich sagt (Iber. 10), dass Hannibal nicht nachgelassen habe, Botschafter nach Karthago zu schicken „$\tilde{\epsilon}\omega\varsigma\ \dot{\eta}\ \beta ov\lambda\dot{\eta}$ $\pi\varrho o\varsigma\acute{\epsilon}\tau a\xi\epsilon v\ a\dot{v}\tau\tilde{\omega}\ \pi\varrho\acute{a}\sigma\sigma\epsilon\iota v\ \dot{\epsilon}\varsigma\ Z a\kappa av\vartheta a\acute{\iota}ov\varsigma\ \ddot{o}\ \tau\iota\ \delta o\kappa\iota\mu\acute{a}\sigma\epsilon\iota\epsilon v$." Denkt man sich nun, wie es wirklich der Fall ist, dass die Berichte des Polybius und (im Wesentlichen auch) des Livius auf der einen und des Appian und Zonaras (oder Dio) auf der andern Seite sich als zwei verschiedene Relationen gegenüberstehen: so wird man es gewiss als völlig ungerechtfertigt erkennen müssen, wenn einzelne Züge bald aus der einen bald aus der andern der beiden Relationen entnommen und zu einer Darstellung verwebt werden, die mit keiner derselben völlig übereinstimmt, sondern vielmehr anderen Zügen derselben Relation geradezu widerspricht. Die Hauptsache freilich bleibt dabei immer, dass Appian ein überaus nachlässiger, kritikloser, flüchtiger Schriftsteller ist, dessen Auctorität sich in keiner Weise mit der des Polybius oder auch nur des Livius vergleichen lässt. *)

---

*) Appians Auctorität ist in der That noch viel geringer als man gewöhnlich annimmt; nicht nur dass er seine Quellen sehr ungründlich und oberflächlich benutzt, er scheut sich auch nicht die Thatsachen seiner ungenauen Auffassung gemäss zurecht zu machen, wodurch er mitunter seiner Darstellung eine gewisse anscheinende Klarheit verleiht, durch die der Leser leicht bestochen wird; auch sind seine Quellen meist von geringem Werth. Wir haben diess an einer andern Stelle (Philologus 1853. S. 429 folgg.) in Bezug auf seine Darstellung der Ereignisse nach Cäsars Tode bis zum Ende des mutinensischen Krieges nachzuweisen gesucht, wo es möglich ist, ihn durch urkundliche Zeugnisse sicher zu controliren. Hier zu seiner Charakteristik aus der Partie, mit der wir es zunächst zu thun haben, nur folgende Proben. Er verwechselt Sagunt mit Carthago nova, Iber. 19, vgl. Schweighäuser z. d. St., lässt den Ebro sich in den nördlichen Ocean ergiessen, Iber. 6, lässt den Hamilkar von Gades nach Spanien übersetzen, Iber. 5. Hann. 2, setzt Sagunt zwischen Ebro und Pyrenäen, Iber. 6, und lässt daher den Hannibal,

Wir wenden uns nun zu dem Kriege selbst und verfolgen denselben bis zur Schlacht bei Cannä, indem wir auch hier vorzugsweise die Hauptgesichtspunkte des II. Verf. ermitteln und prüfen, durch welche seine Darstellung wesentlich modificirt wird.

um Sagunt anzugreifen, den Ebro überschreiten, daselbst 7, lässt aber gleichwohl in dem Vertrag vom J. 228 v. Chr. ausser dem Lande östlich vom Ebro auch Sagunt ausdrücklich gegen einen Angriff der Karthager sicher stellen, was eine doppelte Ungenauigkeit ist, da nach Polybius Sagunt in diesem Vertrag nicht genannt war und, wenn es östlich vom Ebro lag, nicht genannt zu werden brauchte, lässt in der Schlacht bei Cannä den einen Flügel der Römer sich ans Meer lehnen, Iber. 21, u. s. w., vgl. Bujack de Sileno scriptore Hannibalis, S. 24. Ausserdem sind seine Schlachtdarstellungen voller Unklarheiten und sagenhaften Elemente, und ohne alle die klaren, charakteristischen Züge und Gesichtspunkte, die die Darstellungen des Polybius so lehrreich und zugleich so überzeugend machen. Es ist daher unzweifelhaft richtig, wenn Nitzsch (Quintus Fabius Pictor über die ersten Jahre des Hannibalischen Kriegs, Kieler Monatsschrift, 1855. S. 77) sagt: „Appian erzählt wie ein gemeiner Legionar," und: „Wir können gar nicht darüber zweifelhaft sein, dass Polybius und Livius Quelle allein, und die Appians und Zonaras gar keine Beachtung verdient." (H. M. scheint gleichwohl anzunehmen, dass bei Appian Trümmer der ächten, wahren Tradition zu finden seien, die man aus Licht ziehen müsse. Wenigstens lesen wir bei ihm S. 558: „Selbst in unsern zertrümmerten und getrübten Berichten — die wichtigsten sind Fabius bei Polybius III, 8. App. Ib. 4 und Diodor. XXV. S. 561 — erscheinen die Verhältnisse der Parteien deutlich genug." Wir haben über die Quellen dieser Zeit in einer gleichzeitig als Programm der Landesschule Pforte für 1863 erscheinenden Schrift: „Das 21ste und 22ste Buch des Livius und das dritte des Polybius" ausführlich gehandelt und ihr Verhältniss und ihren Werth genauer zu bestimmen gesucht. Hier daher nur so viel, dass bei Diodor sich weiter nichts findet, als was auch bei Livius steht und was wir ohne Bedenken annehmen können, dass nämlich dem Hannibal und den Barciden überhaupt in Karthago eine feindliche Partei gegenüber gestanden habe, und dass das, was Polybius a. a. O. aus Fabius berichtet, mit Appian nichts weniger als übereinstimmt. Es lässt sich also nicht etwa aus dieser Stelle ein Schluss auf eine Benutzung des Fabius durch Appian ziehen. Eben so wenig findet sich auch sonst irgend ein Anhaltepunkt für eine solche Annahme, wie wir denn überhaupt aus der Zeit des zweiten punischen Kriegs, abgesehen von jener Stelle des Polybius, von Fabius nur noch eine Zahlenangabe bei Livius (XXII, 7) besitzen, die Appian gerade nicht hat.)

Zunächst spielt der ungeduldigen Raschheit Hannibals gegenüber die Langsamkeit und Zögerung der Römer eine grosse Rolle. Schon vorher wird es den Römern zum Vorwurf gemacht, dass sie den Krieg so lange verzögert und hinausgeschoben, bis Sagunt gefallen und Hannibal in den Stand gesetzt worden, den Zug nach Italien auszuführen, dass sie auf diese Art „das Gebot des Vortheils nicht minder wie der Ehre" versäumt hätten (S. 572). Jetzt nach dem Ausbruch des Kriegs im J. 218 wird es dem Consul Scipio zum Fehler angerechnet, dass er sich im Frühjahr mit dem Aufbruch Zeit genommen und als am Po ein Aufstand ausgebrochen, das zur Einschiffung bereit stehende Heer dort habe verwenden lassen und für die spanische Expedition neue Legionen gebildet habe (ebend.). Dann heisst es bei Gelegenheit des Uebergangs Hannibals über die Rhone: „Scipio hielt während dessen in Massalia Kriegsrathssitzungen über die geeignete Besetzung der Rhone-Uebergänge und liess sich nicht einmal durch die dringenden Botschaften der Keltenführer zum Aufbruch bestimmen. Er traute ihren Nachrichten nicht und begnügte sich eine schwache römische Reiterabtheilung zur Recognoscirung auf dem linken Rhoneufer zu entsenden" (S. 574). An einer andern Stelle (S. 580) wird angenommen, dass Hannibal Anfang August an der Rhone eingetroffen sei, und daraus unter der weiteren Voraussetzung, dass Scipio sich spätestens Anfang Juni eingeschifft, die Folgerung gezogen, dass er sich „unterwegs sehr verweilt oder in Massalia in seltsamer Unthätigkeit längere Zeit gesessen haben müsse." Endlich wird es auch noch als ein Fehler des Scipio dargestellt, dass er nach jener Recognoscirung nun doch noch den Hannibal zu ereilen suchte, und dann, als diess misslungen, sich nicht sofort mit dem ganzen Heere nach Oberitalien zurückwandte, sondern seinen Bruder mit dem grösseren Theile desselben den Zug nach Spanien fortsetzen liess und nur mit weniger Mannschaft selbst nach Pisa zurückging, weil er sich dadurch die Möglichkeit benommen habe, dem Feinde wenigstens in Italien „einen gefährlichen Empfang zu bereiten" (S. 575).

Was nun die Langsamkeit und Zögerung der Römer vor dem eigentlichen Beginn des Krieges anlangt, so lässt sich diese allerdings nicht in Abrede stellen. Allein diese ist in den allgemeinen Verhältnissen Roms, wie sie damals noch waren, begründet, namentlich darin, dass die Leitung der öffentlichen Angelegenheiten in der Hand einer zahlreichen Corporation lag, dass es kein stehendes Heer, keinen ein für allemal ernannten Feldherrn gab, vielleicht auch noch darin, dass man wenigstens hinsichtlich der Form bei Kriegserklärungen sehr scrupulös war, was ebenfalls Zeit kostete. Es sind daher auch nach einer oft wiederholten Bemerkung die Kriege der Römer meistentheils zu Anfang mit geringem Nachdruck und weniger glücklich geführt worden; erst allmählich mit den steigenden Anforderungen der Umstände pflegten die reichen Kräfte des Volks in grösserem Umfange für den Krieg erregt und frei gemacht zu werden; eben desshalb aber war auch Rom um so unbesieglicher. *) Je mehr diess aber wenigstens noch in der damaligen Zeit die allgemeine Regel ist, um so weniger ist den Römern daraus in einzelnen Fällen ein besonderer Vorwurf zu machen. Es ist freilich auffallend genug, nicht nur dass sie so lange zögern, sondern auch und zwar noch in viel höherem Grade, dass sie, nachdem der

---

*) Diess ist von Livius in der gerade zu dieser Zeit gehaltenen Rede Hannos überaus treffend mit folgenden Worten ausgedrückt (XXI, 10): *quo lenius agunt, segnius incipiunt, eo cum coeperunt, vereor ne perseverantius saeviant.* Bei den heutigen Engländern finden dieselben Gründe wenigstens zum Theil statt; daher auch dieselbe Folge. Wir erlauben uns zur Begründung dieser interessanten Analogie uns auf v. Sybel zu berufen (die Erhebung Europas gegen Napoleon, S. 37): „Es ist überhaupt englische Art, an jeden Krieg mit bedächtigem Zaudern heranzugehen und in der Kriegsverwaltung weder an Präcision noch an Schnelligkeit Ueberfluss zu haben — wir haben diess auch in der Gegenwart gesehen und sehen es täglich, doch wird nur eine völlige Unbekanntschaft mit den englischen Dingen daraus einen Schluss auf Abnahme der Kraft und des Ehrgeizes dieses gewaltigen Volkes machen, da die Erscheinung dieselbe wie vor hundert und zweihundert Jahren ist. Auch damals waren die Engländer die letzten beim Anfange, aber auch die letzten beim Ende jedes Krieges."

Krieg erklärt ist, einem so gefährlichen und durch die angestrengtesten, lange Jahre fortgesetzten Vorbereitungen gerüsteten Feinde gegenüber nicht mehr als die zwei gewöhnlichen consularischen, aus je zwei Legionen und der verhältnissmässigen Zahl Bundesgenossen bestehenden Heere, zusammen etwa 50,000 Mann, ins Feld schicken, während ihnen über eine halbe Million Soldaten zu Gebote stehen. Wenn diess aber regelmässig so geschieht, wer wird dann in dem einzelnen Falle einen Gegenstand des Tadels darin finden und es nicht vielmehr als ein allgemeines charakteristisches Merkmal der Römer erkennen?

Die Vorwürfe gegen Scipio aber glauben wir für völlig unbegründet halten zu müssen.

Bei der Nähe der Gefahr, von der die Römer in Oberitalien durch die Gallier bedroht wurden, ist es ihnen gewiss nicht als Fehler anzurechnen, wenn sie zuvörderst hier Abhülfe trafen und desshalb die gegen Hannibal ausgehobenen Truppen dorthin sandten, zumal wenn sie, wie der H. Verf. selbst annimmt (S. 572), den Zug Hannibals nach Italien noch im Frühjahr 218 v. Chr. nicht ahnten.

Eben so wenig scheint aber dem Scipio in Bezug auf die Vorgänge an der Rhone der Vorwurf ungebührlicher Zögerung gemacht werden zu können. Was zunächst jene chronologische Begründung desselben betrifft: so hat H. M. nicht berücksichtigt, dass an der Stelle, aus welcher er dieselbe herleitet, das Imperfectum steht; es heisst dort von beiden Consuln: ἐξέπλεον ὑπὸ τὴν ὡραίαν; es wird sonach nicht gesagt, dass sie zu dieser Zeit (deren Bestimmung überdem so allgemein ist, dass sie sich bei einer Combination, bei der es auf Tage ankommt, kaum mit Sicherheit benutzen lässt) die Einschiffung vollzogen, sondern nur dass sie damit beschäftigt waren, womit, wie uns scheint, die Beweiskraft der Stelle um ein Bedeutendes vermindert wird.

Nun geht aber aus Polybius mit Bestimmtheit hervor, dass Scipio an der Mündung der Rhone erst ankommt, als Hannibal ebenfalls die Rhone erreicht. Wie wäre es sonst möglich, dass Hannibal, wie Polybius ausdrücklich sagt (III. 44), erst am Tage nach seinem Uebergange über den Strom davon gehört haben sollte? Scipio thut übrigens, was uns unter den obwaltenden Umständen das einzig Angemessene zu sein scheint. Er hört nach seiner Landung von der Nähe der Feinde, aber in einer unverbürgten Weise (wenn es bei H. M. heisst, dass er nicht einmal „durch die dringenden Botschaften der Keltenführer zum Aufbruch bestimmt" worden sei, S. 574, so kann diess leicht die völlig unbegründete Vorstellung erwecken, dass die Benachrichtigung, so zu sagen, eine officielle gewesen sei); er schickt also eine Abtheilung Reiter aus, um zu recognosciren, was er vielleicht selbst dann thun musste, wenn er an der Nähe Hannibals nicht zweifelte, um Genaueres über den Ort zu erforschen, wo er ihn aufzusuchen habe; während der Zeit, wo diese Abtheilung ihre Aufgabe erfüllte (nicht, wie es nach H. M's. Darstellung scheint, vorher), also ohne einen Zeitverlust hielt er einen Kriegsrath (nicht „über die geeignete Besetzung der Rhoneübergänge," sondern darüber: ποίοις χρηστέον τῶν τόπων καὶ συμμικτέον τοῖς ὑπεναντίοις, also über einen sehr zeitgemässen Gegenstand), und als er durch die zurückkehrenden Reiter die nöthige Auskunft erhalten, so brach er sogleich auf, den Hannibal aufzusuchen und ihm eine Schlacht zu liefern und somit seinen Weitermarsch nach Italien zu verhindern. Wenn er dabei zu spät kam, indem Hannibal, als er anlangte, seinen Marsch bereits nach der entgegengesetzten Richtung fortgesetzt hatte (II. M. drückt sich nämlich über dieses Unternehmen Scipios so aus, er sei damit „von verkehrtem Rasten zu verkehrtem Hasten übergegangen und habe ohne irgend eine Aussicht auf Erfolg nun doch noch gethan, was mit so sicherer einige Tage zuvor geschehen konnte" (S. 575)), so dürfte sich auch hieraus dem Scipio kaum ein gegründeter Vorwurf machen lassen. Nicht nur die Schnelligkeit Hannibals, sondern namentlich auch die Richtung seines Marsches war wirklich etwas Ausserordentliches, was sich schwer vorher sehen liess [*]), wie es denn auch trotz

---

[*]) Daher sagt Polybius (III, 49): καταλαβὼν ὡρμηκότας τοὺς ὑπεναντίους ἐξενίσθη μὲν ὡς ἐνδέχεται μάλιστα, πεπεισμένος οὐ-

der Gegenbehauptung H. M's. nicht unwahrscheinlich ist, dass Hannibal diese Richtung einschlug, um ein Zusammentreffen mit den Römern diesseits der Alpen zu vermeiden, was wenigstens Livius ausdrücklich sagt. *)

Endlich dünkt es uns wenigstens zweifelhaft, ob Scipio nicht vollkommen richtig handelte, wenn er nunmehr statt das ganze Heer zurückzuführen, nur mit einem kleinen Theile desselben sofort nach Italien zurückeilte und das übrige Heer nach dem Orte seiner Bestimmung weiter gehen liess. Abgesehen davon, dass es ihm mit Recht als eine Sache von Werth und Wichtigkeit erscheinen mochte, das Glück der Karthager in Spanien zum Stehen zu bringen und namentlich den Völkern des diesseitigen Spaniens, die sich so tapfer gegen sie gewehrt hatten und das karthagische Joch jedenfalls mit dem grössten Widerwillen ertrugen, Hülfe zu bringen, so durfte er auf diese Art hoffen, dem Hannibal mit dem bereits in Oberitalien befindlichen Heere viel eher entgegentreten zu können, als wenn er das ganze Heer wieder ein- und dann wieder ausschiffen musste, was immer mit grossem Zeitverlust verbunden war, während doch auf Schnelligkeit nach H. M's. eigner Ansicht ganz besonders Alles ankam.

Dass Polybius weit entfernt ist, wie überhaupt, so namentlich in Bezug auf diese letzte Action dem Scipio Langsamkeit vorzuwerfen, geht daraus hervor, dass er vielmehr an mehreren Stellen ausdrücklich die höchste Bewunderung seiner Schnelligkeit ausspricht, erstens in Bezug auf seinen Aufbruch vom Landungsplatz III, 45, wo er sagt: *Πόπλιος*

δέποτ' ἂν αὐτοῖς τολμῆσαι τῇδε τὴν εἰς Ἰταλίαν πορείαν διὰ τὸ πλῆθος καὶ τὴν ἀθεσίαν τῶν κατοικούντων τοὺς τόπους βαρβάρων.

*) XXI, 31: *postero die profectus adversa ripa Rhodani mediterranea Galliae petit, non quia rectior ad Alpes via esset, sed quantum a mari recessisset, minus obviam fore Romanum credens, cum quo, priusquam in Italiam ventum foret, non erat in animo manus conserere.* Um sich zu erklären, warum dem Hannibal hieran so viel lag, muss man sich erinnern, dass ihn die Jahreszeit drängte und dass sein ganzer Kriegsplan darauf basirt war, dass er möglichst bald nach Oberitalien kam, um sich die Streitkräfte der Gallier dienstbar zu machen.

δὲ παραυτίκα τὴν ἀνασκευὴν ἀναθέμενος ἐπὶ τὰς ναῦς ἀνέζευξε παντὶ τῷ στρατεύματι καὶ προῆγε παρὰ τὸν ποταμὸν σπεύδων συμμῖξαι τοῖς ἐνεναντίοις, zweitens in Bezug auf seine Wiedereinschiffung III, 49: αὐτὸς δὲ πάλιν ὑποστρέψας εἰς Ἰταλίαν ἐποιεῖτο τὸν πλοῦν σπεύδων καταταχῆσαι τοῖς ἐνεναντίοις διὰ Τυρρηνίας πρὸς τὴν τῶν Ἄλπεων ὑπερβολήν, und endlich auch hinsichtlich der Beschleunigung dieses Zugs selbst III, 61, wo er den Ausdruck seiner Bewunderung dem Hannibal mit folgenden Worten in den Mund legt: τὸν Πόπλιον ἀκούων ἤδη διαβεβηκέναι τὸν Πάδον μετὰ τῶν δυνάμεων καὶ σύνεγγυς εἶναι, τὸ μὲν πρῶτον ἠπίστει τοῖς προσαγγελλομένοις, ἐνθυμούμενος μὲν ὅτι πρότερον ἡμέραις ὀλίγαις αὐτὸν ἀπέλιπε περὶ τὴν τοῦ Ῥοδανοῦ διάβασιν καὶ συλλογιζόμενος τόν τε πλοῦν ἀπὸ Μασσαλίας εἰς Τυρρηνίαν, ὡς μάλιστα μακρὸς καὶ δυσπαρακόμιστος εἴη, πρὸς δὲ τούτοις τὴν πορείαν ἱστορῶν τὴν ἀπὸ τοῦ Τυρρηνικοῦ πελάγους διὰ τῆς Ἰταλίας μέχρι πρὸς τὰς Ἄλπεις, ὡς πολλή καὶ δυσδίοδος εἴη, πλειόνων δὲ καὶ σαφέστερον ἀεὶ προσαγγελλόντων, ἐθαύμαζε καὶ κατεπέπληκτο τὴν ὅλην ἐπιβολὴν καὶ τὴν πρᾶξιν τοῦ στρατηγοῦ. Freilich war Hannibal zunächst der siegende Theil, und dass er diess war, verdankte er hauptsächlich der grösseren Schnelligkeit, mit der er den Anschlägen seiner Feinde zuvorkam, dem καταταχεῖν, wie es Polybius nennt; indess eben diess ist auch das Ausserordentliche an ihm, was wir vorzugsweise an ihm bewundern; wenn also die römischen Anführer ihm darin nicht gleichkommen, so wird man diess zwar anzuerkennen und zuzugestehn, ihnen aber daraus gewiss keinen besondern Vorwurf zu machen haben.

Wir übergehen nun zunächst die weiteren Vorgänge bis zur Schlacht an der Trebia, weil sie uns keinen Anlass zu besonderen Erinnerungen bieten. Nur in Bezug auf die nach dem Ticinus benannte Schlacht möchten wir bemerken, dass es uns bedenklich scheint, dieselbe, dem ausdrücklichen Zeugniss des Polybius entgegen, wonach beide Heere dem Laufe des Po folgten, auf Grund einer Combination der Stellen Liv. XXI, 45 und Plin. Hist. N. XXXIII, 4, 78. Strab. p. 218 in die „Ebene zwischen dem Ticino und der Sesia unweit Vercelli" zu verlegen, und noch bedenklicher, ohne alle Begründung durch die Quellen anzunehmen, dass Scipio den Fehler gemacht habe, „mit einer schwächeren Armee sich mit dem Rücken gegen den Fluss aufzustellen." *)

Dagegen glauben wir bei der Schlacht an der Trebia etwas länger verweilen zu müssen, weil uns H. M's. Darstellung derselben ein besonders deutliches Beispiel der Uebertragung moderner Verhältnisse auf die alte Zeit darzubieten scheint.

H. M. nimmt an, dass die Schlacht auf dem linken (westlichen) Ufer der Trebia geschlagen worden sei, und dass folglich, da die Römer, um auf das Schlachtfeld zu gelangen, den Fluss überschritten, diese vorher auf dem rechten (östlichen) Ufer desselben lagerten, also auf demselben Ufer, wo auch Placentia lag, während Hannibal sein Lager auf dem andern Ufer hatte, „was beides," wie er sagt (S. 587), „wohl bestritten worden, aber nichts desto weniger unbestreitbar ist." Er fügt (ebend.) hinzu, dass des Polybius Bericht „vollkommen klar" sei. Wenn nämlich Polybius sagt (III, 74), dass das erste Treffen, 10,000 Mann stark, nachdem die Schlacht so gut wie verloren, sich durchgeschlagen und Placentia erreicht habe, während das übrige Heer bei dem vergeblichen Versuche über den Fluss hinüber wieder in das Lager zurückzugelangen, grössten Theils vernichtet worden sei: so deutet er diess so, dass das übrige Heer fliehend und „durch die aufgelösten Theile der eigenen Armee und durch das feind-

---

*) Die Worte des Polybius sind so deutlich als möglich (III, 65): Τῇ δὲ κατὰ πόδας ἡμέρᾳ προῆγον ἀμφότεροι παρὰ τὸν ποταμὸν ἐκ τοῦ πρὸς τὰς Ἄλπεις μέρους, ἔχοντες εὐώνυμον μὲν οἱ Ῥωμαῖοι, δεξιὸν δὲ τὸν ῥοῦν οἱ Καρχηδόνιοι, γνόντες δὲ τῇ δευτέρᾳ διὰ τῶν προνομευόντων ὅτι σύνεγγύς εἰσιν ἀλλήλων u. s. w. Es bleibt freilich, z. Th. in Folge der Unsicherheit einiger Textesstellen, hinsichtlich des Ortes der Schlacht noch Manches zweifelhaft (was wir hier als nicht zu unserem Zwecke gehörig bei Seite lassen); das aber kann nach den angeführten Worten unmöglich zweifelhaft sein, dass die Schlacht nach Polybius am Po selbst und so dass beide Heere sich mit je einem Flügel an diesen Fluss lehnten, geliefert wurde.

liche Umgebungscorps sich den Weg bahnend" den Fluss zu
überschreiten gesucht habe, während das erste Treffen nach
Sprengung der karthagischen Linie sich seitwärts (obgleich
Livius c. 56, 3 ausdrücklich sagt: *Placentiam recto itinere
perrexere*) einen Ausweg gebahnt und den Uebergang über
den Fluss weiter abwärts in der Nähe von Placentia bewirkt
habe, wo vielleicht eine Brücke über die Trebia geführt habe
und der Brückenkopf am andern Ufer von der placentinischen
Garnison besetzt gewesen sei, obgleich letzteres sich nicht
beweisen lasse. Wenn also Polybius das erste Treffen dem
übrigen Heere hinsichtlich der Art und Weise, wie beide
Theile sich vor dem Feinde in Sicherheit zu bringen gesucht,
entgegenstellt: so besteht dieser Gegensatz nach H. M. nur
darin, dass der eine Theil mehr oberhalb, der andere mehr
abwärts den Fluss überschreitet, jener fliehend, dieser so,
dass er, nachdem er sich durchgeschlagen, eine Schwenkung
macht und sich seitwärts nach einer Uebergangsstelle wendet,
die vom Feinde frei und zugleich durch die Nähe von Placentia mehr geschützt ist. Beide Theile (so viele nämlich von
dem fliehenden Theile nicht aufgerieben werden) kommen daher
auf derselben, der rechten und östlichen Seite der Trebia an,
nur dass die Einen in Placentia, die Andern im Lager eine
Zuflucht suchen und finden.

Dass diese Auffassung nicht mit Livius übereinstimmt,
welcher mit den deutlichsten Worten das Schlachtfeld auf die
rechte und das Lager der Römer auf die linke Seite setzt,
ist zu offenbar und zu allgemein anerkannt, als dass wir nöthig hätten, es erst zu beweisen. Aber auch mit Polybius
ist sie nach unserer Ansicht nicht in Uebereinstimmung zu
bringen. H. M. übergeht bei seiner Besprechung des Berichts
des Polybius einen Zug, der uns besonders wesentlich zu
sein scheint. Polybius sagt nämlich an jener Stelle, wo er
den Entschluss des ersten Treffens, sich nach Placentia durch-
zuschlagen, motivirt, dass es diess gethan habe wegen des
Flusses und des furchtbaren Platzregens ($κωλυόμενοι\ διὰ\ τὸν$
$ποταμὸν\ καὶ\ τὴν\ ἐπιφορὰν\ καὶ\ συστροφὴν\ τοῦ\ κατὰ\ κεφαλὴν$
$ὄμβρου$): sollte diess Polybius gesagt haben, wenn diese

Truppenabtheilung nun gleichwohl nicht nur den Fluss (wenn auch an einer bequemeren Stelle) überschritten, sondern sich auch dem Unwetter eben so wie die Uebrigen oder vielmehr bei dem weiten Umwege, den sie zu machen hatte, in viel höherem Grade ausgesetzt hätte als jene? Uns scheint diess völlig unmöglich, und wir glauben daher, dass H. M. zu der in Rede stehenden Auffassung nur durch innere Gründe bestimmt worden ist. *) Hiermit aber kommen wir zu der Erörterung, um die es uns hauptsächlich zu thun ist.

Man hat jene inneren Gründe darin gefunden, dass Scipio, wenn er anfänglich auf dem rechten Ufer der Trebia bei Placentia gestanden, unmöglich vor Hannibal vorbei, der dann ebenfalls sogleich von Anfang an sein Lager auf derselben Seite gehabt haben müsse, auf das andere Ufer habe übergehen können; ferner, dass eine Stellung, wie sie sich daraus ergeben haben würde, völlig undenkbar sei, weil in Folge derselben Scipio die von Hannibal auf seinem Zuge unterworfenen westlichen Völkerschaften der Gallier im Rücken gehabt haben würde, Hannibal aber die noch unter römischer Botmässigkeit stehenden östlichen; endlich, weil unter dersel-

---

*) Der Gegenstand ist in neuerer Zeit mehrfach aufs Gründlichste erörtert worden, hauptsächlich von Cron, K. Niemeyer und Binder, Jahnsche Jahrb. 1855. B. 71 S. 57 ff. S. 252 ff. 729 ff. In allen diesen Abhandlungen wird zwar eben so wie von H. M. das Schlachtfeld übereinstimmend auf das linke Ufer gelegt, aber nur wegen der vermeintlichen zwingenden Gewalt der innern Gründe; Niemeyer hält es sogar für nöthig, um die Darstellung nicht nur des Livius, sondern auch des Polybius zu retten und den innern Gründen, die es auch ihm zu erfordern scheinen, dass die Schlacht auf dem linken Ufer geschlagen worden, gerecht zu werden, die gewagte Hypothese aufzustellen, dass die Trebia damals nicht oberhalb, sondern unterhalb Placentias in den Po gemündet habe; Cron und Binder greifen nur gezwungen zu derselben Annahme, wie Mommsen, und ersterer wenigstens zeigt sich in einem spätern Aufsatz (S. 729 der Jahnschen Jahrb.) nicht abgeneigt, der Niemeyerschen Hypothese beizutreten, um sich mit Polybius in volle Uebereinstimmung zu setzen. In der neuesten Zeit hat Gidionsen (in denselben Jahrb. 1859. H. 2) die Unvereinbarkeit der Quellen mit H. M's. Ansicht in einer besonderen Abhandlung nachgewiesen.

ben Voraussetzung der andere Consul Sempronius von Ariminum, also von Osten kommend, sich nicht mit Scipio habe vereinigen können, von dem er durch den dazwischen stehenden Hannibal abgeschnitten gewesen sein würde. *) Auch hat man noch hervorgehoben, dass Clastidium (das heutige Casteggio), welches Hannibal in dieser Zeit nahm, weit rückwärts nach Westen von beiden Heeren lag und dass es Hannibal unmöglich gewesen sein würde, diese Eroberung zu machen, wenn Scipio zwischen ihm und jenem Orte gestanden hätte. H. M. sagt nun aber geradezu, Scipio habe nach der Aenderung seiner Stellung, also zu der Zeit, wo es zur Schlacht kam, gestanden „den linken Flügel gelehnt an den Apennin, den rechten an den Po und die Festung Placentia, von vorn gedeckt durch die in dieser Jahreszeit nicht unbedeutende Trebia," und habe „in dieser starken Stellung" Hannibals Vorrücken so vollständig gehemmt, dass diesem nichts übrig geblieben als sein Lager gegenüber (auf der andern Seite der Trebia) aufzuschlagen (S. 585): wo dann allerdings alle jene Gründe um so mehr und um so schlagender hervortreten.

Indess eben hierin, in der angenommenen „Stellung" des Scipio, die hiernach eine Ausdehnung von mehreren Meilen haben musste, scheint uns eine völlige Modernisirung, eine Uebertragung moderner strategischer Principien und Verhältnisse auf die alte Zeit enthalten zu sein. Heut zu Tage allerdings nehmen die Armeen weit ausgedehnte Stellungen, wo der Zusammenhang und das Zusammenwirken der einzelnen Abtheilungen wenigstens für das leibliche Auge und die äussere unmittelbare Wahrnehmung kaum erkennbar ist: bei den Alten dagegen schlug das Heer, wenn die Bewegung desselben wenn auch nur für eine Nacht unterbrochen wurde, ein Lager auf, innerhalb dessen es eben so geschützt wie von

---

*) Diese beiden letzteren Gründe haben Niebuhr zu der Annahme bewogen, dass Hannibal den Po unterhalb Placentias überschritten habe, Sempronius aber nicht von Ariminum, sondern von Etrurien her, also von Westen gekommen sei, beides gegen das deutlichste und ausdrücklichste Zeugniss der Quellen.

der übrigen Welt isolirt war. Es hängt diess mit der grossen Veränderung der Kriegsführung zusammen, die hauptsächlich in der Wirksamkeit unserer weittragenden Feuerwaffen wurzelnd, sich seit deren erster Anwendung allmählich im Laufe von Jahrhunderten vollzogen hat und vorzüglich durch Napoleon 1 zum Abschluss gebracht worden ist, der der Kriegsführung dadurch einen ganz andern Charakter aufgeprägt hat. Heut zu Tage bewegt sich jedes grosse Heer von einer weit ausgedehnten gesicherten (meist durch Festungen vertheidigten) Linie vorwärts (diess ist die sog. Basis, die in der modernen Kriegskunst eine so grosse Rolle spielt), von dieser Linie bezieht es bei seinem Vordringen alle Bedürfnisse, die ihm nicht etwa das Land selbst, in das es eindringt, gewährt, namentlich die materiellen Streitmittel, die in der neueren Zeit eine viel grössere Bedeutung haben als ehedem und zugleich einen solchen Umfang, dass es für das Heer unmöglich ist, den ganzen Bedarf mit sich zu führen; um aber den Zusammenhang mit dieser Basis zu erhalten, ist es nöthig, dass das Heer sich in einer derselben entsprechenden Breite vorwärts bewege; die Möglichkeit dazu ist theils in der Beschaffenheit unserer Fernwaffen enthalten, die es thunlich macht, den Feind in grösserer Entfernung zu halten und so einen ausgedehnteren Raum vor ihm zu schützen, theils in der neuen den jetzigen Verhältnissen entsprechenden Organisation der Heere, die wir hier unmöglich ausführlicher entwickeln können. Hiernach also sind heut zu Tage weit ausgedehnte, einen grossen Raum beherrschende Stellungen möglich: hiernach sind folglich auch Umgehungen, wie sich aus der Breite der Linie, auf der sich die Heere vorwärts bewegen, von selbst ergiebt, unendlich viel schwieriger und in der Regel nur mit der grössten Gefahr für den Umgehenden selbst ausführbar. *)

---

*) Da der Verf. dieser Abhandlung in der Kriegskunst, wie sich von selbst versteht, Laie ist, so hält er es für nöthig, die Auctorität zu nennen, der er die obigen Sätze verdankt und auf die er sich zugleich wegen ihrer weiteren Ausführung und Begründung berufen kann. Es ist

Wie ganz anders verhält sich die Sache in allen diesen Beziehungen bei den Alten, und insbesondere bei den Römern, mit denen wir es vorzugsweise zu thun haben, in Betreff derer wir übrigens auch (abgesehen von den in allen Kriegsangelegenheiten viel tiefer stehenden Hellenen) ausschliesslich mit den nöthigen Nachrichten über ihr Kriegswesen versehen sind. Die Römer führten auf ihren Märschen nicht nur ihren Bedarf an Streitmitteln, sondern häufig auch ihren Mundbedarf bei sich (es kommt vor, dass sie sich auf 17 Tage, ja sogar dass sie sich auf einen Monat (Liv. XLIV, 2) mit Mundvorrath versehen müssen); sie dringen also in feindliches Land ein, ohne einer Basis und ohne der Verbindungslinien zu bedürfen; das Lager, welches sie täglich aufschlagen und für dessen Herstellung der römische Soldat auch nach beschwerlichen Märschen immer noch Kraft und Ausdauer in sich findet, ist ihm Basis und Vertheidigungslinie zugleich; dasselbe ist den unwirksamen Fernwaffen der damaligen Zeit gegenüber schon durch einen Theil des Heeres, oft durch nur wenige Cohorten, welche zur Vertheidigung darin zurückbleiben, geschützt genug; wird also der Mundvorrath, so weit er nicht schon vorhanden, nicht anderweit etwa durch verbündete Völker zugebracht, so kann ein Theil des Heeres ausrücken,*) um denselben herbeizuschaffen (eben desshalb werden die Feldzüge gewöhnlich in der Jah-

---

diess das geistreiche Werk des Generals von Clausewitz über den Krieg, das auch für den Laien ungemein lehrreich und interessant ist. — Uebrigens findet sich bei H. M. selbst an einer späteren Stelle (III, 264) eine beiläufige, wenigstens theilweise Anerkennung dieser Differenz der alten und neuen Zeit, wo er sagt, dass in Folge des Lagersystems „jedes römische Corps alle Vortheile der Festungsbesatzung mit allen Vortheilen der Offensivarmee vereinigte" und dass „dies System desshalb unanwendbar geworden, weil bei unseren aus der Ferne wirkenden Offensivwaffen die deployirte Stellung vortheilhafter ist als die concentrische" (concentrirte).

*) Diess ist der (allerdings nicht seltene, aber keineswegs nothwendige) Fall, wo eine Umgehung für den andern Theil nachtheilig sein kann und wo sie daher auch (wie z. B. in dem weiterhin anzuführenden Falle aus dem Kriege Cäsars gegen Ariovist) wirklich vorkommt.

reszeit gemacht, wo die Ernte der Reife nahe ist, so dass der Soldat statt des Besitzers ernten kann); in diesem Lager (welches für eine Armee von zwei consularischen Heeren eine Länge von 4800' und eine Breite von 2400' hatte) ist das Heer beisammen, so wie es auch auf dem Marsche immer nur eine schmale Linie einnimmt; und so ist es denn auch sehr leicht möglich, dass zwei feindliche Heere in geringer Entfernung von einander marschiren, dass ein Heer allen Zusammenhang mit der Heimath oder mit irgend einem andern in seinem festen Besitz befindlichen Gebiet auf einige Zeit aufgiebt und dabei doch weit entfernte, lange dauernde Unternehmungen und Züge ausführt, ja dass ein Heer ungefährdet in geringer Entfernung vor dem andern vorübergeht. So wie es keine Basis und Verbindungslinien giebt, so giebt es, da die Lager viereckig und nach allen Seiten vollkommen gleich befestigt sind, wenigstens für ein lagerndes Heer auch kein vorn und hinten. *)

Die Beweise hierfür sind bei den römischen Geschichtschreibern, so weit sie uns überhaupt genaues und zuverlässiges Detail über die Kriegsführung bieten, überall zu finden, am meisten bei Sallust, Tacitus und Cäsar. Wir begnügen uns, aus dieser letzten reinsten und zuverlässigsten Quelle einige Beispiele anzuführen, nicht sowohl, um das oben Bemerkte zu beweisen, was kaum nöthig sein dürfte, als um es einigermassen zu veranschaulichen. Als Cäsar zu Anfang des J. 48 v. Chr. dem Pompejus nach Griechenland gefolgt

---

*) Ueber die Bedeutung des Lagers bei den Römern findet sich eine interessante Stelle bei Livius (XLIV, 39), wo Aemilius Paulus zu einer Zeit, wo dieselbe für den Augenblick in Vergessenheit gerathen zu sein schien, zu dem versammelten Kriegsrathe spricht: *Maiores vestri castra munita portum ad omnes casus exercitus putabant esse, unde ad pugnam exirent, quo iactati tempestate pugnae receptum haberent — castra sunt victori receptaculum, victo perfugium; quam multi exercitus, quibus minus prospera pugnae fortuna fuit, intra vallum compulsi tempore suo, interdum momento post eruptione facta victorem hostem pepulerunt. patria altera est militaris haec sedes, vallumque pro moenibus et tentorium suum cuique militi domus ac penates sunt.*

war, befand er sich, weil sein Gegner durch seine überlegene Flotte das Meer beherrschte, ausser allem Zusammenhang mit Italien und seinen dortigen Hülfsmitteln, und in dieser Lage führte er den Krieg und zwar unter mancherlei Wechselfällen bis zum August des Jahres fort, wo er ihn durch die Schlacht bei Pharsalus beendigte. Während der Dauer dieses Krieges liegt er dem Pompejus längere Zeit in geringer Entfernung am Flusse Apsus gegenüber, und als Beide hören, dass Antonius bei Lissus gelandet sei, so marschiren sie, der Eine wie der Andere, also neben einander (wenn auch Cäsar mit einer kleinen Ausbiegung) dem Antonius entgegen, jener um ihn vor seiner Vereinigung mit Cäsar zu schlagen, dieser um die Vereinigung zu bewerkstelligen, und in ähnlicher Weise marschiren auch in Spanien Cäsar und seine Gegner, Afranius und Petrejus, mit ihren Heeren neben einander und stellen eine Art Wettlauf an, um einen erhöhten, besonders vortheilhaften Punkt zu erreichen. Und um endlich noch ein besonders deutliches Beispiel für die Umgehung anzuführen: Als Cäsar dem Ariovist gegenübersteht (de b. G. I. 48—49), so geht erst Ariovist vor Cäsar vorüber und nachher eben so Cäsar vor Ariovist, um sich (wenn man so sagen soll) im Rücken des Gegners aufzustellen. *) Uebrigens liefern uns die unmittelbaren Vorgänge vor der Schlacht an der Trebia selbst noch ein weiteres Beispiel. Als beide Heere schon auf derselben Stelle stehen, von wo aus sie die Schlacht beginnen, schickt Hannibal eine Truppenabtheilung ab, um ein „zwischen Po und Trebia" wohnendes gallisches Volk wegen

---

*) H. M. stellt diesen Vorgang so dar (III. S. 242), dass es scheint, als ob diess dem Ariovist nur vermöge „seiner sehr überlegenen Macht" möglich gewesen sei und als ob Cäsar nur nothgedrungen dasselbe gethan habe. Allein dass Ariovists Macht der des Cäsar nicht überlegen war, geht theils daraus hervor, dass Cäsar ihm wiederholt die Schlacht anbot, theils und namentlich aus dem endlichen Ausgange des Kampfes; für Cäsar aber hatte diese Umgehung keinen andern Nachtheil, als dass die Zufuhr der Sequaner und Häduer abgeschnitten war. Er blieb also zunächst fünf Tage in demselben Lager stehen, und nachher führte er die Umgehung mit derselben Leichtigkeit aus wie es Ariovist gethan hatte.

seiner Zweideutigkeit zu züchtigen, und hierauf werden auch von den Römern Truppen eben dahin abgeschickt, die in dem Gebiet der Gallier selbst mit den Karthagern handgemein werden (Pol. III, 69. Liv. XXI, 52). Wie war diess anders möglich, als dass die eine oder die andere Truppenabtheilung vor dem feindlichen Lager vorüberzog? Denn mögen jene Gallier nach Osten oder nach Westen hin gewohnt haben: so viel steht jedenfalls fest, dass ihre Wohnsitze nicht zwischen den beiden feindlichen Lagern sich befanden und dass demnach ein Theil nothwendig vor dem Lager des andern vorbeigehen musste.

Warum sollte also nicht auch in dem vorliegenden Falle Scipio vor dem Feinde vorbei über die Trebia haben gehen? warum der andere Consul sich nicht vor Hannibal vorübergehend, mit Scipio vereinigen können?

Wenn diess an sich vollkommen thunlich ist, so kann sich nur noch fragen, ob sich Gründe denken lassen, die den Scipio hierzu bewogen. Und diese liegen allerdings nahe genug, wenn sie sich auch der Natur der Sache nach nur vermuthungsweise angeben lassen.

Vorausgesetzt also, dass beide Heere zuerst auf der rechten Seite der Trebia in geringer Entfernung von einander gelagert waren, so war es für Scipio das einzige Mittel, die Trebia zwischen sich und den Feind zu bringen, wenn er dieselbe selbst überschritt, und diess musste ihm jedenfalls theils zur grössern Sicherung seines Lagers, theils wegen der Neigung der in seinem Lager befindlichen Gallier zum Abfall und wegen der feindlichen Gesinnung der übrigen Gallier wünschenswerth sein. Dass er dabei die unmittelbare Verbindung mit Placentia aufgab (was übrigens nicht einmal nothwendig der Fall war, wenn, wie H. M. annimmt, der Uebergang über den Fluss durch eine Brücke und einen Brückenkopf gesichert war und das Lager des Scipio, wie man sehr füglich weiter annehmen kann, etwas mehr unterhalb, der Mündung der Trebia näher als das des Hannibal aufgeschlagen wurde), so war diess bei der Festigkeit von Placentia, welches 6000 Colonisten d. h. Krieger in seinen

Mauern hatte, um so unbedenklicher, als Hannibal, wie wir aus dem ganzen Kriege sehen, zu Belagerungen wenig eingerichtet und eben so wenig geneigt war.

Nun hören wir aber ausdrücklich von Polybius, dass Scipio sein Lager jenseits auf einer erhöhten, also wegen ihrer Festigkeit besonders günstigen Stelle aufgeschlagen habe (c. 67 zu Ende und 68), und ferner, dass die in der Ebene wohnenden gallischen Völkerschaften ($\tau\grave{o}\ \tau\tilde{\omega}\nu\ K\varepsilon\lambda\tau\tilde{\omega}\nu\ \pi\lambda\tilde{\eta}\vartheta o\varsigma\ \tau\grave{o}\ \tau\grave{\alpha}\ \pi\varepsilon\delta\acute{\iota}\alpha\ \varkappa\alpha\tau o\iota\varkappa o\tilde{\upsilon}\nu$), also nicht bloss die westlich wohnenden, sich dem Hannibal zuneigten (c. 68), während er die der Lagerstätte zunächst (in dem gebirgigen Theile) wohnenden Gallier für zuverlässig halten durfte. Es scheint uns also nicht das Geringste der Annahme entgegenzustehen, dass Scipio sämmtlichen gallischen Völkerschaften der Ebene, d. h. des ganzen Pothales misstraute und aus diesem Grunde eine jenseits der Trebia liegende Lagerstelle vorzog, wo er vor allen Feindseligkeiten der Bewohner der Ebene gesichert war, wo er die Zufuhr theils von den noch zu Rom haltenden Gebirgsbewohnern, theils wohl auch von Etrurien her bekommen konnte und die überdem sich durch ihre natürliche Festigkeit empfahl. *)

Clastidium endlich scheint uns unter diesen Voraussetzungen eher eine Unterstützung unserer Ansicht als einen Gegengrund gegen dieselbe zu bieten. Wenn Scipio dort Magazine hatte und wenn dasselbe nach Westen hin lag,

---

*) Diess stimmt auch mit Livius (XXI, 48, 4) überein, wonach Scipio sein Lager jenseits der Trebia *in loca altiora collisque impeditiores equiti* verpflanzte, und erhält eine weitere Unterstützung durch die Bodenbeschaffenheit, indem nach der östr. Generalstabskarte des Grossherzogthums Parma (F. 2) die Ausläufer der Apenninen auf der Westseite der Trebia sich weiter nach Norden als auf der Ostseite erstreckten, so dass Scipio auf der Westseite eher als auf der Ostseite eine Stellung auf der Höhe unfern von Placentia fand. Dabei muss man sich immer erinnern, dass die Trebia, wenn sie nicht durch ausserordentliche Umstände anschwillt, ein unbedeutender Bach ist, der für die Aufstellung und Bewegung der Heere, abgesehen von solchen ausserordentlichen Umständen, von der geringsten Bedeutung ist.

musste diess nicht ein weiterer Grund für ihn sein, sich nach Westen zu wenden und sich zwischen Hannibal und Clastidium zu bringen, um sich die Zufuhr von dort zu sichern und zu erleichtern? Wenn Hannibal ihm diesen Vortheil bald entreisst, so folgt daraus keineswegs, dass er ihn nicht im Auge gehabt und hoch angeschlagen habe. *)

In der weitern Darstellung der Kriegsereignisse bis zur Schlacht bei Cannä tritt bei H. M. besonders die Art und Weise hervor, wie er über Fabius Cunctator und über die Kriegsführung Hannibals urtheilt. Diess veranlasst uns wiederum zu einigen allgemeinen Bemerkungen, wobei wir uns wie früher theils auf die Natur der Dinge, theils auf Polybius stützen.

---

*) Ein Seitenstück zu der oben erörterten unantiken Auffassung der Verhältnisse bietet auch H. M's. Darstellung eines Vorgangs im ersten punischen Kriege. Polybius (I, 54) erzählt nämlich, dass der karthagische Feldherr Karthalo, als er im J. 249 v. Chr. nach der Schlacht bei Drepanum mit seiner Flotte die römische Flotte beobachtend und festhaltend an der Südküste stand, sich vor einem einbrechenden Sturme dadurch geborgen habe, dass er noch rechtzeitig um das Vorgebirge Pachynum herumfuhr, während die Römer Schiffbruch litten (οἱ τῶν Καρχηδονίων κυβερνῆται — ἔπεισαν τὸν Καρθάλωνα φυγεῖν τὸν χειμῶνα καὶ κάμψαι τὴν ἄκραν τοῦ Παχύνου· πεισθέντος δὲ νουνεχῶς οὗτοι μὲν πολλὰ μοχθήσαντες καὶ μόλις ὑπεράραντες τὴν ἄκραν ἐν ἀσφαλεῖ καθωρμίσθησαν). Es ist diess ganz in der Weise der Alten und mit den Bedingungen ihrer Schifffahrt vollkommen übereinstimmend; denn die hohe See im Gegensatz zu der Nähe der Küste ist ihnen überall ein Gegenstand der Furcht, es liegt ihnen daher sehr fern, wie es heut zu Tage zu geschehen pflegt, vor dem Sturm sich durch das Hinausfahren auf die hohe See sichern zu wollen (nur ein Beispiel der Art ist uns bekannt, wo allerdings im J. 38 v. Chr. im Sicilischen Kriege Menas seine Schiffe auf die hohe See führt, die Anker lockert und gegen den Wind rudern lässt und dadurch grössere Verluste verhütet, s. Dio XLVIII, 48, indess scheint uns dieses Beispiel ganz allein zu stehen und eben nur wegen seiner besondern Merkwürdigkeit von Dio angeführt zu werden). Demungeachtet berichtet H. M. (I. S. 523), den antiken Verhältnissen nicht minder als den Quellen widersprechend: „Der nächste grosse Sturm vernichtete denn auch beide römische Flotten auf ihren schlechten Rheden vollständig, während der phönikische Admiral auf der hohen See mit seinen unbeschwerten und gut geführten Schiffen ihm leicht entging."

Wir haben schon an einer früheren Stelle der zögernden Langsamkeit gedacht, die sich in den Massnahmen der Römer zu Anfang eines Krieges zu zeigen pflegte. Damit hängt die ebenfalls schon erwähnte ausserordentlich grosse Sparsamkeit zusammen, mit der die Römer hinsichtlich der Verwendung ihrer Streitkräfte zu verfahren pflegten. Nicht nur, dass man sich mit den consularischen Heeren von der dort bezeichneten geringen Grösse zu begnügen pflegte,*) so waren auch die Einrichtungen von der Art, dass der Einzelne immer nur für eine beschränkte Zeit zum Kriegsdienst verpflichtet wurde. Wenn es auch nicht mehr möglich war, dass der römische Bürger, der zum Kriegsdienste aufgerufen wurde, wie ehedem binnen wenigen Wochen oder Monaten wieder zu seinem Pfluge und seiner ländlichen Beschäftigung zurückkehrte, so wurden doch wenigstens die Legionen jedes Jahr neu gebildet und dabei jedenfalls auf den Einzelnen so weit billige Rücksicht genommen, dass sein Kriegsdienst nicht zu viele Jahre hinter einander verlängert wurde. Jedes Jahr rückten also die Legionen in der Regel neu gebildet in das Feld, vollkommen dem entsprechend, dass jedes Jahr auch die Personen der Oberbefehlshaber wechselten. Auch hatte man hierzu allen Grund, da das Material, aus dem die Legionen gebildet wurden, ein so überaus kostbares war.

Unsere Zeit, die des zweiten punischen Krieges, ist eben diejenige, wo dieses System sich zuerst als unzulänglich

---

*) Wir führen hier nachträglich zum Beweis noch die Stelle an, wo Polybius das Abweichen von dieser Regel im Jahr der Schlacht bei Cannä mit so nachdrücklichen Worten als etwas ganz Ausserordentliches bezeichnet (III, 107): καὶ τοὺς μὲν πλείστους ἀγῶνας δι' ἑνὸς ὑπάτου καὶ δύο στρατοπέδων καὶ τοῦ προειρημένου πλήθους τῶν συμμάχων κρίνουσιν, σπανίως πᾶσι (d. h. aller 4 Legionen der beiden Consuln) πρὸς ἕνα καιρὸν καὶ πρὸς ἕνα χρῶνται κίνδυνον· τότε δὲ οὕτως ἐκπλαγεῖς ἦσαν καὶ κατάφοβοι τὸ μέλλον, ὡς οὐ μόνον τέτταρσιν ἀλλ' ὀκτὼ στρατοπέδοις Ῥωμαϊκοῖς ὁμοῦ προῄρηντο κινδυνεύειν. Polybius bezeichnet es also gewissermassen als ein Heraustreten aus ihrer Natur und aus ihrem Wesen (οὕτως ἐκπλαγεῖς ἦσαν), wenn sie, wie zur Zeit der Schlacht von Cannä geschah, anders verfuhren.

erweisen musste. Man ist daher auch im Laufe dieser Zeit davon abgewichen, aber nur zögernd und nach und nach, worüber sich Niemand wundern wird, der da weiss, wie langsam sich derartige, den ganzen Staatsorganismus tangirende, historische Entwickelungen zu vollziehen pflegen. Auch ist man nach dem Kriege, wo die augenblickliche Noth nicht mehr in gleichem Masse drängte, wieder auf die alte Art zurückgegangen, freilich nur um sich sehr bald wieder (im Kriege gegen Philipp von Macedonien) von deren Unzulänglichkeit zu überzeugen. *) Die stehenden Heere beginnen, wie H. M. sehr richtig bemerkt (I. S. 676), erst mit dem lang andauernden, nur durch einen ununterbrochenen gleichmässigen Druck zu einem günstigen Ergebniss zu führenden spanischen Kriege.

Auch liegt es auf der Hand, wie gefährlich eine solche Aenderung war. Dem Römer mussten stehende Heere mit Führern, die vom Kriege gewissermassen Profess machten und demselben längere Zeit vorstanden, eben so freiheitsgefährlich scheinen wie heut zu Tage dem Engländer, und dass er hierin Recht hatte, hat keine Geschichte so deutlich bewiesen wie die römische.

Hieraus sind mehrere für das Verständniss der Geschichte der ersten Jahre unseres Kriegs überaus wichtige Folgerungen zu ziehen. War auch der römische Soldat von Haus aus ungemein tüchtig und fand sich auch in jedem römischen

---

*) Diess beweist die Klage der Volkstribunen während jenes Krieges im J. 198 v. Chr. bei Livius (XXXII, 28): *Consulibus Italiam Macedoniamque sortiri parantibus L. Oppius et Q. Fulvius tribuni plebis impedimento erant, quod longinqua provincia Macedonia esset neque ulla alia res maius bello impedimentum ad eam diem fuisset, quam quod vixdum inchoatis rebus in ipso conatu belli gerendi prior consul revocaretur. quartum iam annum esse ab decreto Macedonico bello. quaerendo rege et exercitu eius Sulpicium maiorem partem anni absumpsisse. Villium congrediente cum hoste re infecta revocatum. Quintium rebus divinis Romae maiorem partem anni retentum ita tamen gessisse res, ut si aut maturius in provinciam venisset aut hiems magis sera fuisset, potuerit debellare. nunc prope in hiberna profectum ita comparare dici bellum, ut nisi successor impediat, perfecturus aestate proxima videatur.*

Heere immer eine grosse Zahl solcher, die schon gedient hatten, denen es also auch an Erfahrung und Abhärtung für den Krieg nicht fehlte: so waren doch immer nothwendig auch zahlreiche Neulinge in dem Heere, und was die Hauptsache ist, die Heere waren als solche immer neu zusammengesetzt und folglich nicht in dem Masse zu einem Ganzen verschmolzen, wie es bei Heeren der Fall zu sein pflegt, die längere Zeit zusammen Kriegsdienste geleistet haben.*) Kurz es waren Milizen, mit denen man Krieg zu führen pflegte, wenn auch von der besten Qualität. Eben so fehlte der Zusammenhang mit dem Feldherrn, wie er sich bei längerem Zusammensein eines Heeres unter einem und demselben tüchtigen Führer zu erzeugen pflegt, wo Feldherr und Heer wie Haupt und Glieder aufs Engste mit einander verbunden sind und zusammen einen lebendigen Organismus bilden.

Wie ganz anders war diess Alles auf Hannibals Seite! Sein Heer (so weit es aus den aus Spanien mitgebrachten Veteranen bestand) war durch langjährigen Dienst unter denselben Fahnen für das gesammte Kriegshandwerk aufs Vollkommenste ausgebildet und abgehärtet und zugleich zu einem eng in sich zusammenhängenden Ganzen verschmolzen, es war durch die unter Hannibals Führung gewonnenen Siege mit Vertrauen zu sich selbst wie zu seinem Führer erfüllt und an diesen durch Gewohnheit und durch tausend Interessen geknüpft; für den Feldherrn selbst war es ein Werkzeug, mit dem er durch langen Gebrauch vollkommen vertraut war; dieser Feldherr war ferner nicht nur von grösserer Genialität, sondern unendlich kriegsgeübter als irgend ein römischer Führer der damaligen Zeit: wer wollte also zweifeln, das Han-

---

*) Desswegen ist Scipio im Winter $2^{18}/_{17}$ gegen die Schlacht, um seine Truppen erst durch längeres Zusammensein tüchtiger zu machen (τὰ γὰρ στρατόπεδα χειμασκήσαντα βελτίω τὰ παρ' αὑτῶν ἐπειλάμβαρε γενήσεσθαι, Pol. III, 70), Hannibal dagegen wünscht die Schlacht, weil die römischen Legionen noch ἀνάσκητοι und νεοσύλλογοι sind (ebend.), oder wie Livius (XXI, 53, 9) es ausdrückt: *dum tiro hostium miles esset.*

nibal im Anfang nothwendig den zögernden und ungeübten Römern überlegen sein musste? *)

Eben so gewiss aber ist, dass die steigende Gefahr die an sich unendlich reicheren, zur Zeit nur noch gebundenen Kräfte der Römer lösen und daher ihre Widerstandskraft in dem Masse steigern musste, **) als sich Hannibals Angriffskraft immer mehr vermindern musste, und dass diess dem Hannibal selbst bei seinem Scharfsinn und seiner genauen Kenntniss der römischen Verhältnisse unmöglich verborgen bleiben konnte.

Hieraus aber ergiebt sich, wie uns scheint, mit Nothwendigkeit, dass es dem Hannibal von vorn herein darum zu thun sein musste, den Römern möglichst rasch die stärksten Schläge beizubringen, also ihnen grosse Schlachten zu liefern. ***) Nur hierdurch durfte er hoffen, sie muthlos zu

---

*) Die obigen Worte sind fast nur eine Uebersetzung aus Polybius, welcher sich in Bezug auf die Zeit, wo Fabius den Oberbefehl übernimmt, folgendermassen ausspricht (III, 89): τὰς μὲν γὰρ τῶν ὑπεναντίων δυνάμεις συνέβαινε γεγυμνάσθαι μὲν ἐκ τῆς πρώτης ἡλικίας συνεχῶς ἐν τοῖς πολεμικοῖς, ἡγεμόνι δὲ χρῆσθαι συντεθραμμένῳ σφίσι καὶ πεπαιδευμένῳ περὶ τὰς ἐν τοῖς ὑπαίθροις χρείας, γενικηκέναι δὲ πολλὰς μὲν ἐν Ἰβηρίᾳ μάχας, δὶς δὲ Ῥωμαίους ἑξῆς καὶ τοὺς συμμάχους αὐτῶν, τὸ δὲ μέγιστον, ἀπεγνωκότας πάντα μίαν ἐλπίδα ἔχειν τῆς σωτηρίας τὴν ἐν τῷ νικᾶν· περὶ δὲ τὴν τῶν Ῥωμαίων στρατιὰν τἀναντία τούτοις ὑπῆρχεν. Auch bei Livius findet sich eine Stelle, wo dasselbe mit grossem Nachdruck gesagt ist. Bei ihm sagt nämlich Hannibal vor der Schlacht am Ticinus Folgendes zu seinen Soldaten (XXI, 43, 14): *pugnabitis cum exercitu tirone — ignoto adhuc duci suo ignorantique ducem: an me in praetorio patris, clarissimi imperatoris, prope natum, certe educatum, domitorem Hispaniae Galliaeque — cum semestri hoc conferam duce —? non ego illud parvi aestimo, milites, quod nemo est vestrum, cuius non ante oculos ipse saepe militare aliquod ediderim facinus, cui non idem ego virtutis spectator ac testis notata temporibus locisque referre sua possim decora: cum laudatis a me miliens donatisque, alumnus prius omnium vestrum quam imperator procedam in aciem adversus ignotos inter se ignorantesque.*

**) Vgl. Pol. III, 75: τότε γὰρ εἰσι φοβερώτατοι Ῥωμαῖοι καὶ κοινῇ καὶ κατ' ἰδίαν, ὅταν αὐτοῖς περιστῇ φόβος ἀληθινός.

***) Vgl. Pol. III, 70: τῷ γὰρ εἰς ἀλλοτρίαν καθέντι χώραν στρατόπεδα καὶ παραδόξοις ἐγχειροῦντι πράγμασιν εἰς τρόπος

4

machen und namentlich auch die Bundesgenossen zum Abfall zu bringen, auf denen Roms Kraft nicht zum geringsten Theile beruhte. Und hierauf sehen wir also auch das Bestreben Hannibals nach der Darstellung aller unserer Quellen von vorn herein gerichtet.

Halten wir nun diess Alles fest, so werden wir gewiss nicht umhin können, es in Uebereinstimmung mit dem allgemeinen Urtheile des Alterthums *) als ein ausserordentliches Verdienst des Fabius anzuerkennen, dass er den Niederlagen, durch die Hannibal rasch nach einander den römischen Staatsbau erschüttert hatte, durch seine wahrhaft grossartige Resignation wenigstens auf einige Zeit Stillstand gebot und es dadurch den Römern und ihren Bundesgenossen möglich machte, wieder einigermassen aufzuathmen. War auch seine Kriegsführung nichts weniger als glänzend und nicht ohne grosse Verluste für die Bundesgenossen durch den Alles antastenden und überall umherziehenden Hannibal; so war diess doch für den Augenblick das einzig Mögliche und zugleich wenigstens viel weniger nachtheilig, als wenn es dem Hannibal verstattet worden wäre, einen neuen ähnlichen Schlag zu führen wie

---

ἐστὶν οὗτος σωτηρίας τὸ συνεχῶς καταλοιπεῖν ἀεὶ τὰς τῶν ἀντιμάχων ἐλπίδας.

*) Statt aller andern Belege hierfür wollen wir nur die folgenden Worte des Polybius über Fabius anführen (III, 89): τῷ δὲ χρόνῳ πάντας ἠνάγκασε παρομολογῆσαι καὶ συγχωρεῖν ὡς οὔτε νουνεχέστερον οὔτε φρονιμώτερον οὐδένα δυνατὸν ἦν χρῆσθαι τοῖς τότε περιεστῶσι καιροῖς. Wir können hierbei die allgemeine Bemerkung nicht zurückhalten, dass wir den Urtheilen über ausgezeichnete historische Persönlichkeiten, die sich unter den Mitlebenden ausgebildet und allgemein festgestellt haben, einen viel grösseren Werth beilegen zu müssen glauben, als H. M. zu thun scheint, der dieselben nur zu oft geradezu auf den Kopf stellt. Die Mitlebenden haben, abgesehen von manchen andern günstigen Umständen, namentlich den grossen Vortheil, dass sie von selbst auf die Bedingungen und Verhältnisse der Zeit die gebührende Rücksicht nehmen, während diess für uns zumal bei Persönlichkeiten des Alterthums erst Sache einer überaus schwierigen, des Gelingens keineswegs immer sicheren Abstraction ist.

an der Trebia und am trasimenischen See.*) Dass dieser
Schlag nachher doch bei Cannä erfolgte, ist nicht des Fabius
Schuld, wohl aber ist es sein grosses Verdienst, dass zwischen diesem und dem am trasimenischen See mehr als ein
volles Jahr verfloss.

Wir halten es daher nicht für richtig, wenn H. M. den
Fabius auf alle Weise herabsetzt und sogar lächerlich zu
machen sucht, wenn er ihn z. B. „einen eifrigen Verfechter
der guten alten Zeit, der politischen Allmacht des Senats
und des Bürgermeistercommandos" nennt, der (so fügt er
mit leicht erkenntlicher Ironie hinzu) „das Heil des Staates
nächst Opfern und Gebeten von der methodischen Kriegsführung" erwartet habe (etwa wie ein Mack oder Dann), „eben
so fest entschlossen, um jeden Preis eine Hauptschlacht zu
vermeiden wie sein Vorgänger um jeden Preis eine solche zu
liefern, und ohne Zweifel überzeugt, dass die ersten Elemente der Strategik Hannibal verbieten würden vorzurücken,
so lange das römische Heer intact ihm gegenüberstehe, und
dass es also nicht schwer halten werde die auf das Fouragiren angewiesene feindliche Armee im kleinen Gefecht zu
schwächen und allmählich auszuhungern" (S. 593), wenn er
seinem Magister equitum „dem eigensinnigen alten Manne"
(S. 597) gegenüber wenigstens halb Recht giebt und seine
Kriegsführung in dem ungünstigsten Lichte darstellt und endlich sein Urtheil über das Ergebniss derselben in folgenden
decidirten Worten zusammenfasst: „Nicht der Zauderer hat
Rom gerettet, sondern die feste Fügung seiner Eidgenossenschaft und vielleicht nicht minder der Nationalhass, mit dem
der phönikische Mann von den Occidentalen empfangen ward"
(S. 597), während man vielmehr billiger Weise zu sagen hat,
dass Fabius es gerettet habe zusammen mit der Treue der
Bundesgenossen, auf sie bauend und sie erhaltend und möglich machend.

---

*) Diese Argumente sind von Livius selbst ganz evident geltend
gemacht in der Rede, die er dem Fabius in den Mund legt, XXII, 39.

Eben so wenig können wir mit H. M. übereinstimmen, wenn er es (S. 589) als „die beiden Grundgedanken" bezeichnet, „die Hannibals ganze Handlungsweise in Italien bestimmt haben: den Krieg mit stetem Wechsel des Operationsplans und des Schauplatzes gewissermassen abenteuernd zu führen; die Beendigung desselben aber nicht von den militärischen Erfolgen, sondern von den politischen, von der allmählichen Lockerung und der endlichen Sprengung der italischen Eidgenossenschaft zu erwarten." Eben diess, die Lockerung und Auflösung des Bundes zwischen Rom und seinen Bundesgenossen konnte zweifelsohne mehr durch grosse Siege Hannibals über die Römer als durch ein solches Herumtasten herbeigeführt werden, wobei er überdem um der Unterhaltung seines Heeres willen genöthigt war, gegen seine sonstige Maxime und demnach gewiss gegen seine eigentliche Absicht und gegen seinen Vortheil den Bundesgenossen Schaden zuzufügen.

Es leuchtet von selbst ein, wie sehr hierdurch die ganze Darstellung der Vorgänge bis zur Schlacht bei Cannä bei H. M. in ein anderes und, wie uns scheint, falsches Licht hat gestellt werden müssen; es wird daher nicht nöthig sein, diess besonders nachzuweisen.

Im Einzelnen wollen wir noch bemerken, dass die Unterstützung Hannibals durch die Karthager, deren H. M. in dieser Zeit gar nicht gedenkt, doch keineswegs ganz gefehlt hat und namentlich schon nach der Schlacht am trasimenischen See mit besonderem Eifer geleistet worden ist,*) ferner dass die Schlacht bei Cannä nicht, wie H. M. (in der 2. Aufl.) annimmt, auf dem rechten, sondern auf dem linken Ufer des Aufidus stattgefunden hat,**) und endlich, dass es wenigstens ein falscher

---

*) S. Pol. III, 87: ἐφ᾽ οἷς ἀκούσαντες μεγάλως ἐχάρησαν οἱ Καρχηδόνιοι καὶ πολλὴν ἐποιοῦντο σπουδὴν καὶ πρόνοιαν ὑπὲρ τοῦ κατὰ πάντα τρόπον ἐπικουρεῖν καὶ τοῖς ἐν Ἰταλίᾳ καὶ τοῖς ἐν Ἰβηρίᾳ πράγμασιν.

**) Wir können uns begnügen, hinsichtlich dieses Punktes auf Weissenborns Anm. zu Liv. XXII, 46 und namentlich auf Schillbach's

Ausdruck ist, wenn es von der Schlacht bei Cannä heisst, dass die Römer, um den Sieg über die vorgeschobene feindliche Infanterie besser zu verfolgen, ihre Frontstellung in eine Angriffscolonne verwandelt" hätten (S. 600), da nach Polybius vielmehr die von vorn herein sehr tiefe Frontstellung der Römer sich nachher beim Vordringen nur dadurch von selbst noch mehr verdichtet, dass die Flügel sich nach der Mitte hin drängen.*)

Wir enthalten uns, die Geschichte des zweiten punischen Kriegs weiter zu verfolgen, indem wir hoffen, dass man aus dieser Probe deutlich genug erkennen werde, wie sehr sich bei H. M. die Thatsache und die Ueberlieferung, gewissermassen die Schwere der Materie (um deren willen Aristoteles in der Poetik die Dichtkunst als etwas $\varphi\iota\lambda o\sigma o\varphi\omega$-$\tau\varepsilon\rho o\nu$ $\varkappa\alpha\iota$ $\sigma\pi o\upsilon\delta\alpha\iota\acute{o}\tau\varepsilon\rho o\nu$ so hoch über die Geschichte stellt), oft hat vor der Gewalt seines Geistes beugen müssen, wie sehr er mit der Ueberwältigung der Materie durch den Geist oft über das richtige Ziel hinausgegangen ist. Man wird vielleicht sagen, dass diess weniger schade, weil es leicht sei, die über die rechte Linie hinausgehenden Behauptungen und Auffassungen gleichsam wie zu weit vorgeschobene Truppen wieder zurückzunehmen. Wir können diess in einem gewissen Sinne zugeben; jedenfalls aber ist jenes Zurücknehmen unerlässlich nothwendig, um so nothwendiger, je mehr H. M. durch den Reiz, den die Vergeistigung des Stoffes an und für sich ausübt, und durch das Talent der Darstellung den minder kundigen Leser mit sich fortzureissen und irre zu führen vermag.

Wir wenden uns nun zu der römischen Verfassung, um namentlich zu prüfen, in wie weit H. M. bei deren Darstel-

---

Abhandl. de Cannis et pugna Cannensi (Neuruppin 1866) zu verweisen, welcher Letztere den Beweis auf Grund eigener Besichtigung des Terrains, wie uns scheint, überzeugend geführt hat.

*) „$\alpha\vec{v}\tau o\grave{\iota}$ $\pi\varepsilon\pi\tau\omega\varkappa\acute{o}\tau\varepsilon\varsigma$ $\grave{\alpha}\pi\grave{o}$ $\tau\tilde{\omega}\nu$ $\varkappa\varepsilon\varrho\acute{\alpha}\tau\omega\nu$ $\grave{\varepsilon}\pi\grave{\iota}$ $\tau\grave{\alpha}$ $\mu\acute{\varepsilon}\sigma\alpha$ $\varkappa\alpha\grave{\iota}$ $\tau\grave{o}\nu$ $\sigma\upsilon\nu\varepsilon\sigma\tau\tilde{\omega}\tau\alpha$ $\tau\acute{o}\pi o\nu$." Pol. III, 115.

lung den Forderungen der Einheit und des inneren Zusammenhangs nachgekommen ist.

II.
Die Entwickelung der Verfassung.

Es kommt uns in diesem Abschnitte besonders darauf an, die Auffassung H. M's. von dem Gange der inneren Entwickelung des römischen Staates von der Zeit der Gracchen bis auf den Untergang der Republik einer etwas genaueren Prüfung zu unterziehen. Wir können aber, um unsere Ausstellungen in Bezug auf diese Partie zu begründen, nicht umhin, vorher auch auf die früheren Stadien der Verfassungsentwickelung einen Blick zu werfen.

Nach der bisherigen gewöhnlichen Annahme beginnt die eigenthümliche, die Grösse Roms und die ausserordentliche Anspannung aller Kräfte der Bürgerschaft bedingende Entwickelung der Verfassung mit den Servianischen Institutionen. Durch diese wird zuerst der Grund gelegt zu der Verschmelzung der beiden bisher innerlich von einander getrennten Stände der Patricier und Plebejer, indem den letztern von dem Boden der politischen Gewalt ein wenn auch nur sehr kleiner und beschränkter Theil durch Einführung eines neuen Princips, des Princips der Timokratie eingeräumt wird.

Nach der Vertreibung der Könige werden die durch die königliche Gewalt niedergehaltenen Ansprüche der Patricier wie der Plebejer von Neuem entfesselt, jene suchen ihre Vorrechte zu steigern oder beuten sie wenigstens mit grösserer Schärfe und Härte aus, diese suchen den ihnen hinsichtlich der politischen Rechte eingeräumten Boden zu erweitern, und so entspinnt sich der Kampf zwischen den beiden Ständen, welcher, ein Bollwerk der Patricier nach dem andern niederwerfend, endlich gegen die Zeit der punischen Kriege hin.

also zu derselben Zeit, wo Rom sich die Völker Mittel- und
Unteritaliens unterwirft, sein Ziel erreicht, indem den Patriciern durch das Ogulnische Gesetz im J. 300 v. Chr. die
Zulassung der Plebejer zu den letzten der politisch bedeuten-
den Aemter abgezwungen und kurz darauf ihnen auch in
Bezug auf die Volksversammlungen alle Vorrechte entrissen
werden.

Nach dieser gesetzlichen Gleichstellung beider Stände
folgt diejenige Periode, welche gewöhnlich als die Blüthezeit
des römischen Staates angesehen wird. In den nächsten Jahren (etwa bis zu dem zweiten punischen Kriege hin) mochte
der Groll der Patricier gegen die Plebejer noch fortdauern;
nachdem dieser überwunden war, begannen diejenigen Plebejer, welche im Besitz der höchsten Aemter waren, mit den
Patriciern zusammen sich nach und nach wieder der übrigen
Masse gegenüber abzuschliessen; indessen blieb dieser Gegensatz noch, so zu sagen, latent, bis zu der Zeit der Gracchen
hin, durch deren Gesetze, wenn auch ohne ihre Schuld, die
verborgenen Schäden blossgelegt und die Empfindungen des
Hasses und der Zwietracht zwischen der Nobilität (so heisst
jetzt der bevorrechtete, aus den Patriciern und den bevor-
zugten Plebejern bestehende Stand) und dem Volke entfesselt werden.

Diess sind die Grundzüge der Verfassungsentwickelung
zunächst bis zu den Gracchen, wie man sie bisher in Uebereinstimmung mit den Quellen aufgefasst hat, und wie sie
namentlich auch mit der Darstellung der inneren Zustände am
Ende dieses Zeitraums durchweg in Einklang stehen, die uns
eine günstige Fügung aus den verlorenen Büchern des Polybius aufbewahrt hat (VI, 11--17). Je trüber unsere sonstigen Geschichtsquellen für die ältere Zeit sind, um so höher
müssen wir diese, wenn auch summarische Darstellung von
einem Zeitgenossen schätzen, dem man das gesunde, geübte
Urtheil eben so wenig wie die genaueste Kenntniss des Gegenstandes und die gewissenhafteste Wahrheitsliebe wird abspre-
chen wollen. Bei ihm finden wir noch nichts von einem feindlichen Gegensatz zwischen Nobilität und Plebs, der sich, eben

weil er noch nicht hervorgebrochen, seinen Blicken noch entzog, und die öffentlichen Gewalten erscheinen bei ihm zwischen den drei verschiedenen Sitzen derselben, Consuln, Senat und Volk, aufs Weiseste vertheilt und abgewogen, so dass jeder Theil einen angemessenen freien Spielraum hat und zugleich durch die beiden andern Theile an Ueberschreitung der ihm gesteckten Grenzen behindert wird. *)

II. M. hat dasjenige, was auf diesem Gebiete bisher festgestanden hat, man kann wohl sagen Alles umgeworfen. Wenn dem ungeachtet in vielen Stücken seine Auffassung und Darstellung der Verhältnisse in ihrem Verlauf so ziemlich wieder auf das Alte zurückkommt, so geschieht diess nur auf dem Wege von Widersprüchen und, wie man vielleicht hinzufügen kann, durch die Macht der Dinge selbst und ihrer inneren Wahrheit.

Den Ausgangspunkt für die Entwickelung der Verfassung Roms bilden, wie gesagt, die Servianischen Institutionen, durch die für den Kampf zwischen Patriciern und Plebejern zuerst der Boden gewonnen wird. Es war an sich sehr wenig, was damit den Letzteren gewährt wurde, aber insofern doch wieder ausserordentlich viel, als es den Keim und den Drang zu weiteren Entwickelungen enthielt.

Hn. M. nun ist die Servianische Verfassung „von Hause aus militärischer Natur" (I. S. 94), sie gab „nur Pflichten, nicht Rechte" (S. 90), nichts ist nach ihm „verkehrter, als

---

*) H. M. hat einmal des abweichenden Zeugnisses des Polybius gedacht, wo er von den Unterschleifen der Beamten handelt, die nach seiner Ansicht schon in der Periode „von der Einigung Italiens bis auf die Unterwerfung Karthagos und der griechischen Staaten" allgemein gewesen sein sollen (I. S. 795). Er sagt hier, wenn Polybius es hervorhebe, wie selten in Rom der Unterschleif sei, so liege hierin nur, dass die sociale und ökonomische Demoralisation in Griechenland noch viel weiter vorgeschritten gewesen als in Rom. Wir meinen dagegen: wenn ein Mann von so nüchternem Urtheil, so anerkannter Wahrheitsliebe und so gründlicher Sachkenntniss wie Polybius sagt, dass etwas selten sei, so muss man eben annehmen, dass es selten, und nicht, dass es nur seltener als etwas Anderes und an sich häufig sei.

die Servianische Verfassung für die Einführung der Timokratie in Rom auszugeben" (S. 94); sie dient ihm ausschliesslich dazu, eine militärische Ordnung einzuführen, vermöge deren auch die Plebejer zu dem Kriegsdienste herbeigezogen werden, eine politische Bedeutung hat sie gar nicht, ausser sofern die Centurien „zu den Testamenten der Soldaten vor der Schlacht. ihr Vollwort geben und der König sie vor dem Beginn eines Angriffskrieges um ihre Bewilligung zu fragen hat" (S. 95); welches Letztere aber, wie es scheint, nicht sowohl auf einem Rechte der Centurien beruht als vielmehr nur in Folge der Angemessenheit und Bequemlichkeit der Sache faktisch geschieht.

Zum Beweise, mit welchem Nachdruck H. M. darauf besteht, dass die Servianische Verfassung eben nur eine militärische Einrichtung gewesen, wollen wir noch folgende Stelle mittheilen (S. 94): „Augenscheinlich ist diese ganze Institution von Hause aus militärischer Natur. In dem ganzen weitläufigen Schema begegnet auch nicht ein einziger Zug, der auf eine andere als die rein kriegerische Bestimmung der Centurien hinwiese; und diess allein muss für jeden, der in solchen Dingen zu denken gewohnt ist, genügen, um ihre Verwendung zu politischen Zwecken für spätere Neuerung zu erklären. Auch wird die Anordnung, wonach, wer das sechzigste Jahr überschritten hat, von den Centurien ausgeschlossen ist, geradezu sinnlos, wenn dieselben von Anfang an bestimmt waren, gleich und neben den Curien die Bürgergemeinde zu repräsentiren."

Wir sehen also, dass die Servianische Verfassung als solche, d. h. als politische Institution von H. M. völlig beseitigt wird. Zwar wird unmittelbar nach Vertreibung der Könige den Centurien diese politische Bedeutung verliehen; den „gemeinen Lasten," die auf alle Ausässige gelegt wurden, „mussten (wie es S. 182 heisst) auch die gemeinen Rechte im natürlichen Laufe der Entwickelung folgen," und so wurden „alle politischen Befugnisse sowohl die Entscheidung auf Provocation in dem Criminalverfahren, das ja wesentlich politischer Process war, als die Ernennung der Magistrate und die Annahme oder Verwerfung der Gesetze auf das versammelte Aufgebot der Waffenfähigen übertragen oder ihm neu erworben, so dass die Centurien zu den gemeinen Lasten jetzt auch die gemeinen Rechte empfingen" (S. 249). Indess bleibt desshalb doch die Verkennung der Servianischen Verfassung selbst bestehen, die denn auch, wie wir weiter unten sehen werden, ungeachtet dieser späteren Einlenkung ihren nachtheiligen Einfluss zu äussern nicht verfehlt hat.

Was die Gründe anlangt, auf die H. M. diese seine Abweichung von der Tradition und von der allgemein herrschenden Ansicht stüzt, so bestehen diese nach der bereits angeführten Stelle (S. 94) hauptsächlich darin, dass in dem ganzen weitläufigen Schema auch nicht ein einziger Zug begegne, der auf eine andere als die rein militärische Bestimmung der Centurien hinweise, und dass die Anordnung, wonach, wer das sechzigste Jahr überschritten, von den Centurien ausgeschlossen war, geradezu sinnlos sei, wenn dieselben von Anfang an bestimmt gewesen, gleich und neben den Curien die Bürgergemeinde zu repräsentiren. Allein auch im ersten Jahre der Republik, wo H. M. die politische Bedeutung anerkennt, ist wie bei der ersten Einrichtung der Centurien nicht ein einziger politischer Zug darin vorhanden ausser etwa demjenigen, den H. M. jetzt hineinlegt und den er vollkommen eben so füglich unter Servius Tullius hineinlegen oder vielmehr der Tradition folgend anerkennen konnte wie früher, und jene (allerdings räthselhafte) Ausschliessung derjenigen, die das sechzigste Jahr überschritten, ist sie im ersten Jahre der Republik weniger „sinnlos" als einige Jahre früher? oder soll man annehmen, dass sie früher zwar statuirt, nachher aber — was nicht ohne eine völlige Störung des ganzen Systems geschehen konnte — wieder aufgehoben worden sei?

Ausserdem scheint noch eine gewisse Zahlencongruenz, die der H. Verf. in den Centurien nach seiner Ansicht findet, zur Unterstützung derselben dienen zu sollen. Es wird nämlich angenommen, dass die fünfte Klasse statt 30 nur 28 Centurien enthalten habe und ferner, dass jede Centurie gleich viel Bürger, nämlich 100 (im Alter vom 16. bis 45. Lebensjahre) gezählt habe, und indem somit die Zahl der Centurien des Fussvolks 168 und die der in denselben befindlichen, zum Felddienst verpflichteten Bürger 16800 beträgt, so ergiebt diess 4 Legionen von je 4200 Mann, das eine wie das andere eine Zahl, wie sie allerdings als üblich und den damaligen Verhältnissen entsprechend angesehen werden kann. Allein diese Zahlencongruenz, so scheinbar sie ist, wird doch, wie man sieht, nur auf dem höchst bedenklichen Wege einer Zahlenänderung gewonnen, sie wird also nicht sowohl entdeckt als gemacht, was gerade hier um so bedenklicher sein dürfte, als die entgegenstehende allgemeine Tradition in diesem Falle, bei den Zahlen für die Centurien der einzelnen Klassen, ein grösseres Gewicht hat als sonst. Und sollten die Centurien wirklich alle gleich viel Bürger gezählt, sollte also gegen alles Zeugniss der Alten in der Geltung der Stimmen gar kein Unterschied nach dem Vermögen stattgefunden haben? Ist es denkbar, dass, wenn auch nicht sogleich, so doch sehr bald und unter unveränderten Verhältnissen einer Volksversammlung die bedeutendsten politischen Rechte zugestanden sein sollten, in welcher Patricier und Plebejer, Reiche und Arme gleich viel galten? und dass es unter diesen Umständen so langwieriger Kämpfe zwischen Patriciern und Plebejern bedurft haben sollte, um den letztern die billigsten Rechte zu verschaffen, da die Plebejer doch jedenfalls zahlreicher waren als die Patricier und sonach in den Comitien mehr vermochten als diese?*)

---

*) Es scheint uns nichts als ein Widerspruch zu sein, wenn S. 297 in Betreff der Centuriatcomitien von der Abstufung des Stimmrechts „nach dem Vermögen des Stimmenden" gesprochen wird, ohne dass vorher von dem Eintritt einer solchen irgendwie berichtet worden. Eben so ist es nichts als ein Widerspruch, wenn die Servianische Verfassung S. 97 als „im Wesentlichen auf demselben Grundgedanken beruhend" bezeichnet wird mit den gleichzeitigen Bewegungen in den griechischen Staaten Unteritaliens, durch welche die Geschlechtsverfassung fortschritt „zu der modificirten, die das Schwergewicht in die Feinde der Besitzenden legte." Was ist diess anders als Timokratie? Noch evidenter endlich scheint

Auf der andern Seite scheinen uns die erheblichsten Gründe gegen die Ansicht des II. Verf. zu sprechen. Es scheint uns namentlich — abgesehen von allen aus der Tradition zu entnehmenden Gründen — völlig unglaublich, dass den ohnehin genugsam gedrückten Plebejern durch Servius in Widerspruch mit dem Principe, welches wir in den alten Staaten bei jeder friedlichen Entwickelung geltend finden, zu Gunsten der Patricier neue sehr erhebliche Pflichten ohne entsprechende Rechte auferlegt sein sollten. H. M. sagt selbst an der schon angeführten Stelle (S. 182), wo er den Plebejern zuerst politische Rechte zu Theil werden lässt, dass den gemeinen Lasten auch die gemeinen Rechte im natürlichen Laufe der Entwickelung folgen mussten: wir meinen vielmehr, dass diese und jene nothwendig gleichzeitig gewährt werden mussten.

Es ist vielleicht gegen einen solchen Einwand gerichtet, wenn H. M. bemerkt (S. 249), dass die Vorenthaltung von Rechten möge ertragen worden sein, „so lange die Gemeindeversammlung selbst im Wesentlichen nicht eingriff in den Gang der Staatsmaschine und so lange die Königsgewalt eben durch ihre hohe und freie Stellung den Bürgern nicht viel weniger fürchterlich blieb als den Insassen und damit der Nation die Rechtsgleichheit erhielt." Indess kann hierdurch das Gewicht jenes Einwands nach unserer Ansicht nicht im Mindesten entkräftet werden. Auch nach H. M. haben die Curiatcomitien schon unter den Königen Rechte gehabt, an denen die Plebejer eine Betheiligung beanspruchen konnten, wie schon daraus hervorgeht, dass nach Vertreibung der Könige „die Curien durch die Centurienversammlung völlig auf immer verdunkelt wurden" (S. 250). Es fehlte also den Plebejern keineswegs an einem Objekt ihres Rechtsanspruchs. Und was die hohe und freie Stellung der Könige anlangt, so scheint uns diese im Gegentheil vielmehr ein Grund für ein

---

uns der Widerspruch an einer Stelle im zweiten Bande (S. 264) zu sein, wo die nach H. M.'s Auffassung von Sulla wieder eingeführte Servianische Verfassung geradezu „die neue Timokratie" genannt wird.

schon unter ihrer Herrschaft erfolgtes Zugeständniss an die Plebejer zu sein, eben weil bei ihnen neben der dazu erforlichen Machtvollkommenheit auch der freie unbeirrte Blick und der gute Wille in viel höherem Grade vorauszusetzen ist als bei den Patriciern, die sich nach H. M. sofort nach Vertreibung der Könige zu einer adlichen Corporation zusammenschliessen, welcher „von vorn herein der Stempel des exklusiven und widersinnig privilegirten Adelthums aufgeprägt war." *)

Einen zweiten Ausgangs- und Knotenpunkt für die Entwickelung der inneren Verhältnisse Roms bildet neben der Servianischen Verfassung noch die Einsetzung des Volkstribunats, die, wie jene, anfänglich etwas Unscheinbares und Unerhebliches ist, durch den in ihr enthaltenen Keim und Antrieb aber ebenfalls die grösste Bedeutung gewinnt. Wenn die Tribunen auch zunächst nur Unbilden von den Plebejern abwehren sollten, so lag doch eben darin für sie die Aufforderung, ihre Aufgabe in einem allgemeineren, höheren Sinne als Vertreter der Plebejer überhaupt zu fassen, und durch die ihnen gewährte, durch die heiligsten Schwüre gesicherte Unverletzlichkeit war ihnen gleichsam ein Standpunkt ausserhalb der Schranken der öffentlichen Gewalten eingeräumt, von dem

---

*) Vielleicht soll es auch dazu dienen, den obigen Einwand zu entkräften, wenn der H. Verf. S. 97 sagt, dass die Servianische Institution „nicht aus dem Ständekampf hervorgegangen," sondern das Werk eines reformirenden Gesetzgebers sei, „gleich der Verfassung des Lykurgos, des Solon, des Zaleukos." Es scheint nämlich als ob er hierdurch die Servianische Verfassung als ein Werk persönlicher Willkür bezeichnen und damit den Anspruch auf Folgerichtigkeit und auf Berücksichtigung der obwaltenden Verhältnisse beseitigen wolle. Sollten aber die angeführten Gesetzgebungen, wenn sie auch an bestimmte Namen geknüpft werden, etwas Anderes sein als Erzeugnisse der Zeit und ihrer Verhältnisse, sollte diess namentlich von der des Solon anzunehmen sein, deren Schöpfer nach glaubhafter Ueberlieferung nichts angelegentlicher erstrebt hat als eine billige Ausgleichung zwischen den Ständen und Parteien seiner Zeit? Uebrigens sollte man meinen, dass die „Servianische Institution" sich durch diese Vergleichung von selbst wesentlich über die Sphäre einer bloss militärischen Einrichtung erhebe.

sie zu immer neuen Angriffen auf den zur Zeit noch wesentlich patricischen Staat vorgehen konnten; als Werkzeug boten sich dazu von selbst die Tributcomitien dar, die bei ihrer Einsetzung noch ganz machtlos, durch sie von Stufe zu Stufe zu immer unbeschränkterer Gewalt emporgehoben wurden. So wurde es durch die Tribunen nach und nach erreicht, dass Patricier vor das Gericht der Tributcomitien geladen wurden, dass den Tributcomitien das Recht eingeräumt wurde, die Volkstribunen zu wählen, dann überhaupt in gleicher Weise wie die Centuriatcomitien Beschlüsse in öffentlichen Angelegenheiten zu fassen, die Beschlüsse der Centuriat- wie der Tributcomitien wurden von der bisher erforderlichen Bestätigung der Curiatcomitien entbunden, die Centuriatcomitien wurden in einer Weise umgestaltet, dass das Uebergewicht der ersten Censusklasse beseitigt und ihr Charakter dem der Tributcomitien assimilirt wurde; endlich wurden in gleicher Weise wie die bisher angeführten Vortheile gewonnen wurden, auch in Bezug auf Aemter und Würden den Patriciern nach und nach alle Vorrechte abgerungen.

So ist es also eine zweite wichtige und folgenreiche Abweichung von der Tradition und der bisher allgemein herrschenden Ansicht, wenn H. M. das Volkstribunat völlig in den Hintergrund stellt und ihm geradezu jede politische Bedeutung abspricht. Sogleich bei der Einsetzung desselben wird die Massregel im Gegensatz gegen die politische Revolution des J. 510 v. Chr. als eine „sociale" bezeichnet (S. 265), nachher wird von demselben zwar einmal als von einem „mächtigen politischen Hebel" gesprochen, den die plebejische Aristokratie benutzen zu müssen geglaubt habe, bald darauf ist diess aber wieder vergessen, denn schon vor den punischen Kriegen ist es nichts als ein „Regierungsorgan" (S. 303) und „dem Senate dienstbar" (S. 309), und bei einer späteren Gelegenheit wird es im Allgemeinen „ein Institut ohne handgreiflichen practischen Nutzen und in der That ein leeres politisches Gespenst" genannt (III. S. 4). H. M. hat dabei die allerdings nicht seltenen Fälle im Auge, wo die Volkstribunen von Männern der Regierung entweder gegen andere Tribunen oder auch wohl gegen einen Consul zu Hülfe gerufen werden:*) wer wollte aber daraus mit H. M. die Regel machen und darüber die unendlich zahlreicheren Fälle vergessen, wo die Tribunen der Aristokratie oft in langjährigem erbittertem Kampfe gegenüberstehen und ihr ein Vorrecht nach dem andern entreissen? Sofern die ganze innere Geschichte Roms sich in einem Kampfe von zwei Parteien entwickelt, von denen man die eine trotz mannigfacher Umgestaltungen die aristokratische, die andere die Volkspartei zu nennen hat, so kann man sagen, dass die letztere Partei — mit wenigen Ausnahmen — immer unter Führung der Tribunen gekämpft und unter dieser Führung alle ihre Siege gewonnen hat; eine Ansicht, wie die angeführte des H. Verf., scheint uns dem Wesen und der Grundlage des Tribunats, wir möchten sagen der Bedingung seiner Existenz zu widersprechen, indem die Tribunen nur durch und für das Volk irgend etwas vermögen.

---

*) Die Beispiele, wo diess geschieht, sind von der oben angedeuteten doppelten Art. Nämlich entweder werden einzelne Tribunen von der Aristokratie zum Schutz gegen einen Angriff der übrigen gewonnen oder es werden einzelne oder auch sämmtliche Tribunen gegen Anmassung und Ungehorsam von Magistraten angerufen, wie z. B. Liv. IV, 26. XLII, 21, wo die Consuln sich dem Senate widersetzen und im ersteren Falle durch sämmtliche, im andern durch zwei Tribunen auf Veranlassung des Senats gezwungen werden sich zu fügen. Die Beispiele der ersten Art dienen offenbar nur dazu die Regel zu bestätigen, da die Aristokratie diesen Schutz nicht in Anspruch genommen haben würde, wenn sie ihn nicht gegen Angriffe des Tribunats sehr bedurft hätte, und immer stand natürlich dieses Mittel auch nicht zu Gebote. Die andere Art von Beispielen kann wenigstens H. M.'s Behauptung nicht im Geringsten unterstützen, da solche persönliche Ausschreitungen der Magistrate immer nur seltene Ausnahmen waren und mit dem Parteikampfe selbst nichts zu thun hatten. Wie ungern der Senat zu diesem Auskunftsmittel griff, geht aus Liv. V, 9 hervor. Er hat hier ebenfalls bereits die Hülfe der Tribunen gegen die widerspenstigen Militärtribunen angerufen, es wird aber von ihm mit der grössten Freude und Dankbarkeit acceptirt, als einer der Militärtribunen nachgiebt und ihn von der Nothwendigkeit befreit, von jenem Mittel Gebrauch zu machen, s. das. §. 7: *cum omnium consensu comprobata oratio esset gaudereretque patres sine tribuniciae potestatis terriculis inventam esse aliam vim maiorem ad coercendos magistratus* —.

nicht wider das Volk, wie diess Polybius (VI, 16) so schlagend in folgenden kurzen Worten ausspricht: Ὀφείλουσι δὲ ἀεὶ ποιεῖν οἱ δήμαρχοι τὸ δοκοῦν τῷ δήμῳ καὶ μάλιστα στοχάζεσθαι τῆς τούτου βουλήσεως.

Es ist, wie uns scheint, eine Folge dieser beiden, in Vorstehendem entwickelten Grundabweichungen des H. Verf. (in Bezug auf die Servianische Verfassung und das Volkstribunat), zugleich aber ist es selbst wieder eine wichtige, folgenreiche Abweichung von der allgemein herrschenden Ansicht, wenn bei ihm die Comitien nie zu einer rechten Wirksamkeit und zu einer lebendigen Bewegung gelangen.

Zwar wird ihnen im Allgemeinen für die beiden ersten Jahrhunderte der Republik eine „grosse und practische Wichtigkeit" zugesprochen (S. 300); indess kommt dieselbe nirgends zur Erscheinung, und schon vor dem Anfang der punischen Kriege beginnen sie ein „reines Werkzeug in der Hand des vorsitzenden Beamten" zu werden (ebend.); die Wahlen werden bereits durch den „übermüthigen und klug berechneten Einfluss der Aristokratie" beherrscht. „welcher dieselben nicht immer, aber in der Regel auf die der Regierung genehmen Candidaten lenkt" (S. 308), „die freie Thätigkeit der Bürgerschaft stockt und erstarrt" (ebend.), und in einer späteren zusammenfassenden Bemerkung (S. 822) heisst es: „Wenn nie selbst in der beschränktesten Monarchie dem Monarchen eine so völlig nichtige Rolle zugefallen ist, wie sie dem souveränen römischen Volke zugetheilt ward, so war diess zwar in mehr als einer Rücksicht zu bedauern, aber bei dem dermaligen Stande der Comitialmaschine auch nach der Ansicht der Reformfreunde eine Sache der Nothwendigkeit."

Es wird daher auch auf das Wesen der Comitien und die mit ihnen vorgegangenen Veränderungen nirgends näher eingegangen. So ist z. B. in Betreff der Centuriatcomitien nirgends die Frage erörtert, ob die Patricier, wie angenommen worden ist, bloss in den sog. sex suffragia oder auch in den Centurien der ersten Klasse stimmten, eine Frage, die für die Beurtheilung des Gewichts der patricischen Stimmen in diesen Comitien von nicht geringer Erheblichkeit ist. Jene Aenderung in den Centuriatcomitien, wodurch, wie oben angedeutet, der Charakter derselben wesentlich geändert und dem der Tributcomitien genähert wird, wird zwar berührt und ihre Zeit in das Jahr gesetzt, „in welcher der Krieg um Sicilien zu Ende ging" (S. 817), ihr aber zugleich mit den folgenden Worten alle höhere Wichtigkeit abgesprochen: „Daher darf denn auch die praktische Bedeutung dieser Abänderung der für die Urversammlungen massgebenden Stimmordnung nicht allzuhoch angeschlagen werden" (S. 819).

Eben so wird der Erhebung der Tributcomitien zu gleicher Geltung mit den Centuriatcomitien zwar gedacht (S. 297), aber auch hier wird hinzugefügt: „Eine tiefgreifende Neuerung lag hierin nicht, da im Ganzen dieselben Individuen in beiden Versammlungen stimmberechtigt waren." Als der einzige Unterschied zwischen beiden Arten der Comitien wird angeführt, „dass in der Districtsversammlung alle Stimmberechtigten durchgängig sich gleich standen, in den Centuriatcomitien aber die Wirksamkeit des Stimmrechts nach dem Vermögen des Stimmenden sich abstufte" (ebend.), ein Unterschied, der übrigens, wie oben bemerkt worden, selbst wieder mit der vom Hrn. Verf. über die Centuriatverfassung aufgestellten Ansicht unvereinbar ist. Alle weitern Differenzen zusammt den Fragen, die sich in Bezug auf das Verhältniss beider Arten aufdrängen, werden bei Seite gelassen. So z. B. der überaus wichtige Umstand, dass die Centuriatcomitien von den höheren, in der Regel der Aristokratie angehörigen Magistraten, die Tributcomitien dagegen (abgesehen von den in eben diesen geschehenden Wahlen der Quästoren und curulischen Aedilen, bei denen die Consuln den Vorsitz führen) von den Volkstribunen berufen und abgehalten werden.*)

---

*) Auch abgesehen von der Frage, ob für die Centuriatcomitien immer ein Vorbeschluss des Senats nöthig war, bleiben diese Comitien in Folge des obigen Umstandes in der Regel immer in der Gewalt des Senats und der Aristokratie. Anders aber verhält es sich mit den Tributcomitien. Wenn hier auch der Fall oft genug vorkömmt, dass ein

Indem nun aber somit die Comitien so gut wie völlig bei Seite geschoben werden, so geht damit nicht allein der eigentliche Fortschritt in der Entwickelung der römischen Verfassung verloren, sondern es hat diess, wenn wir nicht irren, auch noch die weitere Folge, dass der Kampf, der in Rom Jahrhunderte lang zwischen zwei entgegengesetzten Parteien geführt wird, seinen objektiven und damit zugleich, wie wir meinen, seinen sittlichen Charakter einbüsst. Wenn die Patricier und Plebejer mit den Comitien das ausser ihnen liegende, wahrhaft politische Objekt ihres Kampfes verlieren, auf das Beide, jeder Theil nach bester Ueberzeugung seinen Standpunkt festhaltend und zu verwirklichen suchend, ihre Bestrebungen richten können: was bleiben ihnen da für Motive übrig als die der blossen nackten Selbstsucht? Wir dürfen uns daher auch nicht wundern, dass diess bei H. M. wirklich der Fall ist. Seine Parteien beruhen von vorn herein lediglich auf einem „socialen" Gegensatz, auf der Opposition zwischen Reich und Arm; die eine Partei ist ihm immer ein — gleichviel ob patricisches oder plebejisches — Junkerthum, d. h. ein bevorrechteter, seine Stellung in beschränkter und vor Allem in selbstsüchtiger Weise auffassender Stand (denn diess ist es doch wohl, woran wir bei dieser unendlich oft und in den verschiedensten Nüancen vorkommenden Bezeichnung vornehmlich zu denken haben), die andere Partei ist die gedrückte, übervortheilte Masse der Armen; woraus dann von

---

Antrag *ex senatus auctoritate* oder *de senatus sententia* gestellt wird, so konnte es doch den Volkstribunen nicht verwehrt werden, ihn auch ohne oder selbst wider Willen des Senats einzubringen und zum Beschluss erheben zu lassen, und dieser Fall kommt nicht weniger häufig vor als jener (Beispiele von beiderlei Art sind in meinen „Epochen der römischen Verfassungsgeschichte," S. 204 ff. gesammelt). Tributcomitien und Volkstribunen bilden sonach gewissermassen die eine Hälfte des Staatsorganismus der aus den höhern Magistraten, dem Senate und den Centuriatcomitien bestehenden andern Hälfte gegenüber, ein Dualismus, der lange Zeit in Folge der Gesundheit der öffentlichen Zustände nicht zum Vorschein gekommen ist oder doch nicht eben verderblich gewirkt hat, an dem aber Rom zuletzt hauptsächlich zu Grunde gegangen ist.

selbst folgt, dass das Ergebniss des Kampfes nicht, wie man gewöhnlich annimmt, eine beiderseitige Ausgleichung und ein, wenn auch nicht allzulange dauerndes, einträchtiges Zusammenwirken der streitenden Kräfte, sondern nur die Unterdrückung des einen Theiles und die Zerstörung der bis dahin in dem Staatsleben wirksamen Triebe sein kann.

Je charakteristischer diese Auffassung für das ganze Mommsen'sche Werk ist, je wichtiger sie ist als Schlüssel für die gesammte Verfassungsentwickelung, wie sie bei H. M. erscheint, und insbesondere für seine Beurtheilung der letzten Zeit der Republik von den Gracchen an: um so weniger können wir uns ersparen, näher darauf einzugehen und sie im Einzelnen nachzuweisen.

In Bezug auf die nächste Zeit nach Vertreibung der Könige (bis zu den Licinischen Gesetzen im J. 367 v. Chr.) scheint es zwar auch bei H. M. zuweilen so, als ob der Kampf zwischen den Patriciern und Plebejern ein politischer, ein zu politischen Zwecken und aus politischen Beweggründen geführter und sonach ein wahrhaft ständischer sein sollte. Es heisst S. 251: „Die Vertreibung der Könige war — das Werk zweier bereits im Ringen begriffener und der stetigen **Fortdauer ihres Kampfes klar sich bewusster Parteien**, der Altbürger und der Insassen, welche wie die englischen Tories und die Whigs im J. 1688 durch die gemeinsame Gefahr der Umwandlung des Gemeinwesens in die Willkührregierung eines Herrn auf einen Augenblick vereinigt wurden, um dann **sofort** sich wieder zu entzweien." Hier haben wir also den strengen ständischen Gegensatz zwischen Patriciern und Plebejern. Von den letztern wird zwar eine beträchtliche Anzahl (nach der auch von H. M. acceptirten Tradition) in den Senat aufgenommen; diese bleiben nach H. M. auch als Senatoren Plebejer (was wenigstens als zweifelhaft zu betrachten sein dürfte); indessen wird dadurch der Gegensatz zwischen Patriciern und Plebejern keineswegs ausgeglichen oder auch nur gemildert, da sie „von jedem praktischen Antheil am Regiment ausgeschlossen waren" und sonach „nothwendiger Weise im Senat eine untergeordnete

Rolle spielten, überdiess auch durch das ökonomisch wichtige
Nutzungsrecht der Gemeindeweide in pecuniärer Abhängigkeit
von der Corporation (der Patricier) gehalten wurden" (S. 256).
So wird denn auch S. 266 der Kampf zwischen den Patriciern
und Plebejern ausdrücklich ein „ständischer" genannt.

Indessen sind diese Patricier erstens sogleich von vorn
herein nicht der auf historischer Grundlage ruhende, aus der
bisherigen Entwickelung mit Nothwendigkeit hervorgegangene
Stand, den man bisher angenommen hat und nach unserer
Meinung bei jedem noch jugendlichen, unverdorbenen Volke
immer annehmen muss, der sich wirklich für etwas Besseres
hält als die ausserhalb Stehenden und diese deshalb von seinen Ehren und Rechten ausschliesst, sondern sie sind schon
jetzt „eine wesentlich adliche Corporation" (S. 256), „ein
Geschlechtsadel, welchem durch die Ausschliessung der Plebejer von allen Gemeindeämtern und Gemeindepriesterthümern
— und durch die mit verkehrter Hartnäckigkeit festgehaltene
rechtliche Unmöglichkeit einer Ehe zwischen Altbürgern und
Plebejern von vorn herein der Stempel des exclusiven und
widersinnig privilegirten Adelthums aufgeprägt wird" (S. 253):
kurz ihre Herrschaft ist sofort nichts als eine „Junkerherr-
schaft" (S. 257). Es ist desshalb auch nicht daran zu denken, dass die Patricier irgend wie durch religiöse oder ge-
meinnützige Motive geleitet worden wären, dass sie den Plebejern die Priesterämter vorenthalten hätten, weil sie sich
allein für befugt zu dem Verkehr mit den Göttern gehalten,
und die politischen und unter diesen wieder besonders die
richterlichen, weil sie — natürlich aus Vorurtheil, aber doch
in gutem Glauben — gemeint, dass die Geschäfte dieser
Aemter aufs Innigste mit ihrer, der patricischen Religion zu-
sammenhingen und dass ihnen allein die Kenntniss des in
seinen Anfängen ganz und gar mit der Religion verschlunge-
nen Rechts beiwohne: von solchem „mystischen Priesterschwindel" (S. 81) ist das römische Volk von Haus aus völlig frei;
es ist daher eine Verkennung des Grundcharakters der römischen Religion, wenn man sagt, „dass der Adel an der Ausschliessung der Plebejer (von den bürgerlichen Aemtern) aus

religiöser Befangenheit festgehalten habe;" so oft also die Patricier religiöse Bedenken geltend machen, so ist diess nichts als „Pfaffentrug" (S. 283) und „Schikane" (S. 288); eben so ist es nur ein „Vorwand" (ebend.), wenn sie sich durch die Gründung der Prätur den ausschliesslichen Besitz der Gerichte zu sichern suchen und sich dabei auf ihre ausschliessliche Kenntniss des Rechts berufen, und nur ein Versuch, „mittelst eines politischen Kipp- und Wippsystems wenigstens einige Trümmer der alten Vorrechte zu bergen." Kurz schon dieser Gegensatz, wo sich die Patricier und Plebejer noch als Stände gegenüberstehen, ist im Grunde doch kein anderer als ein durchaus selbstsüchtiger.

Zweitens aber stehen jenen Stellen, wo der Gegensatz zwischen Patriciern und Plebejern noch festgehalten wird, zahlreiche andere entgegen, wo es nicht mehr die Patricier und Plebejer sind, welche die beiden kämpfenden Parteien bilden, sondern die Patricier und die reichen Plebejer auf der einen, die Masse der armen Plebejer auf der andern Seite, wo demnach der Parteikampf einen offen ausgesprochen socialen Charakter trägt. Schon in den ersten fünfzig Jahren der Republik, in der Zeit bis zum Decemvirat wird von einem „Bündniss der Patricier und reichen Plebejer" gesprochen (S. 278); die Einsetzung des Volkstribunats ist im Gegensatz gegen die politische Revolution vom J. 510 v. Chr. eine sociale Revolution (S. 263); das Tribunat wird nicht dem politisch privilegirten Stande abgerungen, sondern den „reichen Grund- und Capitalherren" (S. 269) d. h. den Patriciern und den reichen Plebejern; das Resultat, welches hiermit gewonnen wird, besteht darin, „dass die Zwietracht der Reichen und der Armen gesetzlich festgestellt und geordnet wird" (S. 268); eine durchgreifende Abstellung der bestehenden Missbräuche wird nicht erreicht, „offenbar weil die reichen Plebejer an diesen Missbräuchen kein minderes Interesse hatten als die Patricier" (S. 269). Und auch nachher „scheinen" in der Zeit bis zum Decemvirat „die tribunicischen Bewegungen vorzugsweise aus den socialen, nicht aus den politischen Missverhältnissen hervorgegangen zu sein, und es ist guter Grund vorhanden zu der Annahme, dass ein Theil der vermögenden in den Senat aufgenommenen Plebejer denselben nicht minder entgegen war als die Patricier" (S. 278). Mit dem Decemvirat tritt nun allerdings nach H. M. „ein Wendepunkt in der Stellung der Patricier" ein. „Es war jetzt vollkommen klar, dass das Volkstribunat sich nicht beseitigen liess; die plebejische Aristokratie konnte nichts besseres thun als sich dieses mächtigen politischen Hebels bemächtigen und sich desselben zur Beseitigung der politischen Zurücksetzung ihres Standes bedienen" (S. 279). Hiernach möchte man glauben, dass nunmehr der ständische Gegensatz zwischen den Patriciern und Plebejern zu seinem vollen Rechte gelange, dass nunmehr wenigstens der Stand der Plebejer den Patriciern gegenüber eine geschlossene, innerlich geeinigte Masse bilde. Indessen auch jetzt bricht der sociale Gegensatz sofort wieder überall hervor. Es werden zwar vermittelst dieser Vereinigung den Patriciern die zahlreichen Zugeständnisse abgerungen, welche die Zeit vom Decemvirat bis zu den Licinischen Gesetzen ausfüllen und gleich dem Kampfe selbst eine ununterbrochene, geschlossene Kette bilden. Allein abgesehen davon, dass nach H. M. diese Vereinigung selbst von Seiten der reichen Plebejer eine durchaus selbstsüchtige ist, indem die Masse der armen Plebejer von ihnen nur als Mittel gebraucht wird: so wird das schwache Band nur zu häufig gelöst, um das alte, auf realeren Interessen beruhende Bündniss zwischen den Patriciern und den reichen Plebejern wieder ins Leben treten zu lassen. So ist z. B. im J. 440 v. Chr. „die ganze Regierungspartei, Patricier und Plebejer" gegen Maelius vereinigt (S. 285), und wenn, wie bekanntlich oft der Fall, keine Plebejer zu Consulartribunen gewählt werden, so geschieht diess, weil sich „der Mittelstand nicht berufen fand, die vornehmen Nichtpatricier vorzugsweise auf den Schild zu heben," (S. 284), d. h. also weil die Vereinigung der reichen Plebejer mit ihren ärmeren Standesgenossen gelöst ist. Noch bei dem letzten schwierigsten Kampfe um die Licinischen Gesetze kommt diese Spaltung zum Vorschein, indem die plebejische Aristokratie dabei nach H. M.'s Darstellung lediglich ihr besonderes Interesse verfolgt und das Volk daher nur durch die Drohung der Gesetzgeber, das ganze Unternehmen aufzugeben und damit auch die kleinen dem Volke als Lockspeise gebotenen Vortheile zu vereiteln, abgehalten werden kann, sein Interesse von dem der plebejischen Aristokratie zu trennen.*)

Haben wir aber bisher noch ein gewisses Schwanken zwischen dem ständischen und socialen Princip des Parteikampfes bemerkt, ist das erstere bisher wenigstens einigermassen noch aufrecht erhalten worden, so tritt nunmehr seit der Licinischen Reform (367 v. Chr.) das letztere, das sociale Princip, ganz entschieden hervor. Wir hören daher in Bezug auf diese Zeit, dass „der neue Herrenstand den alten Patriciat nicht bloss beerbte, sondern sich auf denselben pfropfte und aufs innigste mit ihm zusammenwuchs" (S. 296); diese „neue Aristokratie trat unmittelbar mit der Beseitigung des Junkerthums und mit der formellen Feststellung der bürgerlichen Gleichheit hervor" (S. 780); und über die Entstehung dieser neuen Aristokratie und ihr Verhältniss zur übrigen Masse des Volks heisst es (S. 295): „Schon längst hatten die reichen und angesehenen, nicht patricischen Familien von der Menge sich abgeschieden und im Mitgenuss der senatorischen Rechte, in der Verfolgung einer von der der Menge unterschiedenen und sehr oft ihr entgegenwirkenden Politik sich

---

*) Wenn bei Livius in der That eine solche Drohung der Antragsteller erwähnt wird, so berechtigt uns diess nur, ein augenblickliches, durch die Entschiedenheit seiner Leiter sehr bald wieder zur Ruhe gebrachtes Schwanken des Volks anzunehmen, nicht aber mit H. M. daraus eine Spaltung der plebejischen Aristokratie und der übrigen Plebejer und die Absicht jener zu folgern, die grosse Masse nur zur Erreichung ihrer besonderen Zwecke zu missbrauchen. Hätte die Verbindung des ganzen Standes keinen festern Grund gehabt als diesen, wäre der Plebejerstand nicht damals noch ein in sich fest geschlossener, auf der Gemeinsamkeit seiner Interessen und seiner bisherigen Geschichte beruhender gewesen, so wäre in der That nicht zu begreifen, wie die Patricier es trotz ihrer Blindheit (S. 262) hätten versäumen sollen, dem Volke seine kleinen Vortheile zu gewähren und sich so durch Sprengung seiner Verbindung mit der plebejischen Aristokratie der viel weiter gehenden und viel wichtigere Dinge umfassenden Ansprüche dieser zu erwehren.

mit dem Patriciat verbunden. Die licinisch-sextischen Gesetze hoben die gesetzlichen Unterschiede innerhalb der Aristokratie auf und verwandelten die den gemeinen Mann vom Regiment ausschliessende Schranke aus einem unabänderlichen Rechts- in ein schwer zu übersteigendes, aber nicht unübersteigliches thatsächliches Hinderniss. Auf dem einen wie dem anderen Wege kam frisches Blut in den römischen Herrenstand; aber an sich blieb nach wie vor das Regiment aristokratisch." War aber diese Abschliessung der neuen Aristokratie noch nicht sogleich thunlich, bedurfte es noch einiger Zeit, bis die dieselbe bildenden patricischen und plebejischen Familien sich in den ausschliesslichen, gewissermassen erblichen Besitz der Regierungsgewalt setzen konnten, so war dieser Process doch wenigstens in der Zeit bis zu den punischen Kriegen hin vollständig durchgemacht und vollzogen. Von dieser Zeit heisst es (S. 783):*) „Wie die durch einen

---

*) Es gehört mit zu den Uebelständen des Mommsen'schen Werks hinsichtlich der Verfassungsgeschichte, dass die inneren Zustände meist nicht in ihrem Werden verfolgt, sondern für gewisse Perioden übersichtlich geschildert werden, was namentlich in dem Falle von grossem Nachtheil ist, wenn diese Perioden von längerer Dauer sind, wo es dann sehr häufig unbestimmt bleibt, auf welchen Theil derselben das Einzelne zu beziehen ist, während doch eben hierauf möglicher Weise sehr viel ankommen kann. So ist die Verfassungsgeschichte von den Licinisch-Sextischen Gesetzen bis etwa zu den Gracchen, also ein Zeitraum von dritthalb Jahrhunderten und gerade für die Verfassung vielleicht der allerwichtigste, in zwei Abschnitten („die Ausgleichung der Stände und die neue Aristokratie" und „Regiment und Regierte" in der Zeit „von der Einigung Italiens bis auf die Unterwerfung Karthagos und der griechischen Staaten") behandelt, wo es dann nothwendig nicht selten ungewiss bleibt, wohin man diesen oder jenen Zug zu stellen hat. Indessen kann es in Bezug auf die oben angeführte Stelle nicht zweifelhaft sein, dass sie auf die angenommene Zeit zu beziehen ist. Diess geht aus dem ganzen Zusammenhang und namentlich daraus hervor, dass die obige Stelle im Eingang des zweiten Abschnitts steht und dass damit das Ergebniss des ersten Abschnitts (welcher von 367 bis etwa 265 vor Chr. reicht) zusammengefasst wird. (Die letzten der oben angeführten Worte lauteten in der 2. Auflage: „Und jetzt war man so weit." Die jetzt gewählten Worte sind zwar etwas weniger deutlich, können aber dem Zusammenhange nach nichts Anderes bedeuten.)

curulischen Ahn gebildeten Familien mit den patricischen sich körperschaftlich zusammenschlossen und eine gesonderte Stellung und ausgezeichnete Macht im Gemeinwesen errangen, war man wieder auf dem Punkte angelangt, von wo man ausgegangen war, gab es wieder nicht bloss eine regierende Aristokratie und einen erblichen Adel, welche beide in der That nie verschwunden waren, sondern einen regierenden Erbadel und musste die Fehde zwischen den die Herrschaft occupirenden Geschlechtern und den gegen die Geschlechter sich auflehnenden Gemeinen abermals beginnen. Und so weit war man sehr bald."

So haben wir also jetzt schon die an die Stelle des Patriciats getretene „sociale Aristokratie" (ein Ausdruck, der z. B. S. 789 gebraucht wird), „einen durch Erbfolge sich ergänzenden und collegialisch missregierenden Herrenstand" (S. 791), unter dessen Merkmalen sich nicht minder als früher bei dem patricischen Adel die „aristokratische Junkerexclusivität" (S. 788) befindet, so „dass die Wahlen fast ohne Ausnahme in dem engen Kreise der curulischen Häuser sich bewegten und ein neuer Mensch nur durch eine Art Usurpation in denselben einzudringen vermochte" (S. 790); nur als „eine seltene Ausnahme" und „wenigstens gegen den Schluss dieser Periode" (d. h. der mit der „Einigung Italiens," also etwa im J. 265 v. Chr. abschliessenden Periode) „nur mittelst einer Oppositionswahl"*) konnte es vorkommen, dass „ein Mann aus den untern Schichten der Bevölkerung zum Consulat gelangte"

---

*) Dieses „nur mittelst einer Oppositionswahl" soll offenbar eine Steigerung der Seltenheit der Wahl eines Mannes aus den niedern Schichten des Volks bewirken. Wir müssen aber gestehen, dass wir uns diess nicht vollkommen klar zu machen vermögen. Bezeichnet der Ausdruck eine Wahl, die von einer gegen die Regierung oppositionell gesinnten Partei ausgeht (und ein anderer Sinn kann nicht wohl darin liegen), war ferner eine solche Partei damals vorhanden und gehörte der Gewählte dieser Partei an, wie in der That nach H. M. Beides der Fall war: so kann damit, wie es scheint, nichts Anderes gesagt sein als was sich von selbst versteht: unter diesen Voraussetzungen musste jede solche Wahl nothwendig eine Oppositionswahl sein.

(S. 296). Es fehlt daher auch nicht an einer demokratischen Opposition, die „von vorn herein" (d. h. unmittelbar nach den Licinischen Gesetzen) „als Vertreterin der geringen Leute und namentlich der kleinen Bauern auftritt" (ebend.), und „die ersten Namen in der Reihe dieser neuen römischen Volksführer sind Manius Curius und Gajus Fabricius, beides ahnenlose und nicht wohlhabende Männer, beide gegen das aristokratische Princip die Wiederwahl zu dem höchsten Gemeindeamte zu beschränken, jeder dreimal durch die Stimmen der Bürgerschaft an die Spitze der Gemeinde gerufen, beide als Tribunen, Consuln und Censoren Gegner der patricischen Privilegien und Vertreter des kleinen Bauernstandes gegen die aufkeimende Hoffart der vornehmen Römer" (ebend.)*) Kurz, wir haben bereits jetzt die Nobilität, die man sonst erst in einer viel späteren Zeit anzunehmen pflegt (wie denn auch der Ausdruck schon jetzt überall vorkommt, z. B. S. 761. 763. 764. 767 u. s. w.), und zwar eine missregierende, eine ihre Privilegien mit Härte geltend machende, also eine entartete Nobilität.

Die Organisation dieser Missregierung der Nobilität beruht nach H. M. besonders darauf, dass durch Beseitigung der Comitien und durch Beschränkung der Magistrate alle Regierungsgewalt immer mehr im Besitz des Senats vereinigt wird. Was die Comitien anlangt, so ist darüber schon oben gehandelt worden; die Schwächung der Amtsgewalt der Magistrate

---

*) Es dürfte H. M. sehr schwer werden, den Beweis zu führen, dass die Opposition dieser Männer gegen die Nobilität und nicht vielmehr in der alten Weise gegen die patricischen Privilegien gerichtet gewesen, worauf eben Alles ankommt. In der obigen Ausführung von H. M. selbst schwankt die Bezeichnung der Gegnerschaft zwischen den patricischen Privilegien und den vornehmen Römern, unter denen man dem Zusammenhang nach die Nobilität verstehen muss, und wenigstens diejenige Stelle, welche den Hauptbeweis für eine oppositionelle Stellung des M'. Curius liefert, Cic. Brut. §. 55, wo berichtet wird, dass derselbe gegen Appius Claudius die gesetzliche Wahl eines plebejischen Consuls durchgesetzt habe, spricht offenbar nicht für einen Kampf gegen die Nobilität, sondern gegen das Patriciat.

wird nach dem H. Verf. besonders dadurch erreicht, dass die ursprünglich in dem Consulat vereinigte Gewalt unter mehrere Aemter getheilt, dass die Competenz der einzelnen Magistrate genau festgestellt und zugleich beschränkt, die Wiederwahl zum Consulat vor Ablauf einer zehnjährigen Zwischenzeit, die Wiederwahl zur Censur aber unbedingt verboten wird.*) So bleibt also nur der Senat, „der Träger der Nobilität" (S. 784), als Sitz und Inhaber aller Regierungsgewalt übrig. Demnach heisst es S. 305: „In der That war es der Senat, der die Gemeinde regierte und fast ohne Widerstand seit der Ausgleichung der Stände," S. 306: „Wenn die Bürgerschaft den Schein, so erwarb der Senat das Wesen der Macht," und S. 308: „dass dies neue Regiment des Senats bei aller Schonung der bestehenden Formen eine vollständige Umwälzung des alten Gemeinwesens in sich schloss, leuchtet ein: dass die freie Thätigkeit der Bürgerschaft stockte und erstarrte und die Beamten zu Sitzungspräsidenten und ausführenden Commissarien herabsanken, dass ein durchaus nur berathendes Collegium die Erbschaft beider verfassungsmässigen Gewalten that und wenn auch in den bescheidensten Formen die Centralregierung der Gemeinde ward, war wesentlich revolutionär und usurpatorisch." Vollkommen natürlich und dem selbstsüchtigen socialen Charakter der Parteiverhältnisse entsprechend ist es, wenn die Missregierung des Senats sich hauptsächlich darin

---

*) Der II. Verf. leitet seine Erörterung dieses Gegenstandes mit der Bemerkung ein, dass die Schmälerung der Beamtengewalt „nicht gerade das Ziel der zwischen Alt- und Neubürgern geführten Kämpfe, wohl aber eine ihrer wichtigsten Folgen" sei (S. 300). Hiernach könnte es scheinen, als ob die oben angeführten Massregeln ausserhalb des von uns angenommenen Zusammenhangs lägen oder doch wenigstens vom Senat nur benutzt, nicht aber herbeigeführt worden wären. Diess wird indess dadurch widerlegt, dass es nachher doch die Regierung d. h. der Senat ist, welcher die meisten dieser Massregeln trifft, und ferner dadurch, dass es als eine „Usurpation" von Seiten des Senats bezeichnet wird, wenn er sich „das von Rechtswegen lediglich zwischen den Gemeindebeamten und der Gemeindeversammlung getheilte Regiment verfassungswidrig" aneignet, S. 792. Vgl. auch die oben sogleich aus S. 308 angeführte St.

zeigt, dass dem „Nothstand" des Volks nicht abgeholfen wird, dass vielmehr „das aristokratische Regiment fortdauernd gegen seine eigenen Glieder zu schwach und zu sehr in egoistischen Standesinteressen befangen war, um durch das einzige wirksame Mittel, das der Regierung zu Gebote stand, durch die völlige und rückhaltlose Beseitigung des Occupationssystems der Staatsländereien, dem Mittelstande aufzuhelfen und vor allen Dingen die Regierung von dem Vorwurf zu befreien, dass sie die gedrückte Lage der Regierten zu ihrem eignen Vortheil ausbeute" (S. 293). Daher denn auch „der sociale Ruin Italiens" schon kurz nach den Gracchen mit solcher Geschwindigkeit um sich greift, dass „die Bauerstellen wie Regentropfen im Meer verschwinden" (II. S. 135).[*]

---

[*] Wir können nicht unerwähnt lassen, dass es freilich auch hier in dem Abschnitt, der die Zeit nach der Licinischen Reform behandelt, nicht an Stellen fehlt, die etwas ganz Anderes besagen, als was wir oben mit den Worten des H. Verf. referirt haben. Trotz der innigen Verschmelzung der reichen Plebejer und der Patricier wird dennoch von dem ausschliesslichen junkerhaften Geist des Geschlechtsadels gesprochen (S. 2?9) und dem „schmollenden Junkerthum" ein grosses Gewicht für die Geschichte Roms im fünften und sechsten Jahrhundert der Stadt beigelegt (ebend.). Ferner wird ungeachtet des exclusiven Geistes der Nobilität gesagt, dass vermöge der Licinischen Reform „die Junkerschaft der Bauerschaft Platz gemacht, dass auch dem reichsten Junker das Consulat nicht von selber zufiel und ein armer Bauersmann aus der Sabina, Manius Curius, den König Pyrrhus in der Feldschlacht überwinden und aus Italien verjagen konnte, ohne darum aufzuhören einfacher Sabinischer Stellbesitzer zu sein und sein Brodkorn selbst zu bauen" (S. 295). So hoffärtig und selbstsüchtig die Nobilität ist und so heftig und feindselig man sich daher den Kampf zwischen ihr und der demokratischen Opposition denken muss, so „schweigt" gleichwohl „noch auf beiden Seiten vor dem Interesse des Gemeinwohls das der Partei," „der Riss war wohl da; aber noch reichten die Gegner sich über ihm die Hände" (S. 297); „die Parteibildung wird von dem Waffenlärm der grossen Kriege und Siege gleichsam übertäubt" (S. 780). Es fehlt endlich auch nicht an Stellen, die den Senat und das „gewaltige Bürgerthum," letzteres selbst noch in der Zeit nach dem zweiten punischen Kriege in dem günstigsten Lichte zeigen, s. S. 295. 308. 805. 815. Indess können wir in diesen Stellen den oben angeführten gegenüber nichts Anderes erkennen als unvermittelte Widersprüche, die das, was wir oben aus den Worten des H. Verf. selbst gefolgert haben, nicht aufheben können.

Es kann nicht unsere Absicht sein, auf eine Kritik aller dieser Ansichten des H. Verf. einzugehen, so nahe auch die Einwendungen theilweise liegen. Unser Zweck ist nur gewesen und hat nur sein können, es bestimmt zu constatiren, dass damit in Bezug auf die politische Entwickelung für die römische Geschichte der substantielle sittliche Gehalt völlig verloren geht, wenn der Parteikampf, in dem sich das politische Leben äussert, von vorn herein, wie wir gesehen haben, ein durchaus selbstsüchtiger ist.

Wir sind weit entfernt, in Abrede zu stellen, dass seit den Gracchen ein solcher Kampf wirklich beginnt (wiewohl es auch da noch etwas ganz Anderes ist, wenn der Staat vorher von einer sittlichen Substanz erfüllt gewesen ist, weil diese immer noch, wenn auch in der Tiefe und äusserlich wenig bemerkbar, nachwirken wird); eben so wenig wollen wir verkennen, dass diese Entartung schon seit dem Ende des zweiten punischen Kriegs sich in manchen Symptomen bemerklich macht, dass seit dieser Zeit der Senat und die in ihr vertretene Aristokratie immer mehr einen selbstsüchtigen Charakter annimmt und auch der Verfall der Kriegszucht sich in manchen bedenklichen Erscheinungen ankündigt; endlich ist es auch unleugbar, dass es schon vorher in dem römischen Staate und Volksleben nicht an mancherlei Unvollkommenheiten und Gebrechen fehlt und dass auch bereits, um so zu sagen, einige akute Krankheitsfälle vorkommen, wie z. B. die demagogischen Versuche des C. Flaminius und des C. Terentius Varro um die Zeit des beginnenden zweiten punischen Krieges: welches Gemeinwesen wäre zu irgend einer Zeit von solchen Unvollkommenheiten und Krankheitserscheinungen frei geblieben? Allein im Ganzen ist bis zu dem zweiten punischen Kriege und während desselben, so weit wir irgend im Stande sind klar zu sehen, das römische Volk in allen seinen Theilen ein so kerngesundes und kräftiges, es erscheint namentlich durch seine völlige Hingebung an den Staat als ein aller Selbstsucht so völlig entäussertes (in einem Masse, wie es, man kann wohl sagen, sonst kaum je vorgekommen ist), dass es nicht nur völlig unmöglich scheint, ein Parteiwesen anzunehmen, wie es H. M. aufgefasst und geschildert hat, sondern dass wir auch die Erklärung dieses eminenten politischen Geistes des römischen Volkes nur in einem Jahrhunderte lang fortgeführten, wahrhaft politischen, die Gemüther stählenden und ganz auf den Staat hinlenkenden Kampfe zu finden vermögen.

Auf diesen bisher erörterten Ansichten H. M.'s von der früheren Zeit beruht nun aber auch seine Auffassung von der Zeit seit den Gracchischen Unruhen, zu der wir jetzt weiter gehen.

Es ist bei diesen Ansichten nicht anders möglich, als dass bei H. M. zur Zeit der Gracchen (eigentlich freilich schon viel früher) die innere Entwickelung des römischen Staates völlig erschöpft ist und so lange die Republik äusserlich noch besteht, keine Fortbewegung, sondern nichts als ein zielloses Hin- und Herschwanken stattfindet, bis zu der Zeit, wo endlich, viel zu spät für das Beste Roms, Julius Cäsar mit mächtiger Hand die Zügel ergreift. H. M. scheint sich dieses Charakters seiner Auffassung selbst nicht unbewusst zu sein. Wir schliessen diess aus den Goetheschen Mottos, die er dem zweiten und dritten Band vorausgeschickt hat (das eine: „Aber sie treibens toll, ich fürcht es breche. Nicht jeden Wochenschluss macht Gott die Zeche," das andere aus Hans Sachs: „Wie er sich sieht so um und um, kehrt es ihm fast den Kopf herum, wie er wollt Worte zu allem finden? wie er möcht so viel Schwall verbinden, wie er möcht immer muthig bleiben, so fort und weiter fort zu schreiben?"), die beide darauf hinauslaufen, dass der Anspruch auf Fortschritt und strengen inneren Zusammenhang abgewehrt werden soll, eben desshalb aber bei allem Treffenden, was sie an ihrer Stelle haben, wie uns scheint, gerade die Kehrseite von der historischen Betrachtung bezeichnen dürften. Denn diese hat vielmehr die entgegengesetzte Aufgabe, zwischen der Verwirrung der Dinge, wie sie sich dem Auge auf der Oberfläche darstellt, den leitenden Faden aufzusuchen, und da wo anscheinend nichts als ein regel- und zielloses Durcheinanderwogen stattfindet, den im Grunde nie unterbrochenen Fortschritt zu erkennen und aufzudecken.

Eben desshalb ist denn auch sogleich zu Anfang der Periode die Monarchie die einzig mögliche Regierungsform, und es ist nichts als Zufall oder die Unfähigkeit der durch die Umstände zur Alleinherrschaft berufenen Personen, wenn dieses Ziel nicht sogleich erreicht wird.

Von Tib. Gracchus behauptet H. M. zwar nicht geradezu, dass er sich selbst dieses Ziel gesteckt habe, aber um ihn gerade desshalb desto bitterer zu tadeln, um zu den übrigen Vorwürfen noch den hinzuzufügen, dass er nicht gewusst, was er thue und thun müsse. Man war „nicht am Anfang, sondern am Ende der Volksfreiheit, nicht bei der Demokratie angelangt, sondern bei der Monarchie" (II. S. 97). „Darum hatten auch die Gegner des Gracchus in gewissem Sinne nicht Unrecht, als sie ihn beschuldigten nach der Krone zu streben. Es ist für ihn vielmehr eine zweite Anklage als eine Rechtfertigung, dass diese Beschuldigung wahrscheinlich nicht gegründet war" (ebend.). „Allein dieser kühne Spieler war Tiberius Gracchus nicht, sondern ein leidlich fähiger, durchaus wohlmeinender, conservativ patriotischer Mann, der eben nicht wusste was er begann, der im besten Glauben das Volk zu rufen den Pöbel beschwor und nach der Krone griff ohne selbst es zu wissen" (ebend.).

Desto nachdrücklicher wird diese Behauptung in Bezug auf C. Gracchus ausgesprochen, am nachdrücklichsten S. 117: „Dass nun C. Gracchus keineswegs wie viele gutmüthige Leute in alter und neuer Zeit geglaubt haben, die römische Republik auf neue demokratische Basen stellen, sondern vielmehr sie abschaffen und in der Form eines durch stehende Wiederwahl lebenslänglich und durch unbedingte Beherrschung des formellen Souveräns absolut gemachten Amtes, eines unumschränkten Volkstribunats auf Lebenszeit, anstatt der Republik die Tyrannis, das heisst nach heutigem Sprachgebrauch die nicht feudalistische und nicht theokratische, die napoleonisch absolute Monarchie einführen sollte, das offenbart die sempronische Verfassung einem jeden, der Augen hat und sehen will."

Nach dem Sturze des C. Gracchus gelangt die Oligarchie wieder zur Herrschaft; die Popularpartei für sich allein vermag gar nichts gegen die Aristokratie, selbst zur Zeit der Lex Mamilia im J. 109 v. Chr. war „von einer Auflehnung gegen die Aristokratie und das aristokratische Regiment in diesen Bewegungen nicht die leiseste Spur vorhanden" (S. 148), die Bürgerschaft war völlig ausser Stande, sich selber zu helfen (S. 199), um so nothwendiger aber war es, dass ein Alleinherrscher die Zügel ergriff und dem Greuel der Oligarchie ein Ende machte, und wie diess unerlässlich nothwendig war, so war zugleich auch nichts leichter als diess. Der H. Verf. bezeichnet es als etwas Feststehendes, „dass es in Rom schlechterdings nur zwei mögliche Regierungsformen gab, die Tyrannis und die Oligarchie; dass so lange es zufällig an einer Persönlichkeit fehlte, die wo nicht bedeutend, doch bekannt genug war, um sich zum Staatsoberhaupt aufzuwerfen, die ärgste Misswirthschaft höchstens einzelne Oligarchen, aber niemals die Oligarchie gefährdete; dass dagegen, so wie ein solcher Prätendent auftrat, nichts leichter war als die morschen curulischen Stühle zu erschüttern" (S. 160). So wird denn auch der erste, der die Hoffnung erweckt, des C. Gracchus leeren Platz ausfüllen zu können, C. Marius auf den Schild gehoben, und zwar „durch die zwingende Gewalt der Verhältnisse und das allgemeine Bedürfniss der Opposition nach einem Haupte" (S. 193); „seine militärische und politische Stellung war" (nach der Besiegung der Cimbern und Teutonen) „von der Art, dass, wenn er mit seiner ruhmvollen Vergangenheit nicht brechen, die Erwartungen seiner Partei, ja der Nation nicht täuschen, seiner Gewissenspflicht nicht untreu werden wollte, er der Missverwaltung der öffentlichen Angelegenheiten steuern und dem Restaurationsregiment ein Ende machen musste" (S. 194). Demnach war auch im J. 100 v. Chr., als er zum sechsten Male das Consulat bekleidete, von ihm in Vereinigung mit Glaucia und Saturninus Alles darauf angelegt, dass er „Monarch" werden musste

(S. 204): — da zeigt sich, dass der gefeierte Feldherr „in der Politik nichts war als eine Incapacität" (S. 206); seine „grobe Bauernfaust" (S. 210) zerstört Alles, was so vollständig vorbereitet und durch die Umstände so sehr gefördert worden war, und bereitet ihm selbst den kläglichsten Sturz, der Oligarchie aber einen neuen Sieg, der vollständiger war als sie je einen erfochten hatte (ebend.).

Der weitere Gang der Dinge, den wir für jetzt nur mit wenigen Worten andeuten, ist der, dass Sulla*) es aus „Blasirtheit" verschmäht, die Alleinherrschaft, die er schon in der Hand hat, festzuhalten und dauernd zu machen, dass Pompejus dann wieder zu den Unfähigen gehört, die von dem, was ihnen das Glück in den Schooss wirft, keinen Gebrauch zu machen verstehen, und dass erst Cäsar den Muth und die Geschicklichkeit beweist, die reife Frucht zu pflücken. Dabei

---

*) Wir übergehen als für unseren Zweck minder wesentlich die Vorgänge, die zwischen jenem wichtigen Jahre 100 v. Chr. und der Dictatur des Sulla liegen, obgleich sich auch hier Vielerlei findet, was geeignet ist, unsern Widerspruch zu erregen. Am auffallendsten ist es, dass vom P. Sulpicius Rufus angenommen wird, dass er auch als Volkstribun im J. 88 seine frühere Parteistellung festgehalten und auch als solcher „im Sinne des Drusus" (S. 255) gehandelt habe (so auch noch in der 3. Aufl., obgleich hier in Vergleich mit der 2. diese Ansicht etwas modificirt und gemildert ist), während es von den Alten allgemein hervorgehoben wird, dass er in dieser Zeit seine Gesinnung geändert habe und aus einem gemässigten Aristokraten ein leidenschaftlicher Demagog geworden sei, und diess namentlich von Cicero, der ihn selbst gekannt hat und ihn als den gemässigten Aristokraten eben so rühmt wie er seine spätere Wirksamkeit entschieden verurtheilt, auf das Bestimmteste versichert wird, s. de Or. III. §. 11: *Sulpicius, qui in eadem invidia fuisset, quibuscum privatus coniunctissime vixerat, hos in tribunatu spoliare instituit omni dignitate: cui quidem ad summam gloriam eloquentiae efflorescenti ferro erepta vita est et poena temeritatis non sine magno reipublicae malo constituta.* Vgl. bes. auch Vell. Pat. II, 18, 5. Beiläufig wollen wir hier bemerken, dass die Bemühungen der gemässigten Senatspartei unter Führung des berühmten L. Licinius Crassus, über die wir durch Ciceros Bücher *de oratore* eine bei der Mangelhaftigkeit der sonstigen Quellen sehr werthvolle zuverlässige Kunde bekommen, eine helle Partie in der Geschichte unserer Periode bilden, die von dem H. Verf. nicht genug als solche anerkannt und geschätzt zu werden scheint.

ist es besonders bemerkenswerth, dass in der letzten Periode seit Sullas Tode bei dem H. Verf. die Mächte wieder auftauchen, die bei ihm eigentlich schon längst todt sind und überhaupt kaum je ein wahres Leben bei ihm gehabt haben, nämlich erst die Demokratie und dann auch eine wenigstens keineswegs machtlose Aristokratie, dass ferner eine kurze Zeit selbst die „Comitialmaschine" wieder Bedeutung gewinnt und überhaupt die republikanischen Institutionen wieder zu einer Kraft gelangen, die sie eigentlich schon längst verloren haben; wie wir weiter unten durch die nöthigen Belegstellen aus H. M.'s Werke zu beweisen Gelegenheit finden werden.

Dieser ganzen Auffassung H. M.'s von der Periode von den Gracchen bis auf Cäsar gegenüber ist unsere Ansicht von dem Hergange der Dinge vielmehr die, dass die inneren Kämpfe von den Gracchen bis auf Sulla, mit denen die Feindschaft zwischen der Nobilität und dem Volke zuerst zum Ausbruch kommt, nur dazu dienen, die Grundlagen, auf denen das römische Staatswesen ruhte, zu erschüttern und allmählich zu zerstören, dass sie selbst erst nach und nach die Wirkung entwickeln, in den Parteien die Scheu vor dem Gesetz und die Achtung vor den legalen Gewalten zu zerstören und ihre Gefühle gegen einander zu reizen und zu vergiften, dass aber noch lange Zeit hindurch Niemand daran dachte und daran denken konnte, sich der Alleinherrschaft zu bemächtigen. Wie mächtig in dem Volke diese durch Jahrhunderte lange Gewöhnung begründete Scheu noch zur Zeit der Gracchen war, scheint uns besonders deutlich daraus hervorzugehen, dass es, obgleich viel zahlreicher, sofort vor den Aristokraten zurückweicht, als sie unter Führung des Scipio Nasika, nur in geringer Zahl und mit extemporirten Waffen versehen, das Kapitol ersteigen, um den angeblichen Aufruhr des Tib. Gracchus zu dämpfen, weil es nach dem Ausdruck Plutarchs (Tib. Gr. 17) Niemand wagt dem Ansehen der Männer entgegenzutreten ($οὐδεὶς\ ἐπισταμένων\ πρὸς\ τὸ\ ἀξίωμα\ τῶν\ ἀνδρῶν$), und dass es auch bei der letzten Katastrophe des C. Gracchus nicht die Ueberlegenheit der Aristokraten an Zahl und physischer Kraft, sondern nur ihr Ansehen ist, was ihnen den Sieg verleiht.*) Dazu kommt, dass in Rom nicht nur zur Zeit der Gracchen, sondern noch viel später der republikanische Sinn (wenn er auch seiner sittlichen Grundlagen immer mehr beraubt wurde) und der Hass und die Verachtung gegen die Alleinherrschaft, für die man seine Vorstellungen nur aus der eigenen Königssage und aus dem Königthume des Orients entnehmen konnte, viel zu tief eingewurzelt, viel zu allgemein und zu stark war, als dass das Volk einem Alleinherrscher seine Unterstützung hätte leihen sollen, abgesehen davon, dass das Proletariat, wie von H. M. selbst S. 118 hervorgehoben wird, ohnehin eine überaus schwache, unzuverlässige Stütze war. Worauf hätte sich also ein solcher Alleinherrscher stützen sollen? Und sollte diess C. Gracchus — abgesehen davon, dass sein ganzes Wesen, wie es uns in der Tradition erscheint, mit einem solchen Vorhaben völlig unvereinbar ist — nicht eingesehen haben, zumal wenn er als „Staatsmann" eine so hohe Stellung einnimmt, wie sie ihm H. M. zuweist (S. 106. 117)? Wenn sich unter seinen Gesetzen wirklich solche finden, die in ihrer letzten Consequenz den Untergang der Republik zur Folge haben mussten, worauf wir hier nicht weiter eingehen können, so weiss man ja, wie langsam diese Folgen in der Geschichte einzutreten pflegen, und wie wenig die Menschen sich bei ihren Handlungen oft der letzten Consequenzen derselben bewusst sind.

Bei der Haltungslosigkeit der grossen Masse des Volkes, bei der Zähigkeit, mit der die Oligarchie an der Republik festhielt, bei der instinktartigen Gewalt, welche die republikanischen Formen auch auf das Volk ausübten, konnte die Alleinherrschaft, wie auch der Erfolg bewiesen hat, nur durch ein Drittes ausser den beiden feindseligen Parteien begründet werden, durch das Heer. Desshalb ist es der erste Schritt zur Monarchie, die Bedingung der Möglichkeit derselben, dass Marius im J. 107 die Capite censi in das Heer aufnimmt und dadurch die Umwandlung der Bürgerheere in Söldnerheere

---

*) Vgl. meine Epochen der Verfassungsgeschichte der römischen Rep., S. 146.

vorbereitet, weil es erst dadurch möglich wird, dass sich die Heere von Führern, die sich ihre Ergebenheit zu erwerben gewusst haben, zu Allem, auch zum Umsturz der Republik gebrauchen lassen.*) Indess ist dabei weder anzunehmen, dass die Heere sogleich ihren Charakter geändert, noch dass die Wirkung dieser Massregel sofort hervorgetreten wäre: das Eine wie das Andere würde mit den allgemeinen Gesetzen der geschichtlichen Entwickelung völlig unvereinbar sein. Desswegen war es zwar allerdings eine Kurzsichtigkeit und Schwäche des Marius, dass er sich mit Leuten verband, „die an Vermögen und Einfluss nichts zu verlieren, an Ehre gewöhnlich weder zu gewinnen noch zu verlieren hatten, und die aus persönlicher Erbitterung oder aus blosser Lust am Lärmschlagen sich ein Geschäft daraus machten die Regierung zu hindern und zu ärgern," wie Glaucia und Saturninus (S. 201), aber keineswegs, dass er zurückwich, als es darauf ankam, mit diesen den letzten Schritt zu thun, der ihn entweder zum Monarchen machen oder ihn in den Untergang seiner Genossen mit hineinziehen musste: „man war eben" — wie der H. Verf. hier selbst im Widerspruch mit seiner sonstigen Auffassung der Zeit S. 200 sagt — „am Anfang der Krise und die Gegensätze von ihrem letzten, kürzesten und einfachsten Ausdrucke noch weit entfernt." Selbst bei Sulla glauben wir es wenigstens noch als zweifelhaft ansehen zu müssen, ob es nicht eben so sehr wie seine ganze Sinnesweise, wie seine „Blasirtheit," auch die Erkenntniss war, dass die dauernde Begründung der Monarchie, wo nicht unmöglich, so doch mit unendlichen Schwierigkeiten verknüpft sei,

---

*) Wie ganz anders die Heere noch unmittelbar vor jener Massregel beschaffen waren, dafür haben wir einen interessanten Beleg bei Sallust (Jug. c. 64), wo wir lesen, dass die (damals noch aus Grundbesitzern bestehenden) Truppen im J. 109 nach Hause verlangen, um ihr Hauswesen nicht zu Grunde gehen zu lassen. Es wird nämlich dort erzählt, Marius habe dem Heere, um es gegen den Metellus aufzureizen, vorgespiegelt, dass derselbe den Krieg absichtlich hinausziehe, und hierauf heist es: *Quae omnia eis eo firmiora videbantur, quod diuturnitate belli res familiares corruperant, et animo cupienti nihil satis festinatur.*

was ihn bewog, seine thatsächliche Allgewalt zur Restauration der aristokratischen Regierung, statt für die Herstellung und Befestigung seiner Alleinherrschaft zu verwenden: obgleich mittlerweile seit jenen Vorgängen im J. 100 durch das Scheitern jenes oben erwähnten Vermittelungsversuchs der gemässigten Senatspartei im J. 91, durch den Bundesgenossenkrieg und den Bürgerkrieg zwischen der Marianischen Partei und Sulla selbst der Zerstörungsprocess der Republik unendliche Fortschritte gemacht hatte. Es war etwas Anderes und etwas viel Leichteres, diese Gewalt in die Wagschale der einen Partei zu legen, als mit ihr beide Parteien zu unterdrücken; zu jenem Zweck konnte sie vollkommen ausreichend und doch zu dem Andern völlig unzulänglich sein.

Es musste eben auch dieser Restaurationsversuch gemacht werden und misslingen, es musste dabei die Aristokratie sich in ihrer Schwäche und Zwietracht zeigen, der Riss zwischen ihr und dem Volke musste dadurch noch mehr erweitert, das Volk immer mehr sittlich zu Grunde gerichtet und gegen die Aristokratie erbittert werden, ehe der letzte Schritt geschehen konnte. Nachdem diess in den nächsten Jahren nach Sullas Tode bewirkt ist, so giebt es nunmehr eine Aristokratie, die zwar insofern einig ist, als sie Keinen aufkommen lassen will, der es versucht, sie ihrer Privilegien zu berauben und sich zu einer herrschenden Stellung zu erheben, aber doch wieder in sich zerrissen und als Partei innerlich aufgelöst, sofern jeder seine persönlichen, selbstsüchtigen Interessen verfolgt, und ein Volk, das sich zu Allem gebrauchen lässt und das von jedem Demagogen jeden Augenblick zusammengerufen werden kann, um heute ein Gesetz zu votiren, das morgen wieder aufgehoben wird; es bestehen zwar noch die Parteien der Aristokratie und der Demokratie, aber von jedem wahren Standesgefühl verlassen, und die Bewegung in dem Gemeinwesen wird immer nur dadurch hervorgerufen, dass Glieder der Aristokratie die Elemente des Umsturzes zu ehrgeizigen und selbstsüchtigen Zwecken erregen und entfesseln.

Zunächst ist es Pompejus, zu dem sich der Schwerpunkt des Ganzen hinneigt; der Aristokratie angehörig, ist er doch

zugleich der Liebling des Volks, dessen Gunst ihm um seiner
Jugend, seiner glänzenden Kriegsthaten und seiner imponiren-
den äusseren Erscheinung willen zugefallen ist; diess erhebt
ihn zum Vermittler zwischen den noch über die Sullanischen
Institutionen kämpfenden Parteien; die Senatspartei hart bedrängt, ausser Stande, das in sich unhaltbare Restaurations-
werk länger zu vertheidigen, in der Gefahr Alles zu verlieren, benutzt und bevollmächtigt ihn, den Frieden mit dem
Volke herzustellen, den dieses von ihm unter gemässigten Bedingungen annimmt (wobei, wie sich denken lässt, jene ge-
mässigte Mittelpartei vom J. 91 wieder die Hauptrolle spielte,
die damals wohl besiegt, aber keineswegs vernichtet war);
das Volk, voll Dankbarkeit und Begeisterung für ihn, be-
schenkt ihn mit ausserordentlichen Vollmachten von der Art,
dass er nicht allein im Augenblick eine Alles überragende
Stellung einnahm, sondern auch in den Stand gesetzt war,
sich ein Heer auszubilden und zu eigen zu machen, mit dem
es ihm auch wohl gelingen mochte, die Alleinherrschaft mit
Gewalt an sich zu reissen. Wer wollte sich aber wundern,
wenn er von dem Beispiel und Muster Sullas befangen, sich,
wenn auch nach Umständen modificirt, ein Ziel setzt, wie
dieser sein Herr und Meister, wenn er werden will, was dieser gewesen (*Sullaturit*, wie Cicero von ihm sagt), wenn er
mit der Aristokratie, aber als deren von der Huldigung und
Deferenz Aller umgebenes Haupt die höchste Macht thatsächlich ausüben zu können hofft? aber auch, wenn er dieses Ziel,
wie es bei Nachahmern der Fall zu sein pflegt und es überdem seine Natur mit sich bringt, mit geringerer Energie als
sein Vorbild verfolgt, und wenn die Aristokratie, die nur gezwungen sich in eine solche Stellung gefügt haben würde,
ihm endlich versagt, um so mehr als die Entscheidung sich
gerade in einem Momente vollziehen musste, wo sich die Aristokratie in Folge ihres Sieges über die Catilinarische Verschwörung wieder mit Illusionen über ihre Macht und Selbstständigkeit erfüllt hatte? Diess ist der Grund, warum er
endlich zu dem Bündniss mit Cäsar greift, wobei beide Theile,
wie gewöhnlich, ihre Ziele festhalten und einer den andern

zu benutzen gedenkt. Cäsar aber ist es, der zuerst die Verhältnisse mit der genialen Klarheit seines Geistes durchschaut, der zuerst erkennt, worauf es ankommt, der seine mit dem bewundernswürdigsten Scharfblick angelegten Pläne mit gleich bewunderungswürdiger Kühnheit, Ausdauer und Energie durchführt, der mit einem Heere, so tüchtig und seinem Feldherrn so ergeben, wie es bis dahin keins gegeben, das er sich in Gallien gebildet hatte, im richtigen Momente losbricht und mit ihm die Alleinherrschaft erobert.

Auch er erreichte dieses Ziel nur durch eine lange Reihe von Kämpfen gegen seine sich immer wieder von Neuem erhebenden Feinde und nur um die seinen offenen Feinden endlich abgewonnene Herrschaft doch zuletzt sammt dem Leben durch eine geheime, wenigstens zum grossen Theil aus republikanischen Motiven — gleichviel von welchem sittlichen Werth — hervorgegangene Verschwörung zu verlieren. So gross ist also auch jetzt noch die Macht der republikanischen Formen, so sehr sie auch ihres eigentlichen inneren Gehaltes entleert sind: wie hätte da die Alleinherrschaft schon lange vorher, ehe der innere Zerstörungsprocess so weit gediehen war, Männern, die an Geist tief unter Cäsar standen und bei Weitem nicht in dem Masse wie er durch die Umstände begünstigt waren, von selbst in den Schooss fallen sollen?

Wie übrigens diese Herrschaft durch die Waffen gewonnen war, so beruhte sie auch auf den Waffen nach dem bekannten Sallustischen Grundsatze: *Imperium iis artibus retinetur, quibus initio partum est.* Mochte auch Cäsar durch seine Versöhnlichkeit und seine liebenswürdige, Alles gewinnende Persönlichkeit den Druck derselben möglichst mildern, sie blieb doch immer eine Militärherrschaft. Man gehorchte dem Machthaber, weil man wusste, dass er den Gehorsam erzwingen könne, wenn derselbe auch klug und human genug war, um die Zwangsmittel nicht allzu auffällig hervortreten zu lassen: aus welchem andern Grunde hätte man sich sonst vor ihm beugen sollen? Dazu kam noch eine andere eben so charakteristische wie verderbliche Beimischung. Während der Wille des Herrschers der allein massgebende war, so wurden doch die republikanischen Formen im Wesentlichen unverändert beibehalten, Senat, Comitien, Obrigkeiten blieben unangetastet und galten für die einzigen legalen Gewalten, alle öffentlichen Handlungen geschahen in ihrem Namen, und wenn dem Cäsar ausserordentliche Vollmachten verliehen wurden, so waren diess doch immer der Form nach nur Uebertragungen von jenen und wurden als deren Ausfluss angesehen. Wir wollen es dahin gestellt sein lassen, ob Cäsar die Absicht hatte, den Königstitel anzunehmen und dadurch diesem Scheinwesen ein Ende zu machen (H. M. erachtet diess nicht für wahrscheinlich, III. S. 468): hatte er sie, nun so musste er sich eben überzeugen, dass ihre Verwirklichung eine Unmöglichkeit war, wenn er nicht den äussersten Widerwillen gegen sich erregen wollte: ein neuer Beweis für die Macht der republikanischen Formen und für den Abscheu, den der Römer gegen das Königthum hegte. Jedenfalls blieb seine Alleinherrschaft mit dieser Fiction behaftet, und auch das nachfolgende Kaiserthum ist Jahrhunderte lang damit behaftet geblieben und hat die nachtheiligen Folgen davon in den verschiedensten Formen zum Vorschein gebracht: ein Ausgang der Dinge, der allerdings durch die Umstände bedingt und der nothwendig war, um an der Stelle der antiken Denk- und Anschauungsweise für das Christenthum und den christlichen Staat Raum zu schaffen und Bahn zu öffnen, den wir aber an und für sich für nichts weniger als erfreulich und bewundernswürdig halten können, in dem wir nur das Ende der römischen Geschichte oder wenigstens den Anfang des Endes, nicht aber eine „Reorganisation" (S. 493) des römischen Staates und noch weniger, wie es zuweilen bei H. M. scheinen möchte, einen Höhepunkt desselben anzuerkennen vermögen, dessen Urheber und Schöpfer sonach auch trotz seiner sonst bewiesenen ausserordentlichen Eigenschaften doch um dieses Werkes willen kaum das überschwängliche Lob verdienen dürfte, welches ihm H. M. zollt.*)

---

*) H. M. scheint überhaupt, so weit man bis jetzt urtheilen kann, die Kaiserzeit viel höher zu stellen und in einem viel günstigeren Lichte

Es wird nicht nöthig sein, bei denjenigen von den oben referirten Ansichten H. M.'s zu verweilen, die sich auf die Zeit bis auf Sulla herab beziehen. So weit dieselben die übrigen Prätendenten oder Monarchen ausser Sulla selbst betreffen, so sind es eben nur Meinungen des Hrn. Verf., für die es der Natur der Sache nach gar nicht möglich ist, einen positiven Beweis zu führen, die sich also auch zumal bei der grossen Dürftigkeit der Quellen für diese Zeit sonst nicht widerlegen lassen, sofern man nicht die Widerlegung darin findet, dass wir oben, wie wir meinen, ihre innere Unwahrscheinlichkeit und ihre Unvereinbarkeit mit den Zuständen und Verhältnissen der damaligen Zeit nachgewiesen haben; in Bezug auf Sulla selbst wird es Niemand bestreiten wollen, dass er thatsächlich die Alleinherrschaft in den Händen hatte, nur ist dabei nicht ausser Acht zu lassen, dass er sie im Interesse der Nobilität verwandte und sie daher im Grunde nicht gegen diese, sondern mit ihr, weil von ihr unterstützt, behauptete.

Dagegen glauben wir nicht unterlassen zu dürfen, die Zeit seit dem J. 70 v. Chr., von wo an Pompejus eine Reihe

---

zu sehen, als sie es verdient, wenn er z. B. von den „hochbegabten Kaisern des julischen Geschlechts" spricht (S. 462), wenn er es als „Cäsars Werk" rühmt, „dass der römische Militärstaat erst nach mehreren Jahrhunderten zum Polizeistaat" geworden und die römischen Imperatoren „den Soldaten wesentlich nicht gegen den Bürger verwandten, sondern gegen den Feind, und Nation und Armee beide zu hoch achteten, um diese zum Constabler über jene zu setzen" (S. 487). Wo bleiben da die Prätorianer? ihre Concentrirung und Casernirung in der Stadt? die bedeutende, Alles beherrschende Stellung des *praefectus praetorio* (über welche s. Becker-Marquardt Th. 2. Abth. 3. S. 286 ff.)? und was ist dann mit der bekannten Stelle des Tacitus (Ann. IV, 2) zu machen: *Vim praefecturae modicam antea intendit dispersas per urbem cohortes una in castra conducendo, ut simul imperia acciperent et visu inter se fiducia ipsis, in ceteros metus oreretur?* Freilich fehlt es auch hier nicht an widersprechenden Stellen, wo über die Kaiserzeit und zugleich über Cäsar ganz anders geurtheilt wird, z. B. S. 461: „Von Cäsar an hielt — das römische Wesen nur noch äusserlich zusammen und ward nur noch äusserlich erweitert, während es innerlich eben mit ihm völlig vertrocknete und abstarb."

von Jahren hindurch eine hervorragende Stellung einnimmt, einer genaueren Prüfung zu unterwerfen.

Wie wir schon oben bemerkt haben, spielt bei H. M. in dieser Zeit die Demokratie wieder eine hervortretende Rolle, sie ist es, die von da an eine planmässige, consequente Politik verfolgt und eine bedeutende Macht entwickelt, trotz dem dass nach den früher angeführten Stellen die Popularpartei schon längst völlig nichtig ist und namentlich ohne ein Haupt oder einen „künftigen König" (II. S. 160) nichts vermag und dass man schon zur Zeit des Tib. Gracchus „nicht am Anfang, sondern am Ende der Volksfreiheit, nicht bei der Demokratie, sondern bei der Monarchie" angelangt war (II. S. 97). An sie schliesst sich Pompejus nach seiner Rückkehr aus Spanien an, und zwar ist es nicht eine Vereinigung, bei der jeder Theil seinen Standpunkt behauptet und nur der eine den andern zu benutzen gesucht hätte, sondern ein „Uebertritt" (III. S. 93) zur Demokratie, wesshalb er denn auch S. 186 „ein aus ihren Reihen hervorgegangener Militärchef," S. 188 der „Feldherr der Demokratie" und S. 340 ein „Ueberläufer aus dem aristokratischen ins demokratische Lager" genannt wird. Als Demokrat also, nicht wie es unsere oben dargelegte Ansicht ist, als Vermittler zwischen Senat und Volk, macht er während seines ersten Consulats die Zugeständnisse des J. 70, durch welche die Hauptgrundlagen der Sullanischen Restauration beseitigt werden. Er selbst war hierbei „offenbar der Herr der Situation; wenn er zugriff, so schien er werden zu müssen als was ihn der Instinct der Menge schon jetzt bezeichnete: der unumschränkte Gebieter des mächtigsten Staates der civilisirten Welt. Schon drängte sich die ganze Masse der Servilen um den künftigen Monarchen" (S. 97 ff.). Indessen durch die kluge Veranstaltung der Demokratie wird er dahin gebracht, dass er sein Heer entliess, durch das allein er mächtig war und Alles vermochte. Es fehlte ihm „keine Bedingung um nach der Krone zu greifen, als die erste von allen, der eigentliche königliche Muth" (S. 98). „So zog er, als er nach Entlassung seiner Soldaten am letzten Tage des J. 681 (70) sein Consulat niederlegte, sich zunächst ganz von den öffentlichen Geschäften zurück und erklärte fortan als einfacher Bürger in stiller Musse leben zu wollen. Er hatte sich so gestellt, dass er nach der Krone greifen musste, und da er diess doch nicht wollte, ihm keine Rolle übrig blieb als die nichtige eines resignirenden Throncandidaten" (S. 99).

Dieser Uebertritt bildet das erste wesentliche Moment, gewissermassen die Bedingung des weiteren Ganges der Dinge bei H. M., ohne welche dieser der nöthigen Grundlage völlig entbehren würde. Gleichwohl wird von H. M. selbst wieder halb aufgegeben, was für ihn so wichtig ist und was er so nachdrücklich behauptet hat. Er selbst nennt die Verbindung des Pompejus wiederholt eine „Coalition" (S. 94 u. ö.), ein Ausdruck, bei dem man wenigstens gewöhnlich voraussetzt, dass diejenigen, welche die Verbindung schliessen, ihre Parteistellung nicht aufgeben, sondern sie nur zeitweilig verleugnen; er hebt es hervor, dass Pompejus keineswegs völlig mit der Demokratie gegangen, dass der Sieg der Coalition „weit entfernt gewesen sei, ein reiner zu sein" (S. 96), dass „die Coalition nicht das Geringste gethan, um den Demokraten Rache oder auch nur Rehabilitation zu gewähren" (S. 97), er gesteht zu, dass der Senat „die für Consulat und Triumph des Pompejus erforderlichen Dispensationen bewilligt habe" (S. 94), wonach wir uns also denselben im Einklang mit Pompejus oder doch nicht in einer feindlichen Stellung gegen ihn zu denken haben; endlich wird S. 95 geradezu „der Beitritt der senatorischen Mittelpartei zu der Coalition" angenommen. Wir meinen, dass wir hiermit an der Hand von H. M. selbst so ziemlich wieder auf unsere oben entwickelte Ansicht zurückkommen und dass von dem „Uebertritt" des Pompejus nicht viel übrig bleibt. Nehmen wir nun noch hinzu, dass des Pompejus ganze Persönlichkeit eine aristokratische war, wie diess von H. M. selbst mit Nachdruck betont wird, dass ihn „wenn je einen, die Natur zum Gliede einer Aristokratie bestimmt" hatte, wie H. M. S. 341 von ihm sagt, und ferner, dass es nach dem Zeugniss des Licinius Macer in der von ihm erhaltenen Rede (Sall. fr. III, 82. §. 21 Kritz) die Senatspartei war, die das Volk bei den vorhergehenden Kämpfen auf Pompejus vertröstet, was nicht wohl denkbar ist, wenn sie ihn nicht, zwar als einen Freund des Volks, aber doch zugleich als den Ihrigen betrachtete: so wird es sich wohl wenigstens als das Wahrscheinlichste erweisen, dass Pompejus als Consul auf Veranlassung der Senatspartei und in Uebereinstimmung mit ihr (wenn auch unter dem Widerspruch einer störrischen, hyperaristokratischen Fraction derselben) handelte und dass er also nicht ein Ueberläufer ins demokratische Lager, sondern dasjenige war, wofür wir ihn oben erklärt haben, ein Vermittler. Auch weiter werden wir sehen, dass die Senatspartei ihn zunächst immer als den Ihrigen betrachtet.

Das zweite wesentliche Moment und einen in vieler Beziehung entscheidenden Wendepunkt bilden bei H.-M. die Gesetze des A. Gabinius und des C. Manilius, erstens insofern, als dadurch der „Kampf zwischen dem Senat und der Popularpartei" und zwar durch die völlige politische Vernichtung des ersteren beendigt wird (S. 109), zweitens sofern durch dieselben Gesetze der Bruch zwischen Pompejus und der Demokratie herbeigeführt wird, weil nämlich die Demokratie, sobald sie den bisherigen gemeinsamen Gegner, den Senat, nicht mehr zu fürchten hat, sich sofort gegen Pompejus und die durch ihn drohende „Militärdictatur" wendet. Mit diesen Gesetzen „bricht das letzte Bollwerk des senatorischen Regiments zusammen," mit ihnen geht die Revolutionspartei über „von der Opposition ins Regiment" (S. 109), „der Senat hatte aufgehört zu regieren" (S. 110), „die Oligarchie war überwunden, die Demokratie ans Ruder gelangt" (S. 160), und zwar ist diess Alles der Fall, weil „jetzt die Bürgerschaft in directem Widerspruch mit dem Senate einen beliebigen Privatmann nicht bloss mit der ausserordentlichen höchsten Amtsgewalt ausstattete, sondern auch mit einer bestimmt von ihr normirten Competenz" (S. 103) und die gesetzgeberische Gewalt sich hiermit „auf die wichtigsten Verwaltungsfragen" erstreckte (S. 108). „Aber indem der alte Kampf zu Ende lief, bereitete zugleich ein neuer sich vor: der Kampf der beiden bisher zum Sturz der aristokratischen Staatsverfassung verbündeten Mächte, der bürgerlich-demokratischen Opposition und der immer übermächtiger aufstrebenden Militärgewalt" (S. 110). Sobald Pompejus im Osten an der Spitze seiner Heere und Flotten steht, so fängt auch die Demokratie an zu conspiriren, um ihn zu stürzen (S. 183), und zwar bedient sie sich hauptsächlich der Catilinarischen Verschwörungen sowohl der ersten vom Jahre 66 als der zweiten vom Jahre 63, welche beide wo nicht geradezu ihr Werk sind, doch von ihr gelenkt und geleitet werden. Es darf nach dem H. V. „als eine nicht juristisch, aber historisch ausgemachte Thatsache angesehen werden." dass bei beiden die Demokratie, speciell Crassus und Cäsar „die Hand im Spiel hatten" (S. 180); durch beide soll die Dictatur des Pompejus beseitigt werden, indem ihr „die eines ihr genehmeren Mannes" entgegengestellt wird (S. 162). „Wenn im Osten Pompejus eine Stellung einnahm, wie ehemals Sulla, so suchten Crassus und Cäsar ihm gegenüber in Italien eine Macht aufzurichten, wie Marius und Cinna besessen hatten, um sie dann wo möglich besser zu gebrauchen" (S. 182).*)

---

*) H. M. scheint selbst das Bedenkliche dieser Combination zu fühlen, wenn er S. 162 sagt, dass die Demokratie hiermit „genau genommen auch ihrerseits das Militärregiment anerkannt" habe, und dann fortfährt: „sie trieb in der That den Teufel aus durch Beelzebub; unter der Hand ward ihr die Principien- zur Personenfrage." Der H. Verf. hebt sich, wie wir sehen, mit den letzten Worten wieder über das Bedenken hinweg. Wir unsererseits gestehen, dass wir diess nicht vermögen, wenn wir nämlich mit dem Hrn. Verf. voraussetzen, dass Pompejus „der Feldherr der Demokratie" war; in diesem Falle vermögen wir nicht einzusehen, wie die Demokratie aus Furcht vor der Militärgewalt dazu kommen sollte, statt des einen demokratischen Feldherrn sich einen andern zu setzen. Wollten wir ein besonderes Gewicht darauf legen, dass Pompejus nicht von Haus aus Demokrat ist, und annehmen, dass die Demokratie ihm lediglich aus diesem Grunde den Cäsar vorgezogen hätte: so gerathen wir wieder in den Widerspruch, dass Crassus in dieser Hinsicht in demselben Falle mit Pompejus ist und dass ihn gleichwohl die Demokratie eben so wie den Cäsar zum Sturze des Pompejus gebrauchen und ihm zu diesem Zwecke eine ausserordentliche Militärgewalt verschaf-

Wir wollen nur beiläufig erwähnen, dass wir bei dieser Gelegenheit denn doch statt einer mächtigen, das Volk vertretenden Demokratie den Zustand finden, wie wir ihn oben geschildert haben, wo das Volk jedem Impulse folgt und von einzelnen ehrgeizigen Männern zu selbstsüchtigen Zwecken dahin und dorthin gelenkt wird, indem Gabinius und Manilius auch nach H. M. auf eigne Hand mit ihren Gesetzen hervortreten ohne Zusammenhang mit der Demokratie, welche vielmehr mit denselben sehr unzufrieden ist (S. 108. 109). Eben so wenig wollen wir ein besonderes Gewicht darauf legen, dass es nach des H. Verf. eigenem Ausdruck in der That befremden muss (S. 104), wenn Pompejus, „der so eben noch von seiner Halbheit und Schwäche so auffallende Beweise gegeben hatte," bei Gelegenheit dieser Gesetze mit einem Male eine „durchgreifende Energie" entwickelt, indem er ihre Urheber entweder veranlasst, mit ihnen hervorzutreten oder sie wenigstens nicht daran hindert. Endlich wollen wir auch nur mit einem Worte darauf hindeuten, dass wir bei H. M. auch jetzt die Mittelpartei des Senats auf der Seite des Pompejus finden, indem „die gemässigten Optimaten sich für den manilischen Antrag erklärten" (S. 109). Dagegen müssen wir einen Augenblick länger bei demjenigen verweilen, was wir oben als die Hauptsache bei dieser Partie hervorgehoben haben, nämlich bei der Ansicht, wonach diese Gesetze dem Regiment der Aristokratie und des Senats ein Ende gemacht und die Demokratie, speciell Crassus und Cäsar seitdem mit Pompejus gebrochen und um ihn zu stürzen, sich sogar mit der Catilinarischen Verschwörung eingelassen haben sollen.

So wenig wir in Abrede stellen, dass das Eingreifen des Volks in die Verwaltung ohne Mitwirkung der eigentlichen Regierung und sogar im Widerspruch gegen dieselbe ein Symptom einer gewissen inneren Zerrüttung war, so können

---

fen will. (Dabei wollen wir indess nicht verhehlen, dass Pompejus weiterhin S. 194 geradezu unter die Kategorie der „der Demokratie fremden, ja feindlichen Generale," gestellt wird.)

wir doch nicht zugeben, dass diess der erste Fall der Art
gewesen und folglich auch nicht, dass hiermit dem Senatsregiment ein Ende gemacht worden sei. Schon längst hatten die
Tributcomitien Verwaltungsangelegenheiten an sich gezogen
(s. Epochen S. 104, vgl. jetzt auch noch Lange, Röm. Alterthümer, Bd. 2. S. 540 ff.); Anfangs wurden die Volksbeschlüsse darüber auf Anregung und Vorbeschluss des Senats,
später aber und zwar schon lange Zeit vor unseren Gesetzen
auch ohne Veranlassung und sogar wider Willen des Senats
gefasst: es ist diess eben jener Dualismus in der inneren Organisation des römischen Staates, auf den wir oben S. 65 Anm.
hingedeutet haben und der seit dem Abschluss der Kämpfe
zwischen den Patriciern und Plebejern vorhanden, nach und
nach hervortritt und sich geltend macht. So war diess schon
bei dem Ackergesetz des C. Flaminius im J. 232 der Fall,
welches nach Ciceros (*Acad.* II, 5. *de sen.* §. 11) ausdrücklicher Bemerkung *contra senatus auctoritatem* beantragt und
durchgebracht wurde, und vielleicht ist diess das erste Beispiel der Art, wenigstens hebt Polybius die nachtheiligen Folgen davon mit den nachdrücklichsten Worten hervor (II, 21):
Γάϊον Φλαμινίον ταύτην τὴν δημαγωγίαν εἰσηγησαμένον καὶ
πολιτείαν, ἣν δὴ καὶ Ῥωμαίοις φατέον ἀρχηγὸν μὲν γενέσθαι
τῆς ἐπὶ τὸ χεῖρον διαστροφῆς. Nachher wird von P. Scipio
im J. 205 wenigstens die Drohung ausgesprochen, dass er
sich die Provinz Afrika durch das Volk werde übertragen
lassen, wenn der Senat es nicht wolle (Liv. XXVIII, 45);
was zwar nicht zur Ausführung kommt, weil der Senat auf
diese Drohung nachgiebt, desshalb aber nicht minder beweist,
dass es geschehen konnte und nicht etwas völlig Unerhörtes
war. Ferner wird, um nur noch einiger Fälle zu gedenken,
im J. 216 auf Antrag eines Volkstribunen eine ausserordentliche Commission zur Erleichterung des Geldverkehrs *(triumviri mensarii)* eingesetzt (Liv. XXIII, 21), im J. 199 werden
vom Volk ohne vorausgegangenen Senatsbeschluss zwei Statthalter aus Spanien abberufen und statt ihrer zwei andere dahin geschickt (Liv. XXXI, 50), im J. 173 wird auf Antrag
eines Tribunen der Beschluss gefasst, dass das campanische

Gebiet durch die Censoren verpachtet werden soll (Liv. XLII, 19), und sind es nicht auch Eingriffe in die Verwaltung, und zwar sehr bedeutende, die in Folge der Gracchischen Gesetze durch das Volk geschehen, wie H. M. selbst II. S. 96 mit dem entsprechenden Nachdruck hervorhebt? Besonders schlagend aber ist das Beispiel Sall. Jug. c. 73, wo das Volk, nachdem der Senat dem Metellus den Oberbefehl gegen Jugurtha auch für das J. 107 verlängert hat, diesen Senatsbeschluss umstösst und den Oberbefehl für dieses Jahr vielmehr dem Marius bestimmt.*) Waren daher die in Rede stehenden

---

*) Noch in der 2. Aufl. sucht H. M. diesem Falle seine Beweiskraft durch die Bemerkung zu benehmen, dass „selbst dabei noch der früher gefasste Beschluss des Senats respectirt worden" sei (S. 103): er nimmt nämlich dort an, dass dem Marius der Oberbefehl nicht für 107, das Jahr seines Consulats, sondern für 106 vom Volke übertragen und für jenes Jahr dem Senatsbeschlusse gemäss dem Metellus belassen worden sei, eine Behauptung, die auch II. S. 150 aufgestellt wird, die aber, wie uns scheint, dem directesten und unzweideutigsten Zeugnisse des Sallust an der im Text angeführten Stelle widerspricht. In der 3. Aufl. ist diese Behauptung von H. M. selbst aufgegeben worden (III. S. 103. II. S. 150), wesshalb wir uns jetzt ihre weitere Widerlegung ersparen können. Wenn aber auch in dieser neueren Auflage der Umstand hervorgehoben wird, dass in diesem Falle „nur ein verfassungsmässig zum Feldherrnamt überhaupt berechtigter Beamter durch den Schluss der Bürgerschaft mit einer bestimmten Expedition beauftragt worden" sei: so wird dadurch die Beweiskraft desselben zwar vielleicht ein wenig geschwächt, aber keineswegs aufgehoben. Und auf der andern Seite wird sie wieder dadurch gesteigert, dass hier der Volksbeschluss jedenfalls (auch wenn wir H. M.'s Conjectur, die in keiner Weise durch die Handschriften unterstützt wird, annehmen) im Widerspruch mit einem Beschlusse des Senats gefasst wird. (Wenn H. M. an der angeführten Stelle des 2. Bandes auch jetzt noch annimmt, dass die Feldzüge des Metellus in die Jahre 108 und 107, und die des Marius folglich in die Jahre 106 und 105, statt in die Jahre 109 bis 106 zu setzen seien, worin ihm auch Dietsch Comm. zu Sallust p. 23 ff. folgt, so ist diess nur denkbar, wenn man voraussetzt, dass die Consulwahl für das Jahr 107 weit in eben dieses Jahr hinausgeschoben worden sei, wovon sich bei Sallust keine Spur findet. Denn wenn sie, wie es damals die Regel war, im Sommer 108 stattfand, s. Becker, röm. Alterth. Th. 2. Abth. 2. S. 103, so muss der erste Feldzug des Metellus, namentlich also die Schlacht am Muthul und die Belagerung von Zama, nothwendig in das J. 109 gesetzt

Gesetze allerdings eine Niederlage für den Senat oder vielmehr für einen Theil desselben: so waren sie doch nichts der Art nach Neues und konnten daher unmöglich eine so durchschlagende Wirkung thun, wie sie ihnen der H. Verfasser beimisst.

Eben so wenig können wir den Beweis dafür genügend finden, dass „die Demokratie, speciell Crassus und Cäsar," bei der Verschwörung des Catilina ihre Hand im Spiele gehabt hätten. Wir sehen hierbei ganz von der Demokratie ab, die uns überhaupt im Sinne des H. Verf. unerfassbar dünkt und hinsichtlich deren und ihrer Theilnahme an der Verschwörung jedenfalls weder ein Beweis noch ein Gegenbeweis möglich ist: aber auch von Crassus und Cäsar lässt sich wohl annehmen, dass sie die erregte Gesinnung der Aristokratie gegen die Verschworenen nicht getheilt haben, vielleicht auch dass sie der durch sie drohenden Verwirrung nicht ungern und nicht ohne die Hoffnung, daraus für sich Gewinn zu ziehen,

---

werden, da nicht nur diese Vorgänge, sondern auch die Winterquartiere und die ersten Unternehmungen des folgenden Jahres erzählt werden, ehe Marius zur Consulwahl nach Rom reist. Und selbst unter dieser Voraussetzung, wenn wir also annehmen, dass Marius erst im Februar oder März des J. 107 nach Rom gekommen und gewählt worden wäre, ist es kaum glaublich (abgesehen davon, dass auch in diesem Falle die ersten Unternehmungen des Jahres nicht wohl vor der Reise des Marius stattgefunden haben könnten), dass Marius erst „spät im Jahre 107 und nach beendigtem Feldzug oder auch erst als Proconsul im Jahre 106" den Oberbefehl angetreten haben sollte, da wir lesen (c. 84), dass Marius, nachdem er zum Consul ernannt worden, sofort die Rüstungen aufs Eifrigste betreibt, und (c. 83), dass Metellus, sobald die Nachricht von Marius' Ernennung zu ihm gelangt, alle Kriegsunternehmungen sofort abbricht. Diese Nachricht musste ihn doch jedenfalls im Frühjahr 107 erreichen: wo finden wir also den Raum für den zweiten Feldzug des Metellus? Wenn H. M. hinzufügt, dass Sallust auf keinen Fall von Ungenauigkeiten freizusprechen sei, wie denn Marius sogar noch 105 bei ihm Consul genannt werde (was allerdings c. 103. 104. 109 zwar nicht im J. 105, aber doch 106 geschieht) und wenn hierdurch, wie es scheint, die Kraft der aus Sallust gegen H. M.'s Annahme zu ziehenden Schlüsse geschwächt werden soll: so ist hiergegen zu bemerken, dass diess ein ziemlich häufiger Sprachgebrauch ist, s. *Perizon. Animadv. hist.* S. 317 ff. der d. Ausg. von 1771. vgl. Polyb. XXXIII, 10. XXXV, 9 u. ö.

entgegengesehen haben, nicht aber dass sie eigentliche Betheiligte und Mitschuldige gewesen seien. H. M. benutzt für seinen Zweck besonders die Stelle Sall. Cat. c. 48, wo erzählt wird, dass Crassus als Mitverschworener angegeben und dem Angeber, so zu sagen, mit Gewalt der Mund gestopft worden sei; wenn aber dabei Sallust erwähnt, dass man diese Denunciation einem der Verschworenen Schuld gegeben habe, der sich durch den Crassus habe decken wollen, so ist diess wenigstens eben so glaublich, als dass die Denunciation, wie H. M. annimmt, gegründet gewesen sei und die Senatsmajorität sie nur unterdrückt habe, um „die Enthüllungen nicht über eine bestimmte Grenze vorschreiten zu lassen" (S. 181); was Cäsar anlangt, so wird die auch gegen ihn erhobene Beschuldigung von Sallust ausdrücklich für falsch erklärt (c. 49). So bleiben nur spätere Gewährsmänner, wie namentlich Sueton übrig, die aber auch von der Betheiligung Beider nur als von einem Gerüchte sprechen (vgl. Drumann, Gesch. Roms III. S. 144. Anm. 41. S. 175), und sollte Cicero, wenn er von Cäsars Schuld gewusst hätte, wie es ohne Zweifel der Fall gewesen sein würde, wenn es eine solche gegeben hätte, sollte dieser in seinen vertrauten Briefen, in denen er öfters mit so grosser Bitterkeit von Cäsar spricht, nie davon Erwähnung gethan haben?*)

---

*) Hiergegen kann es nicht ins Gewicht fallen, wenn Cicero in den Officien (II. §. 84) von Cäsar sagt, dass er als Sieger dasjenige ausgeführt habe, woran er als Besiegter gedacht, nämlich die Schuldentilgung: eine Stelle, die H. M. jedenfalls meint, wenn er S. 180 bemerkt, dass Cicero zu einer Zeit wo er „keine Ursache hatte, die Wahrheit zu entstellen," ausdrücklich Cäsar unter den „Mitwissern" genannt habe. Es reicht zur Erklärung dieser Stelle bei der gegen Cäsar gereizten Stimmung, in der Cicero die Officien geschrieben hat, vollkommen hin, wenn wir, wie oben im Text, annehmen, dass Cäsar Manches von der Verschwörung gehofft habe, ohne jedoch deren Mitschuldiger zu sein. Wer sich der zahlreichen bittern und völlig rücksichtslosen Aeusserungen und Urtheile Ciceros über Cäsar in seinen vertrauten Briefen an Atticus erinnert, wird gewiss nicht glauben, dass er in denselben der Theilnahme Cäsars an der Catilinarischen Verschwörung desswegen nicht gedenke, weil er es nicht gewagt oder sonst eine Ursache gehabt habe, die Wahr-

Wir kommen nun zu dem wichtigen Zeitpunkt, wo Pompejus zu Anfang des J. 61 aus dem Osten nach Rom zurückkehrt und wo die Unklarheiten, die sich etwa während seiner Abwesenheit in sein Verhältniss zu den Parteien daselbst eingeschlichen hatten, an den Tag kommen und aufgehellt werden mussten. Nach unserer Ansicht nun brachte Pompejus dieselbe Illusion wieder aus dem Osten mit zurück, die ihn

---

heit zu entstellen. Der II. Verf. führt sodann S. 162 Anm. noch einige specielle Beweise zur Begründung seiner Ansicht an. So Sall. Cat. c. 39 zum Beweise, „dass die gabinisch-manilischen Gesetze der Demokratie einen tödtlichen Schlag versetzten;" dort steht nämlich: *postquam Cn. Pompejus ad bellum maritimum atque Mithridaticum missus est, plebis opes imminutae, paucorum potentia crevit.* Wir meinen, dass diess vielmehr ein Zeugniss gegen als für die Ansicht des II. Verf. ist, nach welcher ja die Aristokratie und das Senatsregiment durch jene Gesetze gestürzt wurde, während die Demokratie „von der Opposition ins Regiment" überging und daher gewiss nicht an Macht verlor, wenn sie auch Ursache erhielt, gegen Pompejus zu intriguiren. So ferner Sall. Cat. c. 19. Val. Max. VI, 2, 4. Cic. de leg. agr. II, 17, 46, womit der Beweis geführt werden soll, dass die erste Verschwörung des Catilina und die servilische Rogation speciell gegen Pompejus gerichtet waren. Allein die beiden ersteren Stellen ergeben nur, dass einer der Verschworenen, Cn. Piso, dem Pompejus persönlich verfeindet war, was, wie man sieht, zur Begründung von II. M.'s Folgerung bei Weitem nicht ausreicht. Wenn aus der Stelle des Sallust insofern noch ein Weiteres geschlossen werden sollte, als dort gesagt ist, dass Crassus sich besonders thätig für ihn bewiesen habe, so steht dem entgegen, dass dasselbe auch vom Senat und von den Aristokraten *(boni complures)* gesagt wird; beiläufig wollen wir noch bemerken, dass nach eben dieser Stelle die Macht des Pompejus im Widerspruch mit II. M.'s Ansicht nicht für die Demokratie, sondern für die Senatspartei Gegenstand der Furcht und des Verdachtes ist. Was endlich die letzte Stelle aus Cicero anlangt, so ist es allerdings unverkennbar, dass Cicero das Servilische Gesetz dem Volke dadurch verdächtig und missliebig zu machen sucht, dass er ihm eine feindselige Tendenz gegen Pompejus beilegt (s. noch I. §. 5. II. §. 23—25. 49—55. 99); was war aber für den Redner natürlicher als diess, vorausgesetzt, dass Pompejus immer noch der Liebling des Volks war, wie unleugbar anzunehmen ist? Und hat es dann nicht ein um so grösseres Gewicht, wenn_gleichwohl nach dem eigenen Zugeständniss Ciceros in dem Gesetz mehrere Ausnahmen zu Gunsten des Pompejus gemacht waren, s. I. §. 13. II. §. 61—62?

dorthin begleitet hatte, nämlich, dass es ihm gestattet sein werde, sich in Rom mit allgemeiner Zustimmung der Rolle des Herrschers zu erfreuen; er sah sich immer noch als Glied oder vielmehr als Haupt der Senatspartei an, ohne es deshalb mit dem Volk und dessen Führern verderben zu wollen; er entliess deshalb das Heer zu Brundisium, um nicht mit dem Senate brechen zu müssen; zugleich hoffte er, sich dadurch mit einem neuen Nimbus von Bürgertugend zu umgeben und so durch die Dankbarkeit seiner Mitbürger seinen Zweck vielleicht nur um so eher und um so vollkommener zu erreichen; verfiel aber nunmehr demselben Schicksal, wie die meisten Vermittler, dass er von beiden Parteien (so weit noch von solchen zu reden ist) im Stich gelassen und angefeindet wird, namentlich von der Senatspartei, die sein Uebergewicht schon längst ungern ertragen hatte und die in den letzten Jahren in einigen ihrer einflussreichsten Mitglieder obendrein empfindlich durch ihn verletzt worden war. So kommt es dahin, dass er endlich die Verbindung mit Crassus und Cäsar eingeht, um nicht seine Stellung ganz und gar zu verlieren, so unangenehm es ihm auch war, hierdurch in eine Bahn gezogen zu werden, die von seinen bisherigen Vorstellungen und Gewohnheiten so weit ablag.*)

Der weitere Verlauf ist sodann nach unserer Ansicht folgender. Dem Pompejus bringt die geschlossene Verbindung den Vortheil, dass seine in Asien getroffenen Einrichtungen bestätigt und seinen Legionen Ländereien verwilligt werden, dem Cäsar den viel gewisseren, dass ihm durch die Uebertragung der beiden gallischen Provinzen die günstigste Gelegenheit eröffnet wird, sich neben glänzendem Kriegsruhme ein tüchtiges, ihm ganz ergebenes, erprobtes Kriegsheer und damit das einzige geeignete Mittel zur Erreichung seiner ehr-

---

*) Cic. ad Att. II, 22: *taedet ipsum Pompejum vehementerque poenitet*, 23: *illud te scire volo, Sampsiceramum vehementer sui status poenitere restituique in eum locum cupere, ex quo decidit, doloremque suum impertire nobis et medicinam interdum quaerere*. Beide Briefe sind aus dem J. 59.

geizigen Zwecke zu verschaffen. Indess der unmittelbare, persönliche Druck, durch den Cäsar die Senatspartei niedergehalten und diese Ergebnisse erzielt hatte, lässt nach, als er sein Consulat niedergelegt und sich nach Gallien begeben hatte, und hierdurch wird die Senatspartei wieder insoweit frei, zumal bei der Unentschlossenheit und dem schwankenden Benehmen des Pompejus, um den Triumvirn gegenüber wieder eine gewisse Stellung einzunehmen. Eben dadurch werden nothwendiger Weise zugleich die Unruhen und revolutionären Umtriebe und Gewaltthätigkeiten der demokratischen Partei wieder entfesselt, die den Triumvirn durch den Uebermuth und die Zügellosigkeit des Führers derselben, des P. Clodius, nicht minder lästig und gefährlich sind als die Angriffe der Senatspartei, jedoch mit dem Unterschiede, dass die Feindseligkeiten der letzteren mehr gegen Cäsar, die des Clodius mehr gegen Pompejus gerichtet waren. Die Senatspartei ging endlich so weit, dass sie im Frühjahr 56 den Cäsar mit dem Verluste seiner Provinz und mit der Aufhebung des wesentlichsten Theiles seines Ackergesetzes bedrohte. Die Zusammenkunft in Luca, die durch diese Lage der Dinge veranlasst wurde, zog zwar die gelockerte Verbindung der Triumvirn wieder enger zusammen und verstärkte dadurch ihre Macht, so dass Pompejus und Crassus sich im J. 55 des Consulats bemächtigen und eine Reihe wichtiger Massregeln im Interesse aller Mitglieder der Verbindung durchsetzen konnten. Allein nach Ablauf des Consulatsjahres kehrten die alten Zustände bald zurück, und im J. 52 erreichten die Tumulte und Gewaltthätigkeiten des durch die Ermordung des Clodius bis zur Raserei erhitzten Pöbels eine solche Höhe, dass die Senatspartei, aufs Aeusserste bedrängt, sich endlich entschloss, dem Pompejus dasjenige einzuräumen, was von jeher das Ziel seines Strebens gewesen war, nämlich zwar nicht die Dictatur selbst, aber doch das Consulat in einer Form und mit solchen Vollmachten ausgestattet, dass es der Dictatur völlig gleichkam; was nothwendig die Folge haben musste, dass nun auch Pompejus sich wieder völlig an die Senatspartei anschloss. Damit war der Krieg zwischen der Aristokratie unter Pompejus und der Demokratie unter Cäsar entschieden. Wenn sein Ausbruch sich noch länger als 2 Jahre hinauszog, so war diess nur die Folge der Unschlüssigkeit und Zögerung des Pompejus, der sich nach seiner Weise scheute, die nothwendige Consequenz von dem zu ziehen, was er selbst gethan, wie er ja auch schliesslich mehr durch das Drängen seiner Partei als durch eigenen Entschluss zum Kriege gebracht wurde.

Es ist wenigstens sehr wahrscheinlich, dass das Auftreten der Senatspartei gegen Cäsar im J. 56 von Pompejus nicht nur nicht gehindert, sondern sogar im Geheimen gefördert wurde. Dafür spricht, dass auch Cicero sich lebhaft dabei betheiligte, der es kaum gethan haben würde, wenn er nicht an Pompejus selbst einen Rückhalt zu finden geglaubt hätte, namentlich aber, dass der Tribun Rutilius Lupus dabei besonders thätig war, den wir schon vorher in der Angelegenheit des Ptolemäus Auletes als Agenten des Pompejus kennen lernen (Cic. ad Fam. I, 1, 3. 2, 2). Auch lag es ganz im Interesse des Pompejus, dem Cäsar Verlegenheiten zu bereiten, um ihn dahin zu bringen, dass er seinen Einfluss wieder mehr zu seinem, des Pompejus, Gunsten geltend machte, wie nachher auf der Zusammenkunft zu Luca geschah. Nicht minder wahrscheinlich aber ist es, dass die Unruhen, die nachher hauptsächlich durch die Verhinderung der Consulwahlen, wo nicht erregt, aber doch genährt wurden, zum nicht geringen Theil das Werk des Pompejus waren, der dadurch den Senat zu jenem längst erstrebten Zugeständniss bewegen wollte und diesen Zweck, wie wir gesehen haben, auch wirklich erreichte.

Nach unserer Ansicht ist also Pompejus von Hause aus Angehöriger der Senatspartei; er wird in Folge der Umstände durch diese Partei selbst zu einer die Grenzen der republikanischen Gleichheit weit übersteigenden Höhe emporgehoben; er zieht sich den Neid seiner Partei zu, der so lange als es die Umstände nöthig machen, zurück gehalten, sich bei der ersten passenden Gelegenheit in persönlichen Anfeindungen äussert; dadurch wird er zu der seinen tief eingewurzelten

Grundsätzen und seiner politischen Vergangenheit zuwiderlaufenden Verbindung mit Cäsar getrieben, die er, so lange sie besteht, durch seine geheimen, selbstsüchtigen Intriguen untergräbt, und die er zerreisst, sobald er durch die ihm vom Senat mit dem Consulat des J. 52 verliehene ausserordentliche Stellung seinen Zweck erreicht zu haben glaubt. Wir sollten meinen, dass diess Alles eben so in sich zusammenhängend und dem Charakter des Pompejus entsprechend sei, als es durchaus mit den für diese Zeit besonders klar und reichlich fliessenden Quellen übereinstimmt. Eben so glauben wir, dass es den damaligen Zuständen vollkommen angemessen ist, wenn wir die Vorgänge und Veränderungen mehr aus den Plänen und Machinationen der bedeutendsten Persönlichkeiten als aus den Bestrebungen der Parteien ableiten, welche letzteren, obwohl nicht völlig machtlos, doch für sich gar nichts vermögen und dem Pompejus und Cäsar zu nicht viel mehr als Aushängeschildern dienen.

Sehen wir nun dagegen, wie diese Vorgänge und Entwickelungen von H. M. aufgefasst und dargestellt werden.

Wir erinnern uns, dass die Demokratie im J. 70 mit Pompejus die Verbindung eingeht, weil er an der Spitze einer Militärmacht steht, und dass sie es gleichwohl ist, die den Pompejus dahin bringt, dass er während seines Consulats sein Heer entlässt (oben S. 90). Wir erinnern uns ferner, dass sie nach dem Gabinischen und Manilischen Gesetze mit Pompejus bricht, weil sie seine Militärmacht fürchtet, freilich nur, um sich in Cäsar einen andern viel gefährlicheren Militärdictator zu setzen (o. S. 92). Eben diese Demokratie nun knüpft diese Verbindung im J. 63 und 62 mit Pompejus wieder an, während seine Militärmacht durch die gewonnenen Siege furchtbarer ist als je, und auch Pompejus sucht und schliesst diese Verbindung, obwohl er durch die Kabalen der Demokratie, die sie seit dem Manilischen Gesetze unaufhörlich gegen ihn geschmiedet, „theils gewarnt theils erbittert" ist (S. 183). Und wiederum ist es die Demokratie, welche sich, als Pompejus im J. 61 ihrer bedarf, „bei Seite hält" (S. 193), weil er sein Heer entlassen und sich wehr- und machtlos gemacht hat, die aber im Jahre 60 die Verbindung zwischen ihm und Cäsar zu Stande bringt, um ihn „seines Uebergewichtes zu berauben und ihm in ihrem eigenen Haupt (Cäsar) einen militärischen Nebenbuhler zur Seite zu stellen" (S. 195). Wir haben also erstens eine Demokratie, die zuweilen ganz machtlos, zuweilen aber und zwar meistentheils eine ganz selbstständige, für sich operirende Macht ist. Sie ist nicht Cäsar, den sie aus eigenem Entschlusse an ihre Spitze stellt, sie ist nicht Gabinius und Manilius, deren Gesetze ausser Zusammenhang mit ihr stehen und vielmehr eine ihr feindselige Tendenz haben (o. S. 94), sie ist endlich auch nicht die Partei des Catilina, die von ihm sogenannte Anarchie, mit der sie zwar conspirirt, ohne sich jedoch mit ihr zu identificiren. Zweitens aber haben wir eine Demokratie, die immer sehr planvoll, aber aus den entgegengesetztesten Motiven handelt, die den Pompejus an sich zieht, weil er eine Militärmacht besitzt und aus demselben Grunde ihn wieder fürchtet und mit ihm bricht, die ihn bei Seite hält, weil er machtlos ist, und ihn in derselben Lage wieder mit Cäsar in Verbindung bringt, um ihn machtlos zu machen. Wir fragen vergeblich, wer diese Demokratie ist. Sie kann nicht die Masse des Volks, nicht der Inbegriff der oppositionellen Elemente des Staates im Allgemeinen sein. Was ist sie also? Wo sind ihre Lenker? welches ist ihre Organisation? welches sind ihre Machtmittel?

Nach dem Abschluss des Triumvirats tritt die Demokratie nach und nach vom Schauplatz ab; nach Cäsars Consulat verschwindet sie völlig von demselben. Es heisst S. 292 (vgl. S. 294): „Seit Cäsars Entfernung, der der Demokratie allein zu imponiren und sie zu lenken verstanden hatte, war aus derselben alle Disciplin entwichen und jeder Parteigänger machte Politik auf eigene Hand." Sie verfällt damit in das Nichts, dem sie im Sinne H. M.'s nach unserer Ansicht von jeher angehört hat. Dagegen treten von da an Senatspartei und Comitien als Mächte hervor, die dem Cäsar und Pompejus vollkommen ebenbürtig sind, obwohl diese letzteren, wie wir oben nachgewiesen, bei H. M. von jeher ohne Bedeutung gewesen sind oder sie wenigstens schon längst verloren haben. „Die Comitien rebellirten, und der Senat stimmte ein," „eine aristokratische Restauration war im Werke" (S. 303), wobei es zugleich „immer deutlicher zu Tage kam, wie tief die bestehende Verfassung im Volke Wurzel geschlagen hatte" (S. 298). Dadurch wird Pompejus in Rom nach und nach völlig gedemüthigt und aus seiner Stellung verdrängt (S. 300 — 302). Er kömmt demnach als „machtloser Flüchtling" nach Luca, um „bei seinem Gegner Hülfe zu erbitten," der ihn nach Belieben vernichten konnte, in dessen Interesse diess sogar lag, da er durch die Erneuerung des Bündnisses „unendlich verlor" (S. 306), der aber gleichwohl seinem Rivalen durch diese Erneuerung und durch die Geltendmachung seines Einflusses „das zweite Consulat und die Militärmacht freiwillig" einräumte (S. 305). Es ist in der That „schwer zu sagen" (wie H. M. selbst ebend. bekennt), „welche Motive Cäsar bestimmten seine überlegene Stellung ohne Noth aufzugeben," und diejenigen Motive, die H. M. weiterhin als denkbar oder wahrscheinlich aufstellt, wie die Rücksicht auf seine Tochter und namentlich auf Gallien, werden wohl nur für Wenige hinreichen, um diese Schwierigkeit zu beseitigen. Nachdem aber Pompejus und Crassus als Consuln Senatspartei und Comitien zurückgedrängt und gezügelt hatten, so treten nach Ablauf ihres Consulats diese feindseligen Mächte sofort wieder hervor, noch verstärkt durch die Geschworenengerichte und durch die Literatur (S. 313. 316), und nun „kommen die Herrscher überein, eine wenn auch nur zeitweilige Dictatur eintreten zu lassen und mittelst dieser neue Zwangsmassregeln namentlich hinsichtlich der Wahlen und der Geschworenengerichte durchzusetzen" (S. 319). So ist also das Consulat des Pompejus im J. 52 das Werk des Cäsar nicht minder als das des Pompejus, oder vielmehr nur das des Cäsar, da nicht Pompejus, sondern Cäsar überall der leitende und herrschende Theil ist. Dass die Tödtung des Clodius, also ein zufälliges Ereigniss, welches Cäsar weder voraussehen noch herbeiführen konnte, Gelegenheit und Veranlassung dazu giebt, wird von H. M. eben so wenig als ein Widerspruch gegen diese Auffassung angesehen, als dass der Vorschlag dazu von Cato und Bibulus ausging und von der Senatspartei gefördert und durchgesetzt wurde: Letzteres „war nur ein nichtiger Winkelzug" (S. 321), da vielmehr Pompejus „jetzt befahl, was er bisher erbeten, und der Senat nachgab" (ebend.).*) Der Bruch zwischen Pompejus und Cäsar erfolgt dann bei H. M. allmählich und ohne besondere Veranlassung.

Es wird nicht nöthig sein, auf das Unwahrscheinliche dieser ganzen Auffassung und auf die darin enthaltenen Widersprüche noch weiter einzugehen. Dagegen dürfen wir nicht unterlassen, über ihr Verhältniss zu den Quellen noch einige Worte hinzuzufügen. Als die Angelpunkte derselben sind hauptsächlich die drei Ansichten H. M.'s zu betrachten, 1) dass Pompejus im Jahre 71 zu der Demokratie übergetreten sei, 2) dass er vor und bei seiner Rückkehr aus Asien die Verbindung mit ihr, nachdem sie vorher gelöst worden, wieder angeknüpft habe, und 3) dass das Consulat des Pompejus in dem oben erörterten Sinne das Werk des Cäsar gewesen sei. Wir wollen zunächst diesen Ansichten einige einzelne, bestimmte Zeugnisse entgegenstellen. Was die erstere anlangt, so ist darüber schon oben Einiges bemerkt worden; wir wollen hier nur hinzufügen, dass an der sogleich wieder zu erwähnenden Stelle (*Cic. ad Fam.* V, 7) die Demokraten im J.

---

*) Auch hier fehlt es freilich nicht an Stellen, die der oben dargelegten Ansicht des Hrn. Verf. halb oder ganz widersprechen. So heisst es S. 338 von der Zeit während des Consulats: „Der persönliche Bruch war unverkennbar eingetreten —, man erwartete, dass der politische auf dem Fusse folgen werde," ferner ebend., es habe nach Erlangung des Consulats „in seinem (des Pompejus) Interesse" gelegen, „nun bald möglichst mit Cäsar förmlich zu brechen," und S. 339: „Er kündigte den Bruch deutlich genug an: bereits 702 (52) liessen seine Handlungen darüber keinen Zweifel." Wenn es die natürliche Consequenz des Consulats ist, dass Pompejus mit Cäsar bricht, woraus dann weiter mit Nothwendigkeit folgt, dass er sich mit der Senatspartei aussöhnen muss, da er ohne diese den Kampf mit Cäsar nicht aufnehmen kann: so wäre es doch von Seiten Cäsars mindestens eine unglaubliche Kurzsichtigkeit gewesen, wenn er dieses Consulat gerade zu dem entgegengesetzten Zweck, um die Senatspartei niederzuhalten, herbeigeführt hätte.

62 die *veteres hostes* und *novi amici* des Pompejus genannt werden, was mit jener Ansicht völlig unvereinbar ist: denn wie hätte Cicero sie so nennen können, wenn die Freundschaft schon längst, schon im J. 71 geschlossen worden wäre? Der zweiten Ansicht steht zunächst wieder eben dieser Brief entgegen. Hier beglückwünscht Cicero den Pompejus wegen eines Briefes, welchen er noch aus Asien geschrieben und durch den, wie Cicero sagt, gewisse Leute (die Demokraten) zu Boden geschmettert und aller Hoffnung beraubt worden seien *(vehementer litteris perculsos atque ex omni spe deturbatos iacere)*. Der Brief musste also in entschieden aristokratischem Sinne und so geschrieben sein, dass dadurch die Intriguen des Metellus Nepos und Cäsar, durch die Pompejus von der Senatspartei hatte abgewendet werden sollen, völlig vereitelt wurden. Hierzu kömmt noch der Brief *ad Att.* I, 14. aus dem J. 61. Danach hielt Pompejus nach seiner Rückkehr aus Asien eine erste Ansprache an das Volk, die allerdings matt und nichtssagend war. Ciceros Worte darüber sind: *Prima concio Pompeji qualis fuisset, scripsi ad te antea, non iucunda miseris, inanis improbis, bonis non gravis; itaque frigebat.* In dieser Ansprache hielt also Pompejus noch zurück und vermied es eben so sehr, sich klar und deutlich und bestimmt für die Senatspartei auszusprechen als gegen sie.*) Desto entschiedener aber erklärte er sich in der zweiten Ansprache, in welcher er, wie Cicero sich ausdrückt, μάλ᾽ ἀριστοκρατικῶς *locutus est senatusque auctoritatem sibi omnibus in rebus maximam videri semperque visam esse respondit et id multis verbis.* Was kann unzweideutiger sein als diese Worte? Was endlich den dritten Punkt, das Consulat des Pompejus

---

*) Wir vermögen schlechterdings nicht einzusehen, wie H. M. S. 192 unter Beziehung auf diese Stelle sagen kann, die Demokraten hätten in Pompejus einen „unbequemen Freund," die Aristokraten „einen erklärten Feind" gesehen. Wo steht bei Cicero etwas davon, dass Pompejus sich den Demokraten als einen, wenn auch immerhin unbequemen, Freund, und vollends, dass er sich der Aristokratie als einen erklärten Feind kundgegeben habe?

im J. 52, anlangt, so sagt Cicero *ad Att.* VIII, 3. hierüber: *Idem (Pompejus) etiam tertio consulatu, postquam defensor reipublicae esse coepit*, und eben diess ist das Urtheil, in dem alle Geschichtschreiber übereinstimmen. Vellejus z. B. schreibt (II, 47, 3): *tertius consulatus soli Cn. Pompejo etiam adversantium antea dignitati cius indicio delatus est, cuius ille honoris gratia velut reconciliatis sibi optimatibus maxime a C. Caesare alienatus est.* Wenn Cäsar selbst (B. G. VII, 6) dieses Consulat billigt und die Massregeln des Pompejus während desselben sogar lobt: so darf daraus keine unserer Ansicht entgegenstehende Folgerung gezogen werden, da diese Worte im J. 51 geschrieben sind, wo es in Cäsars Interesse liegen musste, seine wahre Meinung noch zu verbergen.

Wir müssen aber auch das Verhältniss des H. Verf. zu den Quellen im Allgemeinen noch mit einigen Worten ins Auge fassen. Als die Hauptschriftsteller für die innere Geschichte der Zeit sind unstreitig Cicero und Sallust anzusehen, von denen der erstere uns in seinen Briefen ein unschätzbares urkundliches Material hinterlassen, der letztere aber neben der Darstellung der Vorgänge des Jugurthinischen Kriegs und der Catilinarischen Verschwörung uns in beiden Werken ein überaus klares, mit eben so viel Sachkenntniss als Unparteilichkeit entworfenes Bild von den Parteiverhältnissen der Zeit geliefert hat. Beide sind daher für die innere Geschichte von so hervortretender Bedeutung, dass die übrigen Quellenschriftsteller, wie Appian, Plutarch, Sueton, Cassius Dio und selbst Cäsar gegen sie weit zurückstehen, letzterer freilich nur aus dem Grunde, weil er sich dem Zwecke seiner Schriften gemäss wenig auf diese Seite der Dinge eingelassen hat; eben diese Beiden sind es, denen er nach unserer Meinung bei Weitem nicht die gebührende Geltung eingeräumt hat. Von dem ersteren werden hauptsächlich die Stellen in seinen Briefen benutzt, die entweder für ihn selbst oder für die Senatspartei nachtheilig sind, und zwar geschieht diess in einer Weise, dass Aeusserungen einer augenblicklichen Missstimmung ohne Weiteres als Zeugnisse und Thatsachen, nicht selten noch mit einer das Gewicht derselben verstärkenden

Wendung, geltend gemacht werden. Wir führen hierfür nur folgende zwei Beispiele an. S. 308 werden die Worte Ciceros, in denen er seinen Unmuth über sein Auftreten gegen Cäsar und über die Zusammenkunft zu Luca gegen seinen Vertrauten Atticus ausspricht, *ad Att.* IV, 5, 3: *me asinum germanum fuisse*, mit der Bemerkung angeführt, dass Cicero sich hinsichtlich seiner jüngsten Vergangenheit „mit Ehrentiteln" belege, „die durchaus mehr treffend als schmeichelhaft" seien, und S. 311 wird mit Bezeichnung auf den Brief *ad Quint. fr.* II, 15, 4 von ihm gesagt, dass er sich gelobt habe, „künftig nicht mehr nach Ehre und Recht zu fragen, sondern um die Gunst der Machthaber sich zu bemühen und geschmeidig zu sein, wie ein Ohrläppchen," während es bei Cicero nur heisst: *Tu quemadmodum me censes oportere esse in republica et in nostris inimicitiis, ita et esse et fore auricula infima scito molliorem.* Wir sprechen nicht von der Ungerechtigkeit und Unbilligkeit, die hierin gegen Cicero selbst enthalten ist, wenn solche Ergüsse des Unmuths oder auch (wie in dem zweiten Beispiele) eines gewissen Humors ohne Weiteres für baare Münze genommen und als Grundlagen unseres Urtheils über ihn benutzt und dagegen die zahlreichen anderen Stellen völlig bei Seite gelassen werden, wo sich bei ihm nicht minder in der edelsten Weise und mit dem vollen Gepräge der Aufrichtigkeit seine patriotische Gesinnung und ein männliches Ehrgefühl ausspricht. Wer wollte aber verkennen, dass hierdurch zugleich die Quelle selbst für die ganze Geschichte der Zeit getrübt wird? Briefe sind wie die Gespräche des Tages, die jeden Augenblick nach der einen oder der andern Richtung über die Linie des Wahren hinausschiessen; sie sind von unschätzbarem Werth, eben weil sie uns in die vergangene Zeit mitten hinein versetzen; sie können aber nur durch die allseitigste, unbefangenste Benutzung zu der Erkenntniss der historischen Bewegung führen, die sich tief unter der äusseren Oberfläche der Dinge vollzieht und daher aus den Urtheilen des Tages nicht ohne Weiteres erkannt werden kann, am wenigsten aus einzelnen Aeusserungen der Empfindung einer so erregbaren Natur wie die des Cicero war.

Noch übler ergeht es dem Sallust. Dessen Catilina und Jugurtha werden S. 182 beide für „offenbare politische Tendenzschriften" erklärt, dazu bestimmt, einestheils (im Catilina) die demokratische Partei „zu Ehren zu bringen und Cäsars Andenken von dem schwärzesten Flecken, der darauf haftete, zu reinigen," und anderntheils (im Jugurthinischen Krieg), „die Erbärmlichkeit des oligarchischen Regiments aufzudecken und den Koryphäen der Demokratie Gajus Marius zu verherrlichen:" eine Ansicht, durch die natürlich die Glaubwürdigkeit desselben völlig untergraben wird. Wir unsererseits gestehen, dass wir von einer solchen Tendenz in beiden Schriften auch nicht die geringste Spur zu finden vermögen (man müsste sie denn darin finden wollen, dass Sallust den Cäsar von der Theilnahme an der Catilinarischen Verschwörung freispricht, worüber wir oben gesprochen haben und was Hrn. M. hauptsächlich zu seiner Behauptung bewogen zu haben scheint), dass uns vielmehr aus beiden das Bild des Verfassers überall als das eines Mannes entgegentritt, der, wie er selbst in der Vorrede zum Catilina von sich sagt, die politische Leidenschaft und Befangenheit überwunden hat und an der Grenze seines Lebens von einem erhöhten Standpunkte auf die Dinge, an denen er selbst Antheil gehabt, wie auf fremde herabsieht. Wir wollen, um diess zu beweisen, nur auf die allgemeinen Betrachtungen über die inneren Zustände Roms Cat. c. 37—39 und Jug. c. 40—42 hinweisen, wo sich überall Lob und Tadel zwischen Aristokratie und Demokratie vollkommen gleich abgewogen findet. Man höre nur z. B. die folgenden Worte: *Sed plebes incredibile memoratu est, quam intenta fuerit quantaque vi rogationem iusserit, magis odio nobilitatis, cui mala illa parabantur, quam cura reipublicae: tanta lubido in partibus erat* (Jug. c. 40, 3), und: *Ut saepe nobilitatem, sic ea tempestate plebem ex secundis rebus insolentia ceperat* (ebend. §. 5), oder: *Namque coepere nobilitas dignitatem in dominationem, populus libertatem in libidinem vertere* (das. c. 41, 5), ferner: *in utroque* (d. h. bei der Gunst der Aristokratie gegen Metellus wie bei der des Volks gegen Marius) *magis studia partium quam bona aut mala sua moderabant. Praeterea seditiosi magistratus*

(d. h. die Demagogen unter den Magistraten) *volgum exagitare, Metellum omnibus contionibus capitis arcessere, Mari virtutem in maius celebrare* (c. 73, 4. 5), und: *Namque, uti paucis verum absolvam, per illa tempora quicumque rem publicam agitavere, honestis nominibus, alii sicuti populi iura defenderent, pars quo senati auctoritas maxuma foret, bonum publicum simulantes pro sua quisque potentia certabant; neque illis modestia neque modus contentionis erat, utrique victoriam crudeliter exercebant* (Cat. 38, 3). Wie soll man ferner mit einer solchen Ansicht die billige, anerkennende Weise vereinigen, in der er überall von Cicero spricht, ferner das unbefangene Urtheil ebensowohl über Marius (Cat. c. 63) als über Sulla (das. c. 93), endlich namentlich das ausgezeichnete Lob, welches er c. 54 dem Cato ertheilt und welches offenbar aus einem vollen Herzen kommt? Diess Alles scheinen uns Dinge zu sein, die nicht, wie H. M. zu meinen scheint (S. 182), dadurch zu erklären sind, dass Sallust den apologetischen und accusatorischen Charakter seiner Schriften habe zurücktreten lassen, sondern die diesen Charakter völlig aufheben und unmöglich machen.

Wenn übrigens der H. Verf. diesen Charakter annahm, so musste er, wie uns scheint, ein um so grösseres Gewicht auf alle diejenigen Stellen bei Sallust legen, die dazu dienen können, die Optimatenpartei oder einzelne Angehörige derselben zu rechtfertigen, weil diess sonach Zeugnisse sein würden, die Sallust wider seinen Willen und sein specielles Interesse abgelegt hätte. Wir erwähnen diess noch besonders wegen der Stelle Cat. c. 29, wo Sallust mit klaren Worten sagt, dass die Consuln durch die bekannte Formel *Videant* etc. das Recht über Leben und Tod römischer Bürger auch ohne Volksbeschluss erhalten hätten. Es heisst dort: *Ea potestas per senatum more Romano magistratui maxuma permittitur, exercitum parare, bellum gerere, coercere omnibus modis socios atque civis, domi militiaeque imperium atque iudicium summum habere: aliter sine populi iussu nulli earum rerum consuli ius est.* Wie kann unser H. Verf. demnach ohne alle Rücksicht auf diese Stelle die Hinrichtung der Catilinarier durch Cicero eine „grauenvolle That" (S. 178), einen „Act der brutalsten Tyrannei" (das.), etwas was „verfassungsmässig nicht möglich" (S. 167) war, d. h. also einen Justizmord nennen?

Es bleibt uns nun noch die Zeit des Bürgerkriegs bis zur Schlacht bei Thapsus, mit der für jetzt das Mommsen'sche Werk abschliesst, übrig. Da wir uns nur mit den inneren Verhältnissen beschäftigen, so würden wir namentlich die Frage zu behandeln haben, wie die durch diesen Bürgerkrieg hergestellte Alleinherrschaft Cäsars anzusehen und zu beurtheilen sei, worüber sich allerdings Mancherlei sagen liesse. Indess wird das Urtheil hierüber nicht vollständig zum Abschluss zu bringen sein, so lange nicht wenigstens ein grösserer Theil der Kaisergeschichte von H. M. vorliegt, bei deren Fortführung erst es vollkommen deutlich werden kann, inwieweit Cäsars Werk als eine Verjüngung des römischen Staates betrachtet und mit den sonstigen rühmenden Prädikaten gepriesen werden kann, die ihm H. M. beilegt. Wir begnügen uns daher zum Schlusse dieses Abschnitts damit, noch mit einigen Beispielen die Widersprüche darzuthun, die sich bei H. M. sowohl in Bezug auf die Person und den Charakter Cäsars als in Bezug auf sein Werk finden. Was zunächst Cäsar selbst anlangt, so wollen wir nur das Eine hervorheben, dass er meistentheils als völliger „Realist und Verstandesmensch" dargestellt wird, der sich „über die Macht des Schicksals und das Können der Menschen niemals Illusionen machte" (S. 447), dass es mit möglichstem Nachdruck als eine charakteristische Seite seiner Natur betont wird, „dass alle Ideologie und alles Phantastische ihm fern lag" (S. 446 vgl. S. 451), und dass er sich gleichwohl gerade in der Hauptsache hinsichtlich der Begründung der Monarchie von einem „unausführbaren Ideal" leiten lässt und daran „mit einer Energie festhält, für die die Geschichte kaum eine weitere Parallele bietet" (S. 487), ein Widerspruch, der kaum dadurch wesentlich gemildert werden dürfte, dass diess als „die einzige Illusion" bezeichnet wird, „in der das sehnsüchtige Verlangen in diesem starken Geiste mächtiger war als der klare Verstand" (ebend.). Eben so bietet aber die Beschaffenheit dieser Monarchie endlich noch eine Reihe von auffallenden Widersprüchen. Es heisst von ihr: sie war „so wenig mit der Demokratie in Widerspruch, dass vielmehr diese erst durch jene zur Erfüllung und Vollendung gelangte," von Cäsar: „er blieb Demokrat auch als Monarch," und hiermit stimmt es völlig überein, wenn S. 358 gesagt wird: „Wenn die Ideen der Demokratie und Monarchie in ihr zusammenflossen, so war diess nicht die Folge einer zufällig eingegangenen und zufällig lösbaren Coalition, sondern es war im tiefsten Wesen der Demokratie ohne Repräsentativverfassung begründet, dass Demokratie wie Monarchie zugleich ihren höchsten und letzten Ausdruck in Cäsar fanden." So wird denn auch Cäsar S. 471 geradezu der „demokratische Monarch" und der „Demokratenkönig" genannt, und hiermit übereinstimmend wird auch anderwärts im Allgemeinen von der „engen Wahlverwandtschaft" zwischen Demokratie und Monarchie gesprochen, z. B. S. 188. Hiermit ist es vielleicht noch vereinbar, wenn Cäsars Monarchie S. 460 als „die Monarchie, wie Cajus Gracchus sie gründen wollte, wie Perikles und Cromwell sie gründeten," bezeichnet wird, obwohl wir schon dabei nicht umhin können, uns der oben angeführten Stelle (II. S. 117) zu erinnern, wonach das Ziel des C. Gracchus kein anderes war, als „die Tyrannis, das heisst nach heutigem Sprachgebrauch die nicht feudalistische und nicht theokratische, die napoleonisch absolute Monarchie" einzuführen. Dagegen scheint es uns ein völliger Widerspruch, wenn es nach S. 462 eben so gut möglich ist „Feuer und Wasser in dasselbe Gefäss zu fassen" „als Demokratie und Monarchie zu vereinigen und demnach die Monarchie Cäsars als die „absolute Militärmonarchie" prädicirt wird (ebend. u. ö.), und nicht minder, wenn dieselbe Monarchie wiederum „nichts Anderes ist als das wiederhergestellte uralte Königthum" (S. 466), wie uns denn auch wieder zwischen einer Militärmonarchie und dem alten römischen Königthum ein völliger Gegensatz und ein unauflöslicher Widerspruch zu liegen scheint. Eben so aber wie mit diesen allgemeinen Bestimmungen verhält es sich auch mit den Attributen und der Organisation der Monarchie. S. 447 heisst es z. B.: „Er war Monarch; aber nie hat er den König gespielt. Auch als unumschränkter Herr von Rom blieb er in seinem Auftreten der Parteiführer: vollkommen biegsam und geschmeidig, bequem und anmuthig in der Unterhaltung, zuvorkommend gegen Jeden schien er nichts sein zu wollen als der erste unter seines Gleichen," dagegen S. 469: „Indess wie auch die Titulatur gewesen sein mag, der Herr war da und sogleich richtete denn auch der Hof in obligatem Pomp und obligater Geschmacklosigkeit sich ein," und während nach S. 476 „die altheiligen Palladien der Volksfreiheit nicht angetastet" werden, während auch nach S. 470 die Bürgerschaft „mit dem König der höchste und letzte Ausdruck des souveränen Volkswillens" blieb, so wird gleichwohl unmittelbar nachher (S. 471) der Antheil an der Volkssouveränetät, der der Volksgemeinde zugestanden wurde, nur ein „formeller" genannt. Endlich ist das Gleiche auch hinsichtlich des Urtheils über den Werth der Cäsarischen Monarchie der Fall. Wir haben oben (S. 89 Anm.) bereits die Stelle angeführt, wonach das römische Wesen mit ihm völlig vertrocknete und abstarb; S. 444 wird Catos Tod „ein Protest" genannt, „der all jene sogenannte Verfassungsmässigkeit, mit welcher Cäsar seine Monarchie umkleidete, wie Spinneweben zerriss und das Schiboleth der Versöhnung aller Parteien, unter dessen Aegide das Herrenthum anwuchs, in seiner ganzen gleissnerischen Lügenhaftigkeit prostituirte;" S. 462 wird die „absolute Militärmonarchie" lediglich dadurch gerechtfertigt, dass sie nothwendig und „das geringste Uebel" genannt wird. Mit diesen theils geradezu tadelnden, theils wenigstens sehr streng bemessenen Urtheilen über Cäsar und sein Werk vermögen wir es nicht zu vereinbaren, wenn sonst dieser Monarchie die höchsten Lobsprüche ertheilt werden, wenn es z. B. S. 550 heisst, Rom sei durch Cäsar „verjüngt" worden, oder von Cäsar selbst S. 551, „er habe das Römerthum gerettet und erneuert," oder S. 197, dass wir „noch nach Jahrtausenden uns ehrfurchtsvoll neigen vor dem, was Cäsar gethan und gewollt hat," weil „sein mächtiges Ideal eines freien Gemeinwesens unter einem Monarchen ihn nie verlassen und auch als Monarchen ihn davor bewahrt hat, in das gemeine Königthum zu verfallen," oder wenn er endlich S. 528 „einer jener seltenen Männer" genannt wird, „denen der Königsname es verdankt, dass er den Völkern nicht bloss gilt als leuchtendes Exempel menschlicher Unzulänglichkeit."

III.
Die Macchiavellistische Politik der Römer
in der Zeit vom Ende des 2. punischen Kriegs bis zu den Gracchen.

Es ist in diesem Abschnitt meine Absicht, den Beweis zu führen, dass die Römer in der bezeichneten Zeit nicht nur herrschsüchtig und grausam gewesen sind und zwar beides mit Berechnung, mit Arglist und mit kaltem Blute, sondern dass sie auch die Neigung und Gewohnheit gehabt haben, ihre Acte der Herrschsucht und Grausamkeit mit dem gleissnerischen Scheine des Rechts und der Milde zu umgeben. Diess ist es, was ich die Macchiavellistische Politik nenne.

Macchiavelli's Grundsätze, wie er sie in seinem Fürsten vorträgt, sind bekannt genug. Indess erlaube ich mir doch dem Leser zum Beweis, dass auch diese Scheinheiligkeit in seinem Sinne ist, eine Stelle daraus zu vergegenwärtigen. Er sagt (im 18. Capitel): „Scheine mitleidig, treu, menschlich, gottesfürchtig, redlich und sei es; bleibe aber stets in deinem Sinne auf solche Weise vorbereitet, dass du zum Gegentheil übergehen kannst, wenn nöthig wird es nicht zu sein. — Es soll daher ein Fürst grosse Sorge tragen, dass

ihm kein Wort aus dem Munde kömmt, das nicht voll der
oben genannten fünf Eigenschaften ist; er scheine, wenn man
ihn sieht und hört, ganz Mitleid, ganz Treue, ganz Mensch-
lichkeit, ganz Redlichkeit, ganz Gottesfurcht. Nichts ist
nöthiger als sich diesen Schein zu geben." Mit diesem Scheine
ist nach seiner Meinung Alles zu bedecken, was zur Befriedigung der Herrschsucht dient, Wortbruch, Arglist, Grausamkeit, letztere bis zu den schaudererregenden Verbrechen Cäsar
Borgias, die er als ein nachahmungswürdiges Muster der
Klugheit und Energie aufstellt. Was aber Macchiavelli aus
seinem Studium der Geschichte und aus seiner Beobachtung
dessen, was zu seiner Zeit um ihn herum überall geschah,
als Theorie gezogen hat*): das haben die Römer in der Zeit,
von der wir handeln, praktisch ausgeübt, wie sie es denn
auch hauptsächlich sind, von denen Macchiavelli die Beispiele
zur Begründung seiner Lehren entnimmt.

Es kommt mir hauptsächlich darauf an, gegen H. M. den
Beweis zu führen, dass die Römer den Griechen gegenüber

---

*) Macaulay hat in einem seiner Essays, um das grosse Räthsel
zu lösen, wie ein Mann von Macchiavelli's Unbescholtenheit und edler
Gesinnung solche Grundsätze aufstellen könne, besonders auf die Sitten-
losigkeit und Zerrissenheit des damaligen Italiens hingewiesen. Wenn es
aber unzweifelhaft ist, dass die Beispiele von Trug, Arglist und Grausamkeit, die ihm bei den zahlreichen, kleinen, ununterbrochen wechselnden
Dynastieen des Italiens seiner Zeit überall entgegen traten, zusammen mit
den Beispielen gleicher Art in der römischen Geschichte die Meinung bei
ihm erwecken und nähren konnten, dass dergleichen Dinge nothwendig
und in der Ordnung seien: so muss man doch jedenfalls hinzunehmen,
um Macchiavelli zu entschuldigen oder wenigstens sein Buch erklärlich zu
machen, dass dieses letztere nur eine Theorie enthält, auf die zwei Voraussetzungen aufgebaut, von denen es wenigstens zweifelhaft ist, ob er
sie für absolut nothwendig hält, auf die Voraussetzungen, dass die Herrschaft etwas Begehrenswerthes und dass die Menschen, wie sie sind, alle
schlecht seien, ähnlich wie auch Aristoteles seine Politik nicht aus der
Ethik oder aus sonstigen allgemeinen Principien, sondern nur aus den
gegebenen Umständen und Verhältnissen abgeleitet hat. Die erste jener
Voraussetzungen ergiebt sich von selbst aus dem ganzen Zwecke des Buchs,
die andere ist mehrfach nachdrücklichst ausgesprochen, z. B. im 15. Capitel.

nicht, wie dieser meint, mit allzu grosser Nachsicht und mit einer gewissen philhellenischen Sympathie, sondern mit nichts Anderem als mit eben dieser Macchiavellistischen Politik verfahren sind. Ich habe es indess für nöthig gehalten, ein alles Wesentliche umfassendes Bild von der römischen auswärtigen Politik in dieser Zeit zu geben, da der einzelne Theil nur durch Zusammenstellung mit dem Ganzen in das rechte Licht gesetzt werden kann.

Die Keime jener Grausamkeit wie jener Schönrednerei, mit der man sie zu verdecken pflegte, sind allerdings schon in früherer Zeit und von jeher vorhanden. Beides liegt im Charakter der Römer und in der Richtung, die ihre Denk- und Sinnesweise schon in den ältesten Zeiten nahm.

Wir pflegen es als einen hervorstechenden Charakterzug der Römer und als etwas besonders Preiswürdiges hervorzuheben, dass sie Alles, woran das menschliche Herz hängt, Leben, Gut, individuelle Neigungen und Empfindungen mit der grössten Bereitwilligkeit dem Staate zum Opfer bringen und nur für diesen leben, nur dessen Interesse überall im Auge haben. Es ist diess gewiss etwas Grossartiges und Bewunderungswürdiges. Eben diess musste indess nothwendig die nicht immer hinlänglich beachtete Folge haben, dass man eben so wie die eigenen persönlichen Rechte, oder vielmehr noch in höherem Grade die Rechte Anderer, einzelner Menschen wie ganzer Völker, nichtachtete, wenn es sich um das Interesse des Staates handelte; es ist diess· nichts Anderes als die freilich weit weniger bewunderungswürdige Kehrseite von Jenem. Ein Volk, bei dem die Hinrichtung der eignen Söhne durch Brutus und Manlius als ein besonders werthvoller Bestandtheil der Sage bewahrt wurde, bei dem die Selbstopferung des Curtius und der Decier der Gegenstand immer wiederholter Lobpreisungen war, ein Volk ferner, welches zur Bestrafung seiner eigenen Bürger wegen Vergehen gegen die militärische Disciplin oder wegen Feigheit die Strafe des Decimirens erfunden hat, bei dem die väterliche Sitte der Hinrichtung *(patrius mos)* darin bestand, dass der Verurtheilte, bevor man ihm den Kopf mit dem

Beile abschlug, bis aufs Blut gegeisselt wurde — ein solches Volk konnte unmöglich vor der härtesten Verletzung der Rechte Anderer zurückscheuen, wenn sie im Interesse des Staates nöthig schien. Hieraus floss mit Nothwendigkeit eine Grausamkeit nicht der Leidenschaft, die in Mord und Blutvergiessen an und für sich eine Lust und eine Befriedigung der Begierde findet, wohl aber die nicht minder verwerfliche Grausamkeit der Berechnung und der nationalen Selbstsucht, die sich hauptsächlich darin zeigte, dass besiegte Völker und Städte durch alle Mittel politisch vernichtet wurden, die aber unter Umständen auch das furchtbarste Blutvergiessen nicht scheute.

Wir finden diese berechnete Grausamkeit schon zur Zeit der Könige in dem Verfahren gegen die im Kriege besiegten Städte der Umgegend, wenn diese zerstört oder doch ihrer Selbstständigkeit beraubt und ihre Einwohner nach Rom abgeführt und dort in die Lage von Unterthanen des römischen Volks (denn das sind damals die *cives sine suffragio*) herabgedrückt werden: wobei man sich erinnern muss, wie viel höher bei den Alten der Werth war, der auf Erhaltung der Selbstständigkeit und des eigenen Gemeinwesens gelegt wurde, wie viel empfindlicher also diese Behandlung die unglücklichen Besiegten treffen musste. Wir finden sie aber ferner besonders deutlich in den Massregeln ausgeprägt, die im J. 338 v. Chr. zur Sicherung der Herrschaft über die Latiner getroffen wurden, mit denen Rom gewissermassen das Princip aufgestellt hat, auf dem es nachher seine Weltherrschaft systematisch aufgebaut hat.*) Nachdem in diesem Jahre die Latiner vollständig besiegt worden sind: so beschliesst der Senat bekanntlich, dass einige wenige Städte (dem Namen nach) in

---

*) Wir erlauben uns hierüber auf zwei Abhandlungen in der Zeitschrift für Alterthumswissenschaft (Das Verhältniss Roms zu den besiegten italischen Städten und Völkern, 1844. Nr. 25 — 28, und Das organische Gesetz der Entwickelung der röm. Weltherrschaft, 1846. Nr. 75 — 77) Bezug zu nehmen, in denen wir uns über das Obige ausführlich ausgesprochen haben.

dem bisherigen Verhältniss der Bundesgenossenschaft mit Rom
bleiben, aber einen Theil ihres Grundbesitzes verlieren und
durch das Verbot jeglichen Verkehrs unter einander (des *conubium* und *commercium*) vereinzelt und ausser Stand gesetzt
werden sollen, sich irgend wie frei zu bewegen und namentlich sich gegen Rom zu vereinigen, und dass die übrigen
unter verschiedenen Modifikationen jenes römische Bürgerrecht
ohne Stimmrecht erhalten, d. h. zu unfreien Unterthanen Roms
gemacht werden sollen: wodurch den Latinern im Wesentlichen dasselbe widerfuhr, was im J. 167 den besiegten Macedoniern zugefügt wurde und worüber diese mit so vollem
Rechte klagten, dass sie wie Leiber in Stücke gerissen und
somit der Bedingungen des Lebens beraubt würden.*)

Wenn hierbei das eigentliche Blutvergiessen vermieden
wurde, weil man es entbehrlich fand, so scheuten sich die
Römer doch auch vor diesem nicht, sobald es räthlich schien.
Wir verweisen desshalb auf das Beispiel von Capua. Nachdem dieses (es war bekanntlich die reichste und bevölkertste
Stadt Italiens und nächst Rom auch die mächtigste) im J. 216
von Rom abgefallen und darauf im J. 211 durch die belagernden Consuln zur Ergebung gezwungen worden war: so
wurden die Senatoren, so viele ihrer nicht in richtiger Erkenntniss der römischen Grausamkeit und des ihnen durch
diese bevorstehenden Schicksals sich vorher den Tod gegeben
hatten, entweder alle oder doch zum grösseren Theil (die
Worte des Livius geben uns hierüber keine volle Gewissheit)
in jener oben beschriebenen Weise hingerichtet, von den übrigen Bürgern wurde eine nicht geringe Zahl in die Sclaverei
verkauft oder in Ketten geworfen und alle diejenigen, die
nicht hiervon betroffen wurden, hier und dort, nur mit Ausnahme der dienenden Klasse, in grösserer oder geringerer
Entfernung von Capua und unter mehr oder weniger harten
Bedingungen angesiedelt, Stadt und Gebiet aber von den Römern in Besitz genommen. Erstere, die Stadt, sank dadurch

---

*) s. Liv. XLV, 30: *regionatim commerciis interruptis ita videri lacerata tanquam animalia in artus alterum alterius indigentes distracta.*

zu einem blossen Dorf herab, zu einem Wohnort von Ackerbauern, wie es Livius (XXVI, 6,7)˙ ausdrückt, oder zu einem leeren Namen, wie es bei Cicero (*de leg. agr.* I. §. 19) heisst, dessen Worte es verdienen mitgetheilt zu werden, theils weil sie dieses Schicksal der Stadt recht deutlich ausdrücken, theils weil darin bezeugt ist, dass diese Verfügung über die Stadt eine berechnete war. Sie lauten: *Maiores nostri Capua magistratus, senatum, consilium commune, omnia denique insignia reipublicae sustulerunt neque aliud quidquam nisi inane nomen Capuae reliquerunt, non crudelitate (quid enim illis fuit clementius, qui etiam externis hostibus victis sua saepissime reddiderunt) sed consilio.* Als ein anderes Beispiel verdienen noch die Bruttier erwähnt zu werden, die nach Beendigung des zweiten punischen Kriegs wegen ihres Anschlusses an Hannibal zu einer Art Heloten d. h. zu Staatssclaven gemacht wurden, *c. Fest. s. v. Bruttiani, p.* 31 *ed. Müll.*, Gell. X, 3, 19.

Es liegt nun aber ferner in der Natur der Sache, dass diese Grausamkeit einem Volke, welches sie nicht in seinem, sondern im Interesse des Staates verübte und welches gegen sich selbst die grösste Härte bewies, nicht als solche und überhaupt nicht als etwas Verwerfliches, sondern vielmehr als etwas Nothwendiges und Rühmliches erschien und sich daher in der eigenen Vorstellung leicht sogar mit einem gewissen glänzenden Schein von Milde und Grossmuth umkleidete. Daher kommt es, dass durch eine völlige Verschiebung der Begriffe jenes Bürgerrecht ohne Stimm- und Ehrenrecht als eine Wohlthat für diejenigen, denen es verliehen wurde, und als ein Beweis von Milde und Grossmuth von Seiten der Verleiher angesehen und in dieser Weise bis auf die spätesten Zeiten in den Geschichtsbüchern dargestellt wurde, daher, dass auch die Massregeln des J. 338, durch die das Volk der Latiner als solches vernichtet wird, in gleichem Sinne aufgefasst und dargestellt werden (Liv. VIII, 13, 16 ff.), und dass man sogar bei Gelegenheit der furchtbaren Grausamkeit gegen Capua im J. 211 noch einen Grund fand, um die römische Milde zu rühmen, weil nämlich nicht zugleich auch die Häuser und Mauern zerstört wurden, obgleich, wie man sich erinnern wird, die Capuaner selbst daraus vertrieben wurden und die Erhaltung also nicht im Interesse der Capuaner, sondern der Römer selbst geschah. Man verschonte, so sagt Livius (XXVI, 16, 11), die unschuldigen Häuser und Mauern, womit man sich neben dem Nutzen zugleich bei den Bundesgenossen den Ruhm der Milde erwarb, indem man eine so berühmte und reiche Stadt bestehen liess, über deren Zerstörung ganz Campanien und die umwohnenden Völker geseufzt haben würden.

Eben daher kommt es auch, dass bei den Römern von den ältesten bis in die spätesten Zeiten herab auch diejenigen Unterthanen, denen das ungünstigste Loos völliger Unfreiheit gefallen war, unter dem Namen von Bundesgenossen *(socii)* zusammengefasst werden,*) dass demgemäss die langen erbitterten Kämpfe mit den italischen Völkern, die deren völlige Unterwerfung herbeiführten, in der römischen Tradition immer dem Namen nach mit einem *foedus aequum* enden,**) und dass auch im Uebrigen in dem römischen Staatsrecht die härtesten Dinge mit den mildesten wohlklingendsten Namen bezeichnet werden. Wir erinnern in dieser Hinsicht nur an die sogenannte Freundschaft des römischen Volks, unter deren Namen über auswärtige Könige und Fürsten die drückendste Abhängigkeit verhängt zu werden pflegte, und an die Bedeutung der Formel: sich dem Schutze des römischen Volks anvertrauen *(se in fidem Romanorum* oder *fidei populi R. permittere)*, worunter der Römer nichts Anderes verstand als sich der Botmässigkeit des römischen Volkes unbedingt unterwerfen: eine Formel, die wir besonders desswegen hervorheben, weil sie zufällig durch eine von Polybius (XX, 9—10) und von Livius (XXXVI, 27—28) erzählte Anekdote besonders deut-

---

*) Eine hinreichende Menge der schlagendsten Beispiele hierfür findet sich gesammelt bei D u k e r zu Liv. XLI, 6, 12.

**) So z. B. der mit den Sabinern im J. 304, Liv. IX, 45, die dagegen von Dionys von Halikarnass (Exc. p. 2331. R.) mit vollstem Recht ἐπίταγμα genannt werden.

lich illustrirt wird. Als nämlich die ätolischen Gesandten im J. 191 sich auf Anrathen der Römer mit dieser Formel dem römischen Schutze anvertrauen: so lässt der Consul Acilius Glabrio, als sie nicht sogleich auf eine unbillige und, wie es scheint, unausführbare Forderung desselben eingehen, Ketten bringen und sie ihnen um den Hals legen,*) um ihnen deutlich zu machen, was es damit zu bedeuten habe.

Bei dieser Anlage und Richtung des Charakters der Römer wird man sich aber überhaupt nicht wundern, wenn sich bei ihnen im Allgemeinen ein gewisses Uebermass von Selbstgefühl und eine überwiegende Neigung zur Verherrlichung der eigenen Nation und ihrer grossen Männer und sogar zum Selbstlob entwickelt. Es ist auch bei Beobachtung einzelner Menschen zu bemerken, dass gerade diejenigen Naturen, welche mit einer gewissen Selbstaufopferung nur für eine ihnen irgend wie von Aussen gegebene Pflicht leben, sich vorzugsweise ein besonders lebhaftes Bewusstsein ihres Werthes anzueignen und dasselbe auch, mehr oder minder unverhüllt, zur Schau zu tragen pflegen, gewissermassen zum Ersatz für das, was sie durch Nichtbefriedigung der eigenen inneren Bedürfnisse ihres Geistes und durch die hieraus folgende Unvollständigkeit der Entwickelung ihres individuellen Wesens entbehren. Wie viel mehr musste diess bei dem römischen Volke der Fall sein, von dem man sagen kann, dass es Alles, in dem sich sonst ein Volk vorzugsweise auszuleben und Freude und Genuss zu suchen pflegt, dass es namentlich Kunst und Poesie für die Grösse des Staates dahin gegeben habe, und bei dem Jeder Familienleben und allseitige Ausbildung des Geistes wenigstens zum grossen Theile der Arbeit für das Ganze zum Opfer brachte. Dass übrigens dieses starke Selbstgefühl und diese Neigung zum Selbstlob bei den Römern wirklich vorhanden war, ist zu deutlich in ihrer gan-

---

*) Dieses Letztere, also die Ausführung der Drohung, hat Livius, wie es scheint, aus Schonung weggelassen, während Polybius, aus dem er im Uebrigen geschöpft hat, es ausdrücklich berichtet.

zen Geschichte und Litteratur ausgeprägt, als dass es besonderer Beläge dafür bedürfte.

Diess Alles sind die Keime dessen, was den Gegenstand gegenwärtiger Abhandlung bilden soll. Aus ihnen hat sich seit dem Ende des zweiten punischen Krieges dasjenige entwickelt, was wir oben die Macchiavellistische Politik genannt haben.

Bis dahin hatten jene Eigenschaften sich in ganz natürlicher, unbewusster Weise geäussert. Sie hatten daher der Kraft und Geradheit des Handelns keinen Eintrag gethan, vielmehr Beides wesentlich gesteigert, wie es denn diese Eigenschaften nicht am wenigsten sind, welche dem römischen Volke den Trieb und die Fähigkeit zur Erlangung der Weltherrschaft verliehen haben. Seit jener Zeit ändert sich diess aber, und zwar abgesehen von den in der allgemeinen Entartung der Zeit liegenden Gründen, hauptsächlich in Folge des Umstandes, dass auf der einen Seite die Leitung der auswärtigen Politik, je mehr der Staat an Ausdehnung gewann, sich um so mehr in der Hand des Senates vereinigte, da das Volk ausser Stand war, das immer umfassender und zusammengesetzter werdende Gewebe derselben zu überschauen und zu verfolgen, und dass auf der andern Seite gleichwohl die Entscheidung einer auswärtigen Frage durch den Krieg von der Genehmigung des souveränen Volks abhing.

Ein Senat, der auf die Berathung beschränkt und als Corporation von dem Handeln ausgeschlossen ist, wird der Natur der Sache nach seine Stärke gewöhnlich in dem suchen, worauf er ausschliesslich angewiesen ist, also in der politischen Klugheit, und zwar um so mehr, wenn er, wie es in Rom der Fall war, zum grösseren Theil aus älteren Männern besteht. Diess schliesst von selbst die Gefahr in sich, dass die Klugheit in List und Intrigue ausarte, eine Gefahr, welcher, wie die Geschichte lehrt, derartige geschlossene, privilegirte Corporationen überall ausgesetzt sind. Man findet nach und nach ein Vergnügen und eine Befriedigung darin, Andere zu überlisten und mit anscheinend geringen Opfern grosse Ergebnisse zu erreichen.

Nun hatte aber der römische Senat noch eine besondere
Aufforderung hierzu, sofern, wie gesagt, kein Krieg ohne
Genehmigung des Volks erklärt werden konnte; ein Umstand,
der in dem Masse immer mehr an Gewicht gewann, als die
Kriege langwieriger wurden und in weit entfernten Ländern
zu führen waren. Denn noch immer und noch auf lange Zeit
hinaus wurden die römischen Heere aus Bürgern gebildet, die
demnach die Kosten der Kriege mit ihrem eigenen Blute
bezahlen mussten und in Folge davon hinsichtlich der Kriegserklärungen nach und nach schwieriger wurden. Unmittelbar
nach dem zweiten punischen Kriege machte der Senat die
Erfahrung, dass das Volk seine Genehmigung zu dem Kriege
mit dem König Philipp von Macedonien verweigerte und sie
sich endlich nur mit grosser Mühe abgewinnen liess. Musste
er hierin nicht eine Warnung und eine Erinnerung finden,
dass er hinfort die auswärtigen Angelegenheiten so viel als
irgend möglich mit der Waffe, die ihm allein zur völlig freien
Verfügung stand, mit der Waffe der politischen Klugheit zu
führen habe?

So kam es, unter Mitwirkung der beginnenden allgemeinen Entartung, in Folge deren die alte Ehrlichkeit und Ein-
fachheit immer mehr aus dem römischen Volke schwand, dass
List und Unredlichkeit in der Führung der öffentlichen Angelegenheiten immer herrschender wurden, dass man sich immer
weniger vor unehrenhaften Mitteln zur Befriedigung der
Herrschsucht scheute, dass man z. B. den Fürsten und Völkern, die man verderben wollte, absichtlich falsche Vorspie-
gelungen machte, dass man unter ihnen die Zwietracht nährte,
dass man sich Parteien unter ihnen machte (in der Regel
waren es die aristokratischen Parteien, die sich zum Dienste
der Römer hergaben;) *) dass man ihnen dienstbare und dienst-
beflissene Könige an die Seite setzte, um sie zu beobachten,

---

*) Livius drückt diess als Römer so aus (XLII, 30): *in liberis
gentibus populisque plebs ubique omnis ferme, ut solet, deterioris (senten-
tiae) erat ad regem Macedonasque inclinata: principum diversa cernerxs
studia.*

zu schwächen und zu drücken und, wenn es den Herren in
Rom an der Zeit schien, sie zum Kriege zu reizen*) u. drgl. m.,
dass man aber dabei nicht minder fortfuhr, Alles, was man
that, auch das Schlechteste und Grausamste, in das glänzende
Gewand der Grossmuth und Milde zu kleiden, obgleich man
sich jetzt des Gegentheils sehr wohl bewusst war.

Die Geschichte hat uns einen Vorgang überliefert, in
dem uns diese neue Richtung zwar noch im Kampfe mit der
alten Ehrlichkeit, aber bereits entschieden siegreich mit besonderer Deutlichkeit entgegentritt. Als im Jahre 171 einer der
angesehensten Männer der damaligen Zeit, Q. Marcius Philippus, als Gesandter jene hinterlistige und trügerische Politik
in besonders auffallender Weise geübt hatte, indem er den
König Perseus durch vorgespiegelte Friedenshoffnungen täuschte,
und sich nachher im Senat seiner Klugheit öffentlich rühmte:
so gab es zwar noch eine kleine Anzahl altväterisch gesinnter Männer (*veteres et antiqui moris memores*, wie Livius sie
nennt), die diess missbilligten, von der Mehrzahl aber wurde
der dadurch gewonnene Vortheil bestens acceptirt.**) Seitdem hören wir nur vereinzelte Stimmen, die sich gegen diese
„neue Weisheit," obwohl immer fruchtlos erklären, wie z. B.
die des älteren Cato.

---

*) Tacitus hat dieses Kunststück wohl gekannt und durchschaut.
Er sagt (Agr. 14): *vetere ac iam pridem recepta populi Romani consuetudine, ut haberet instrumenta servitutis et reges.*

**) Folgende Stellen aus dem Berichte des Livius (XLII, 47)
verdienen es als für den ganzen Vorgang charakteristisch hier hervorgehoben zu werden: *Marcius et Atilius Romam cum venissent, legationem in
Capitolio ita renuntiarunt, ut nulla re magis gloriarentur quam decepto per
indutias et spem pacis rege. — Veteres et antiqui moris memores negabant se in ea legatione Romanas agnoscere artes: non per insidias et nocturna
proelia, nec simulatam fugam improvisosque ad incautum hostem reditus,
nec ut astu magis quam vera virtute gloriarentur, bella maiores gessisse. —
Haec seniores, quibus nova ea minus placebat sapientia. Vicit tamen ea
pars senatus, cui potior utilis quam honesti cura erat, ut comprobaretur
prior legatio Marcii et eodem rursus in Graeciam cum quinqueremibus remitteretur iuberetur que cetera, uti e re publica maxime visum esset, agere.*

Es schliesst diese Hinterlist, durch welche Knechtschaft und Elend aller Art über die auswärtigen Völker gebracht wird, neben ihrer sonstigen sittlichen Verwerflichkeit auch zugleich ein hinreichendes Mass von Grausamkeit in sich, sie ist gewissermassen nur ein neuer Zweig, den jene ursprüngliche in dem Wesen der Römer liegende Grausamkeit im Verlauf der Zeit vermöge besonderer begünstigender Umstände trieb. Wir werden aber sehen, dass daneben auch die nackte, unter der Form von Blutvergiessen und gewaltsamer Zerstörung auftretende Grausamkeit nicht verschwindet, nur dass sie noch mehr als früher mit Berechnung und einer gewissen Vorsicht aufzutreten pflegt, ohne indess dadurch irgend etwas von ihrer Furchtbarkeit und Verabscheuungswürdigkeit zu verlieren.

Indem wir uns nun aber nach diesen allgemeinen Betrachtungen zu unserem eigentlichen Gegenstande, zur Darstellung der römischen auswärtigen Politik selbst, wenden, so wird es keiner besonderen Erinnerung bedürfen, dass wir dabei auf Polybius und Livius als Quellenschriftsteller angewiesen sind, auf letzteren hauptsächlich insoweit, als er uns für diejenigen Partieen, für welche uns Polybius verloren ist, als Stellvertreter desselben zu dienen hat. Und eben so wenig werden wir darauf zurückzukommen haben, dass wir in diesen Schriftstellern Quellen von einer nicht gewöhnlichen Klarheit besitzen, auch in Livius, wenigstens so weit derselbe dem Polybius gefolgt ist.[*]) Nur das Eine glauben wir noch besonders hervorheben zu müssen, dass Beide gerade für dasjenige, was auf die Römer ein ungünstiges Licht wirft, besonders glaubwürdige Zeugen sind. Es ist bekannt, dass Polybius der lebhafteste Bewunderer der Römer ist, der also gewiss nichts erzählen wird, was ihnen nachtheilig ist, wenn er es nicht nach sorgfältiger Prüfung für wahr hält. Livius aber ist sogar nicht von dem Vorwurf freizusprechen (der indess seine Glaubwürdigkeit für unseren Zweck selbstverständlich

---

*) s. o. S. 27 Anm.

nur noch höher stellen kann), dass er bei seiner Benutzung des Polybius manches seinen Landsleuten Nachtheilige absichtlich weggelassen oder doch gemildert hat, wofür wir im Verlauf unserer Darstellung mehrere Belege anzuführen haben werden. *)

Wir beginnen mit dem Verfahren der Römer gegen Karthago. **)

In dem Frieden, durch welchen der zweite punische Krieg beendigt wurde, war bestimmt, dass die Karthager ausser Afrika überhaupt keinen Krieg anfangen sollten, in Afrika nicht ohne Zustimmung der Römer, Pol. XV, 18, oder, wie Letzteres von Livius (XLII, 23) und Appian (Lib. 54) ausgedrückt wird, nicht mit einem Bundesgenossen der Römer; wodurch die Karthager bereits so gut wie an Händen und Füssen gefesselt waren (*illigati*, Liv. a. a. O.), zumal da gleichzeitig ihre Flotte vernichtet und ihnen verboten wurde, Elephanten zu halten, Pol. a. a. O. Ausserdem wurde ihnen in dem König Masinissa ein Beobachter und Dränger an die Seite gesetzt, der um seiner Selbsterhaltung willen ganz von den Römern abhängig war und den man auf der einen Seite durch jene Beschränkung der Karthager vor jeder Gefahr sicher stellte, während man auf der andern Seite dafür sorgte, dass es ihm nicht an einer besonderen Aufforderung fehlte, immer neue Ansprüche gegen seine alten Feinde zu erheben und ihnen immer neue Verluste und Kränkungen zuzufügen. Man nahm nämlich in das Friedensinstrument auch noch die Bestimmung auf, dass die Karthager dem Masinissa innerhalb gewisser erst noch festzustellender Grenzen Alles zurückgeben sollten, was ihm oder seinen Vorfahren jemals gehört hatte, Pol. ebend. Ja im J. 200 liessen ihm die Römer sogar noch

---

*) Einstweilen erlauben wir uns auf Nitzsch, Polybius, S. 108 u. 131 zu verweisen, wo man einige Beispiele der Art finden wird. Vgl. auch Soeltl, T. Livius in seiner Geschichte. München 1832. 4.

**) Wir halten es für nöthig zu bemerken, dass dieses Verfahren von H. M. (Bd. I. S. 666. Bd. II. S. 22 ff.) im Ganzen richtig beurtheilt wird.

durch eine Gesandtschaft ausdrücklich verkündigen, dass man ihn seinem Verdienste gemäss aufs Nachdrücklichste unterstützen werde, wenn er zur Stärkung und Vergrösserung seines Reichs noch irgend etwas zu bedürfen glaube, Livius XXXI, 11.*)

Nicht leicht hat sich das „Wehe den Besiegten" jemals mehr bewahrheitet, als in den unablässigen, berechneten Quälereien, die sich für die unglücklichen Karthager an diese Friedensbedingungen knüpften.

Schon im J. 193 kommen karthagische Gesandte nach Rom, um über Masinissa Beschwerde zu führen, s. Livius XXXIV, 62, vgl. Pol. XXXII, 2. Derselbe hatte sein Augenmerk zunächst auf die reiche und fruchtbare Landschaft geworfen, welche um die kleine Syrte herum lag und wegen der zahlreichen wohlhabenden Handelsplätze, die sie enthielt, den Namen Emporia führte.**) Er hatte sich zum Herrn

---

*) *Si quid ei ad firmandum augendumque regnum opus esse indicasset, enixe id populum Romanum merito eius praestaturum.*

**) Die Hauptstellen über diese Landschaft sind Pol. XXXII, 2: Μασσανάσσης θεωρῶν τὸ πλῆθος τῶν πόλεων τῶν περὶ τὴν μικρὰν Σύρτιν ἐκτισμένων καὶ τὸ κάλλος τῆς χώρας ἣν καλοῦσιν Ἐμπόρια καὶ πάλαι τὸ πλῆθος τῶν προσόδων τῶν γιγνομένων ἐν τούτοις τοῖς τόποις ὀφθαλμιῶν —, und Liv. a. a. O.: *Emporia vocant eam regionem: ora est minoris Syrtis et agri uberis; una civitas eius Leptis; ea singula in dies talenta vectigal Carthaginiensibus dedit.* Wenn indess die kleine Syrte von der Insel Cercina begann und von da, den durch die Einbiegung der Küste gebildeten Meerbusen umfassend, südlich bis zur Insel Meninx reichte, s. Strab. p. 834, so darf man die Emporien, welche den Gegenstand der Eroberungsucht des Masinissa bildeten, nicht auf diesen Umfang beschränken, da nach Livius auch Leptis dazu gehörte und dieses nur das weit südlicher gelegene Grossleptis sein kann; denn Kleinleptis liegt theils viel zu nördlich theils ist es auch zu klein, um täglich ein Talent Steuern zu bezahlen (vgl. Movers, Phönizier, Bd. 2. Th. 2. S. 473). Auch ist es nicht wahrscheinlich, dass Masinissa die südlich von Meninx gelegenen Besitzungen der Karthager, deren Gebiet sich bekanntlich bis in die Gegend des heutigen Tripoli erstreckte, unangetastet gelassen haben sollte; vielmehr ist anzunehmen, dass er zunächst seine Pläne auf den ganzen Süden oder richtiger Südosten des karthagischen Gebiets richtete, um dann, wie wir an einer

des offenen Landes gemacht und sich auch bereits einige Städte unterworfen, während die übrigen Städte von den Karthagern mit äusserster Anstrengung behauptet wurden. Diess war der Gegenstand der Klage der Karthager. Sie machten geltend, dass die Landschaft unzweifelhaft ihnen gehöre und ihr Besitzrecht bei einer früheren Gelegenheit von Masinissa selbst anerkannt worden sei. Die Gesandten des Masinissa aber entgegneten, dass die Karthager eigentlich auf nichts Anspruch hätten als was einst, nach der bekannten Sage, die tyrischen Colonisten mit der zerschnittenen Ochsenhaut umspannt hätten. Hierauf schickten die Römer Gesandte an Ort und Stelle, die indess den Streit unentschieden und folglich den Masinissa im Besitz liessen, ohne Zweifel weil sie diess zweckmässiger und ihrem Interesse entsprechender fanden.*)

Im J. 184 hören wir wieder, dass römische Gesandte in Afrika sind wegen eines neuen Streites zwischen den Karthagern und ihrem Dränger, Liv. XL, 17. Das Gebiet, welches Masinissa den Karthagern entrissen hatte, wird nicht näher bezeichnet; jedenfalls aber war es wieder ein Stück der Emporien. Masinissa nahm es in Anspruch, weil es angeblich sein Vater besessen hatte. Auch diessmal gaben die Gesand-

---

späteren Stelle sehen werden, auch den westlichen Theil davon abzureissen.

*) Livius drückt sich darüber in seiner halb freien, halb befangenen Weise so aus: *Suspensa omnia neutro inclinatis sententiis reliquere (legati). Id utrum sua sponte fecerint an quia mandatum ita fuerit, non tam certum est quam videtur tempori aptum fuisse integro certamine eos relinqui: nam ni ita esset, unus Scipio vel notitia rei vel auctoritate ita de utrisque meritus finire mutu disceptationem potuisset.* [Nach Livius a. a. O. §. 10 wären, im Widerspruch mit Polybius, die Grenzen des karthagischen Gebiets — entweder sogleich beim Friedensschluss oder nachher — und zwar durch Scipio selbst festgestellt worden. Hierdurch würde sich die obige Darstellung einigermassen modificiren, jedoch nicht zum Vortheil der Römer, da es in diesem Falle für sie um so schmachvoller gewesen wäre, wenn sie die Streitigkeiten zwischen Masinissa und Karthago nicht sogleich geschlichtet hätten, und wenn diess namentlich Scipio, der Urheber der desshalbigen Bestimmungen, nicht sogleich gethan hätte.]

ten keine Entscheidung, d. h. sie liessen den Masinissa im Besitz, wie hier ausdrücklich bemerkt wird (*possessionis ius non mutarunt*, Liv. a. a. O.). Wenn zwei Jahre später berichtet wird, dass die Römer den Frieden zwischen Masinissa und den Karthagern wieder hergestellt hätten, Liv. XL, 34, so heisst diess jedenfalls, dass dem Masinissa das geraubte Gebiet nunmehr von den Römern ausdrücklich bestätigt wurde.

Indess begnügte sich Masinissa auch hiermit nicht, sondern griff immer weiter. Im J. 172 kommen daher wieder Gesandte nach Rom, um sich zu beschweren, dass ihnen Masinissa in den letzten zwei Jahren mehr als 70 Städte und Burgen (*oppida castellaque*) entrissen habe, Liv. XLII, 23—24. Sie bitten, die Römer möchten den Rechtsstreit schlichten oder ihnen selbst erlauben, sich mit den Waffen zu helfen, oder auch dem Masinissa geben, was ihnen gut dünkte, um nur die Sache zum Ende zu bringen und ihnen Ruhe zu verschaffen. Auf den Knieen liegend versichern sie unter Thränen, dass sie ihre jetzige Lage nicht länger ertragen könnten, dass sie es vorziehen würden, einmal unterzugehen, statt unter der Botmässigkeit ihres grausamen Quälers ein trauriges und ehrloses Leben hinzufristen. Der Sohn des Masinissa, Gulussa, der auf die Kunde von der Gesandtschaft der Karthager ebenfalls nach Rom geeilt ist, erklärt im Senat, dass er wegen dieser Beschwerden ohne Auftrag von seinem Vater sei, worauf der Senat ihn anweist, seinem Vater Nachricht zu geben und ihn zu veranlassen, dass er Gesandte schicke, um sich zu verantworten. Es wird also zunächst Zeit gewonnen, während deren Masinissa einstweilen im Besitz bleibt. Zwar werden auch bei dieser Gelegenheit vom Senate die schönen Worte nicht gespart. Man sei bereit, dem Masinissa jede Gunst zu gewähren, wie man schon bisher gethan habe: aber das Recht müsse aufrecht erhalten werden, und was den Karthagern nach ihrer Besiegung eingeräumt worden, das müsse ihnen verbleiben. Indess werden wir sogleich hören, dass die Karthager gleichwohl ihr Recht nicht erhielten.

Wir besitzen nämlich glücklicher Weise noch ein Fragment des Polybius (XXXII, 2), welches uns hierüber eine wenn auch nur summarische, so doch für unsern Zweck vollkommen ausreichende Auskunft giebt. In diesem Fragment giebt uns Polybius zuerst eine, mit Obigem übereinstimmende Uebersicht über die bisherigen Vorgänge und fügt dann hinzu (das Fragment gehört in das J. 161): Nachdem von beiden Seiten wiederholt Gesandte an den römischen Senat geschickt worden, wobei die Karthager immer im Nachtheil geblieben, nicht weil sie Unrecht gehabt, sondern weil die Richter es so in ihrem Interesse gefunden:*) so seien die Karthager endlich gezwungen worden, nicht nur die Städte und das Gebiet (der Emporien) abzutreten, sondern auch noch dem Masinissa 500 Talente als Entschädigung für den Ertrag des Landes während der Zeit des Streites zu zahlen.

Es verdient noch bemerkt zu werden, dass Polybius diese Entscheidung durch die Zeitumstände, wie sie sich damals gestaltet hatten, motivirt.**) Es war diess nämlich die Zeit, wo nach der Besiegung des Perseus die Römer überhaupt die nach manchen Seiten hin genommenen Rücksichten fallen liessen. So also auch den Karthagern gegenüber. Bisher waren ihnen die Ungerechtigkeiten langsam und zögernd und, wie wir oben beim J. 172 gesehen haben, noch mit einigem Aufwand von schönen Worten zugefügt worden; jetzt wurde entschieden und ohne alle Rücksicht gegen sie vorgeschritten.

Freilich wurden diese Begünstigungen dem Masinissa nicht ohne die Gegenleistungen gewährt, um derentwillen man ihn überhaupt zu Grösse und Macht erhoben hatte, also nicht ohne dass er seinen Auftrag als Aufpasser mit unermüdlichem Diensteifer erfüllte, und nicht ohne dass er seinen Herren, den Römern, den gebührenden Tribut an Devotion und Schmeicheleien darbrachte. Auch diese Seite des Bildes verdient es, dass wir sie noch mit einigen Pinselstrichen ausmalen.

---

*) Die Worte des Polybius lauten: οὐ τῷ δικαίῳ ἀλλὰ τῷ πεπεῖσθαι τοὺς κρίνοντας συμφέρειν σφίσι τὴν τοιαύτην γνώμην.

**) Sie wird nach ihm διὰ τοὺς νῦν λεγομένους καιροὺς getroffen.

Als im J. 193 der Tyrier Aristo im Auftrag des Hannibal in Karthago einen Versuch gemacht hatte, für den Anschluss an Antiochus und für die Erneuerung des Kriegs gegen Rom zu agitiren, und als der karthagische Senat eine Gesandtschaft nach Rom geschickt hatte, um sich desshalb zu rechtfertigen, obgleich er nichts verbrochen, sich vielmehr höchst loyal benommen hatte: so unterliess Masinissa nicht, ebenfalls Gesandte dahin zu schicken, die eines Theils seine eigenen Ungerechtigkeiten gegen die Karthager beschönigen, andern Theils (wie man sieht, in genauem Zusammenhang damit) die Karthager verleumden und sie in jener Angelegenheit verdächtigen sollten. Liv. XXXIV, 62.*)

Wenn wir im J. 174 zu der Zeit, wo Perseus für den beabsichtigten Krieg mit Rom überall Bundesgenossen zu werben suchte, römische Gesandte in Afrika finden, um an Ort und Stelle gegen die Karthager zu inquiriren, Liv. XLI, 22: so ist diess wahrscheinlich auch das Werk des Masinissa. Jedenfalls aber war er es, der den Gesandten bei ihrer Inquisition überall hülfreiche Hand leistete, zu dem sich die Gesandten zuerst begaben und der sie mit allen gewünschten Notizen versah, so dass die Nachrichten, die sie nach Rom zurückbrachten, schliesslich, wie Livius sich naiver Weise ausdrückt, mehr auf den Denunciationen des Masinissa als auf Erkundigungen in Karthago selbst beruhten.**)

Als der Krieg mit Perseus bereits ausgebrochen ist, so kommt im J. 171 Gulussa wieder nach Rom, von dem wir oben gehört haben, dass er sich im J. 172 wegen der Anklagen der Karthager damit entschuldigte, dass er in dieser Angelegenheit keinen Auftrag habe. Wahrscheinlich ist er jetzt der Weisung der Römer gemäss gekommen, um die Vertheidigung zu führen. Er beginnt aber seine Rede mit der Denunciation, dass die Karthager den Beschluss gefasst hätten,

---

*) Die Worte des Livius lauten: *qui et illa (crimina) onerarent suspicionibus et de iure vectigalium disceptarent.*

**) *Ceterum certius aliquanto, quae Carthagine acta essent, ab rege rescierunt quam ab ipsis Carthaginiensibus.*

eine grosse Flotte zu bauen, wahrscheinlich nicht um sie
gegen Perseus, wie sie vorgäben, sondern um sie gegen die
Römer zu gebrauchen, und es ist wohl anzunehmen, dass
diess das wirksamste Argument für die Römer war, um den
Masinissa frei zu sprechen. Liv. XLIII, 3.

Für die niedrige Schmeichelei des Masinissa dürfte folgender Vorgang das deutlichste Beispiel bieten.

Nach glücklicher Beendigung des Kriegs mit Perseus
kam, wie Livius (XLV, 13) erzählt, Masgaba, ein anderer
Sohn des Masinissa, nach Rom, um die Glückwünsche seines
Vaters zu dem gewonnenen Siege darzubringen. Er erwähnt
in der vor dem Senat gehaltenen Rede zuerst die Unterstützungen an Reiterei und Fussvolk, an Getreide und Elephanten, die sein Vater den Römern während des Kriegs geschickt habe, und fügt dann hinzu: Zweierlei habe seinem
Vater dabei zur Beschämung gereicht, erstens, dass der Senat
diese Sendungen erbeten und nicht vielmehr befohlen, und
zweitens, dass er das Getreide bezahlt hätte. Sein Vater
wisse sehr wohl, dass er den Besitz und die Vergrösserung
seines Reichs nur dem römischen Volke verdanke; ihm gebühre daher nur der Niessbrauch, den Römern dagegen die
eigentliche Herrschaft, und diese hätten zu nehmen, nicht zu
bitten und zu bezahlen; ihm genüge, was die Römer übrig
liessen. Und diese Rede war dem Senate, zum Beweise wie
sehr er bereits an solche Huldigungen gewöhnt war, so angenehm und wurde von ihm mit solchem Wohlgefallen aufgenommen, dass er sie mit der gnädigsten Antwort erwiderte
und den Redner selbst durch die reichsten Geschenke und
durch ungewöhnliche Ehrenbezeigungen auszeichnete. Und
zwar geschah diess, weil der junge Mann, wie Livius es mit
einer sehr gewählten, vielleicht aus der Antwort des Senats
selbst entlehnten Wendung ausdrückt, so gesprochen hatte,
dass er das, was durch seinen Inhalt angenehm war, durch
seine Worte nur um so angenehmer machte.*)

---

*) *ut quae rebus grata erant, gratiora verbis redderet.*

Für die weitere Verfolgung der Schicksale Karthagos nach dem J. 161 sind wir mit Ausnahme der letzten Katastrophe, für welche Polybius wieder einiges besonders Werthvolle bietet, leider hauptsächlich auf Appian angewiesen, bei dem wir auch hier Mancherlei, aber wenig Klares und Zuverlässiges finden. Ausserdem gewähren noch einige kurze Notizen in den Inhaltsangaben der verlorenen Bücher des Livius eine, wenn auch dürftige, so doch bei der sonstigen Dürftigkeit der Quellen sehr erwünschte Aushülfe.

Trotz dieser Unzulänglichkeit der Quellen ist indess doch so viel zu erkennen, erstens dass Masinissa, nachdem er im Südosten durch die Eroberung der Emporien das Gebiet der Karthager aufs Aeusserste eingeengt hatte, sich nach dem Westen wandte und von dort aus bis zum Tusca (j. Zaine), welcher sich in geringer Entfernung vom Bagradas ins Meer ergiesst, und weiter südlich bis zum Bagradas (Medscherda) und, wie es scheint, sogar über denselben erobernd vordrang. Diess geht daraus hervor, dass Appian (Lib. 68) den Gegenstand der jetzigen Angriffe Masinissas „Tyska*) und die grossen Ebenen" nennt, und dass diese letztern, wie aus Polybius (XIV, 7. 8) zu entnehmen ist, am oberen Laufe des Bagradas lagen; ferner daraus, dass die Provinz Afrika, welche nach der Zerstörung von Karthago aus dem Gebiete der Stadt gebildet wurde, wie es zuletzt gewesen war (Sall. Jug. c. 19), sich westlich nur bis zum Tuska erstreckte, s. Plin. N. H. V, 3, 22. 4, 23. Masinissa erreichte durch diese neuen Eroberungen den grossen Vortheil, dass er dadurch sein Reich mit seinen früheren Eroberungen im Südosten in Verbindung setzte; Karthago war nunmehr von ihm ringsherum eingeschlossen.**)

---

*) Appian nennt Tyska eine Landschaft ($\chi\omega\rho\alpha$), vielleicht weil auch die Gegend um den Fluss den gleichen Namen führte, vielleicht auch aus Nachlässigkeit.

**) Die obigen Vorgänge sind in Bezug auf den Fortschritt Masinissas und die Lage des neu eroberten Gebiets im Wesentlichen eben so aufgefasst und dargestellt von Mannert, Geogr. der Gr. u. R., Bd. 10.

Zweitens ist mit nicht geringerer Sicherheit auch diess zu erkennen, dass in Bezug auf diese neuen Uebergriffe des Masinissa die Römer eben so verfuhren, wie vorher bei den Emporien geschehen war. Wir erfahren durch Livius (XLVII), dass im J. 157 wieder Gesandte abgeschickt wurden, um die Gebietsstreitigkeiten zwischen Masinissa und den Karthagern zu schlichten oder, wenn man auf ihre eigentliche Absicht sieht, vielmehr nicht zu schlichten. Es musste sich damals bereits um jene westlichen Gebietstheile handeln, da, wie oben bemerkt, der Streit um die Emporien bereits im J. 161 zu Gunsten des Masinissa erledigt war. Zum J. 153 wird wiederum bei Livius (ebend.) einer römischen Gesandtschaft in der gleichen Angelegenheit mit dem Bemerken gedacht, dass die Gesandten bei ihrer Rückkehr von grossen Seerüstungen der Karthager berichtet hätten. Im folgenden Jahre wird die Nachricht nach Rom gebracht (von wem, ist nicht gesagt), dass ein Enkel des Syphax, Arkobarzanes, ein grosses Heer in dem Gebiet der Karthager, angeblich gegen Masinissa, in Wahrheit aber gegen Rom gesammelt habe. Im J. 151 kommt Gulussa nach Rom, um den Senat auf die von Karthago drohende Kriegsgefahr aufmerksam zu machen. Auf diese beiden (wahrscheinlich aus einer und derselben Quelle fliessenden) Denunciationen werden wieder Gesandtschaften nach Karthago geschickt. Die erste dieser Gesandtschaften verlangt, dass beide Theile ihr die schiedsrichterliche Entscheidung über die Gebietsstreitigkeit übertragen sollten. Masinissa, der dabei, wie sich denken lässt, wenig wagte, war damit einverstanden. Auch der karthagische Senat bequemte sich dazu. Allein das karthagische Volk, durch Gisko aufgereizt, erregte

---

Abth. 2. S. 226, Rudorff, das Ackergesetz des Thorius (Zeitschr. für geschichtl. Rechtsw. Bd. 10.) S. 89, Marquardt, Handb. der röm. Alt., Th. 3. Absch. 1. S. 225 und Mommsen, II. S. 22; Freinsheim (Suppl. Liv. XLVII, 20) dagegen und Schweighaeuser (zu App. a. a. O.) nehmen an, dass Tuska nur ein anderer Name für die Emporien sei; Bötticher (Gesch. der Karth. S. 434) lässt zwar die Lage von Tuska unbestimmt, irrt aber jedenfalls darin, dass er die Besitzergreifung davon in das J. 172 setzt.

einen Aufstand, in dem selbst die römischen Gesandten in
Gefahr kamen, so dass sie sich nur durch die Flucht retten
konnten. Die zweite Gesandtschaft kehrte mit der Bestätigung
der Denunciation des Gulussa und in dessen Begleitung zurück:
worauf der Senat unter Widerspruch des Cato, der den sofortigen Beginn des Kriegs verlangte, den Beschluss fasste,
dass an die Karthager die Forderung gestellt werden sollte,
ihre Schiffe zu verbrennen und ihr Heer zu entlassen, und
dass, wenn diess nicht geschehe, die Consuln des nächsten
Jahres wegen des Kriegs den geeigneten Antrag stellen sollten. Diess sind die wenigen, anscheinend unverfänglichen, anscheinend sogar mehr für die Karthager als für die Römer nachtheiligen Notizen des Livius (XLVII. XLVIII), auf den wir
hier ausschliesslich gewiesen sind.*) Unter ihrer Oberfläche
liegt aber, dass die Karthager während dieser Zeit durch Masinissa eines grossen Theiles ihres Gebiets beraubt und durch
die unablässigen Denunciationen und Inquisitionen aufs Aeusserste gereizt wurden, bis sie es endlich wirklich vorzogen,
unterzugehen, statt dieses qualvolle und ehrlose Dasein länger
zu ertragen. Es ist nicht zu verwundern, dass sich unter
diesen Umständen dem allzunachgiebigen Senate gegenüber
Männer fanden, die auf Krieg hindrängten und zu diesem
Zweck die Leidenschaft des Volks aufriefen,**) und es ist

---

*) Appian, der auch diese Partie mit der gewöhnlichen Flüchtig-
keit und Unklarheit behandelt hat, der z. B. von einem Frieden zwischen
Masinissa und den Karthagern berichtet, der 50 Jahre gedauert haben
soll (Lib. 67), weiss aus dem letzten Jahrzehent vor dem Beginn des
letzten Kriegs nur von einer Gesandtschaft der Römer, die wahrscheinlich mit der Livianischen vom J. 152 zu identificiren ist. Wenigstens
trifft sie mit dieser in dem wesentlichen Zuge zusammen, dass die Römer
sich als Schiedsrichter anboten und dass dieses Anerbieten von Masinissa
angenommen, von den Karthagern aber (Appian macht hier keinen Unterschied zwischen Senat und der demokratischen Partei) abgelehnt wurde.

**) Appian (Lib. 68) nimmt an, dass es in dieser Zeit zu Kar-
thago drei Parteien gegeben habe, eine demokratische, eine römisch-
gesinnte und eine, die sich an Masinissa angeschlossen, und Hr. M. (I.
S. 669) tritt dieser Ansicht bei, indem er es „als die verständigste Idee
unter denen, welche damals die unglückliche Stadt bewegten," bezeichnet,

nicht unwahrscheinlich, dass diess sogar von den Römern beabsichtigt wurde. Es war jetzt für sie die Zeit, wo sie auch sonst Abrechnung hielten und die reifen Früchte lange fortgesetzter diplomatischer Künste durch die völlige Unterwerfung auswärtiger Völker ernteten.

Es bleibt nun noch die letzte Katastrophe Karthagos übrig, die wir nur kurz berühren, da sie bekannt genug ist, die wir aber nicht ganz übergehen dürfen, weil sie eines Theils für die Römer besonders charakteristisch ist und weil wir andern Theils gerade für die Punkte, auf die es vorzugsweise ankommt, nämlich für die dem Krieg unmittelbar vorausgehenden Massregeln der Römer, in den erhaltenen Fragmenten des 36. Buchs des Polybius eine vollkommen glaubwürdige Ueberlieferung haben.

Nachdem sich also die Karthager endlich zum Krieg gegen Masinissa hatten fortreissen lassen, der durch eine ausserordentlich lange Lebensdauer in den Stand gesetzt wurde, seine Rolle gegen die unglückliche Stadt vollständig zu Ende zu spielen: so hatten nun die Römer, was sie schon seit mehreren Jahren gesucht hatten, nämlich einen Vorwand zum Krieg.*) Die Streitkräfte der Karthager wurden von Masinissa völlig aufgerieben, und zwar unter den Augen römischer Gesandten, die, wenn wir dem Appian (Lib. 72) glauben dürfen, den Auftrag hatten den Krieg zu schüren, wenn Masinissa im Vortheil wäre, im andern Falle aber ihn beizulegen. Nun baten die Karthager durch Gesandte in Rom um Verzeihung und um Frieden. Die Gesandten wurden durch

---

„sich an den Masinissa anzuschliessen und aus dem Dränger den Schutzherrn der Phönikier zu machen." Wir halten es indess für völlig undenkbar, dass Masinissa sein Interesse von dem der Römer hätte trennen können, und noch mehr, dass auch nur eine Partei der Karthager eine Aussöhnung mit Masinissa für möglich gehalten haben sollte.

*) Polybius bemerkt ausdrücklich, dass der Krieg von Seiten der Römer längst beschlossen gewesen sei, und dass auch diejenigen, welche gegen den Krieg gewesen, nichts gesucht hätten als einen scheinbaren Grund für die Aussenwelt ($\pi \rho \acute{o} \varphi \alpha \sigma \iota \nu$ $\varepsilon \mathring{v} \sigma \chi \acute{\eta} \mu o \nu \alpha$ $\pi \rho \grave{o} \varsigma$ $\tau o \grave{v} \varsigma$ $\grave{\varepsilon} \varkappa \tau \acute{o} \varsigma$), XXXVI, 1 b.

allerlei Künste dahin gebracht, sich im Namen des karthagischen Volks durch jene feierliche Formel den Römern auf Gnade und Ungnade zu ergeben. Darauf wurde ihnen befohlen, 300 Geisseln und zwar Knaben und Jünglinge aus den vornehmsten Häusern zu stellen und dieselben in Lilybäum abzuliefern, wo sich Flotte und Heer der Römer versammelte. Diese Geisseln wurden gestellt, trotz des Jammers, der dadurch über die ganze Stadt verbreitet wurde. Gleichwohl setzten die Römer ihre Fahrt fort. Sie landeten in Utika, wo wieder karthagische Gesandte erschienen, um zu fragen, ob die Römer noch etwas verlangten. Da wurde ihnen angekündigt, dass sie ihre Waffen und sonstigen Vertheidigungsmittel auszuliefern hätten, und nachdem auch diess geschehen, da man nicht anders voraussetzen konnte, als dass diess der letzte Preis des Friedens sei, so wurde den völlig Wehrlosen endlich eröffnet, dass sie ihre Stadt zerstören und sich in einer Entfernung von 80 Stadien von der Küste anbauen, d. h. alle Bedingungen ihrer Existenz selbst vernichten sollten. Die Verzweiflung schuf den Karthagern Muth und Waffen und Kriegsgeräth. Es kam also zum Krieg, der nicht ohne grosse Verluste an Menschen und namentlich an militärischer Ehre für die Römer geführt wurde, der aber gleichwohl in Folge der römischen Uebermacht zuletzt mit der völligen Vernichtung Karthagos endete, nachdem die Römer während der vierjährigen Dauer desselben bewiesen hatten, dass sie ungefähr in demselben Masse, in welchem ihre politische Virtuosität zugenommen, an militärischer Tüchtigkeit verloren hatten.

Wir wenden uns jetzt von dem Westen nach dem Osten, nach den weiten Länderstrecken, welche einst zu dem Weltreich Alexanders des Grossen gehört hatten. Hier sind es zunächst die Königreiche Macedonien und Syrien nebst Pergamum und Rhodus, welche unsere Aufmerksamkeit auf sich ziehen.

Schon in den nächsten Kriegen mit Philipp von Macedonien und Antiochus von Syrien ist die Hinterlist der Römer nicht zu verkennen. Obgleich beide Könige in dem gleichen

Falle und in gleicher Schuld den Römern gegenüber sind, so bleibt gleichwohl, während gegen Philipp der Krieg erklärt wird, Antiochus nicht nur unangefochten, sondern wird sogar mit besonderer Rücksicht und Freundlichkeit behandelt. Als z. B. der Bundesgenosse der Römer, Attalus von Pergamum, wegen eines Einfalls, den Antiochus in sein Reich gemacht, Beschwerde führt, so wird ihm jede sonstige Hülfe abgeschlagen; man begnügt sich, eine höfliche Gesandtschaft an Antiochus zu schicken, Liv. XXXII, 8. Und als später Antiochus offenbar gegen Rom selbst Rüstungen macht und bereits im Begriff ist sich mit Philipp zu verbinden, so werden auch da noch seine Gesandten freundlich empfangen und gehört, Liv. XXXIII, 19. 20.*) Sobald aber Philipp überwunden und der Friede mit ihm abgeschlossen ist,**) so werden sofort die Feindseligkeiten gegen ihn gerichtet und wird der Krieg mit ihm dadurch herbeigeführt, dass man die Räumung der freien Städte in Asien so wie derjenigen, welche dem Philipp oder Ptolemäus von Aegypten gehört hätten, von ihm fordert, Liv. das. c. 34.***) Pol. XVIII, 30.

Dagegen wird nunmehr, so lange der Krieg mit Antiochus dauert, gegen Philipp mit derselben falschen Freundlichkeit verfahren wie vorher gegen Antiochus. Man schmeichelt ihm mit dem Titel eines Freundes des römischen Volks, den man ihm gewissermassen aufdrängt, Pol. XVIII, 31. Liv.

---

*) An der letzteren Stelle heisst es in Betreff der Gesandten: *comiter auditi dimissique; ut tempus postulabat incerto adhuc adversus Philippum eventu belli.*

**) Dieser Friede wird selbst wieder nur desshalb so beeilt und unter günstigeren Bedingungen gewährt, weil man gegen Antiochus freie Hand zu gewinnen wünscht. Polybius sagt ausdrücklich (XVIII, 22): τὸ συνέχον ἦν τῆς ὁρμῆς τῆς τοῦ Τίτου πρὸς τὰς διαλύσεις, ὅτε ἐπυνθάνετο τὸν Ἀντίοχον ἀπὸ Συρίας ἥκειν μετὰ δυνάμεως ποιούμενον τὴν ὁρμὴν ἐπὶ τὴν Εὐρώπην, und eben so auch, ihm folgend, Liv. XXXIII, 13 extr.

***) Die sehr deutlichen und bezeichnenden Worte des Livius lauten: iis (den Gesandten des Antiochus) — *nihil iam perplexe ut ante, cum dubiae res incolumi Philippo erant, sed aperte denunciatum, ut excederet Asiae urbibus etc.*

XXXIII, 35, man giebt ihm seinen Sohn Demetrius zurück, der als Geissel des Friedens nach Rom geführt worden war, und erlässt ihm den rückständigen Tribut, Pol. XX, 13. Liv. XXXVI, 35. XXXVII, 25, namentlich aber gestattet man ihm, sein Reich weit über die ihm durch den Frieden gesteckten Grenzen zu erweitern und nicht nur Athamanien, Perrhäbien, Aperantia, Dolopia, sondern auch Magnesia mit der wichtigen Stadt Demetrias*) und mehrere griechische Städte an der thracischen Küste, wie Aenos und Maronea, zu erobern, s. Liv. XXXVI, 33. 34. XXXVII, 25. XXXVIII, 32. XXXIX, 24. Aber dieses Verfahren gegen Philipp wird sofort wieder ein anderes, nachdem Antiochus besiegt und sonach die Gefahr einer Vereinigung beider Könige beseitigt ist. Nunmehr werden im J. 185 durch römische Gesandte alle diejenigen, welche Beschwerden gegen Philipp vorzubringen hätten, theils nach Tempe, theils nach Thessalonice geladen. Wie sich denken lässt und wie die Römer mit Bestimmtheit vorhersehen konnten, kommen Alle, die in den letzten Jahren ihre Unabhängigkeit an Philipp verloren hatten, um sie zurück zu verlangen; Philipp selbst erscheint „wie ein Angeklagter" vor dem Richterstuhle der römischen Gesandten, um seine Sache zu führen; das Ergebniss aber ist, dass dem Philipp befohlen wird, alle eroberten Plätze und Landschaften zu räumen, Liv. XXXIX, 25—29. Zwar wird in Thessalonice in Bezug auf die thracischen Städte die letzte Entscheidung durch die Gesandten dem Senat vorbehalten, weil Philipp sich bei dieser Verhandlung besonders gereizt zeigt und

---

*) In Bezug auf Demetrias verdient noch ein Vorgang vom J. 192 als Beweis angeführt zu werden, mit welcher zarten Rücksicht gegen Philipp man damals zu verfahren pflegte. Es handelte sich darum, ob Demetrias sich an Antiochus anschliessen oder der Sache der Römer treu bleiben sollte, und die Stadt war geneigt, das Letztere zu thun, wenn man ihr die Gewissheit geben wollte, dass sie nicht wieder dem Philipp preisgegeben werden würde. So werthvoll aber der Besitz der Stadt für die Römer war, so wagten gleichwohl ihre Gesandten nicht, eine desshalbige Versicherung zu geben, „*ne timorem vanum iis demendo spes incisa Philippum abalienaret,*" Liv. XXXV, 31.

die Gesandten ihn nicht zum Aeussersten treiben wollen (sie geben ihm desshalb ein *medium responsum*, wie Livius c. 29 sagt): indess hat diess weiter keine Wirkung, als dass der Senat bald darauf nachholt, was die Gesandten unerledigt gelassen hatten, Liv. a. a. O. 33. 53. Pol. XXIII, 11. Auch nachher führt der Senat fort, dem Philipp immer neue Kränkungen und Benachtheiligungen zuzufügen; Gelegenheit und Veranlassung dazu erhielt er in reichstem Masse durch die sich drängenden Gesandtschaften der auswärtigen Völker, welche nicht unterlassen, sich die feindselige Stimmung der Römer gegen Philipp zu Nutze zu machen, s. besonders Liv. XXXIX, 46. Pol. XXIV, 1.

Wir verkennen nicht, dass das, was wir bisher von dem Verfahren der Römer in Bezug auf Macedonien und Syrien zu berichten gehabt haben, so deutlich sich darin auch die Herrschsucht und Hinterlist derselben ausspricht, doch nicht viel mehr ist als was leider überall in der Welt vorzukommen pflegt. Wir haben es indess nicht unerwähnt lassen dürfen theils des Zusammenhangs mit dem Folgenden wegen, theils weil H. M. selbst jene gewöhnliche Herrschsucht und Hinterlist dabei in Abrede stellt.*) Von nun an werden wir

---

*) H. M. sagt z. B. zur Rechtfertigung der Römer wegen des Kriegs mit Philipp (I. S. 696): „Unmöglich konnte man gestatten, dass derselbe den besten Theil des kleinasiatischen Griechenlands und das wichtige Kyrene hinzuerwarb, die neutralen Handelsstaaten erdrückte und damit seine Macht verdoppelte." Wir fragen aber: Warum konnten die Römer diess nicht gestatten, wenn es nicht eben die Herrschsucht war, die sie daran verhinderte? Was gingen sie die kleinasiatischen Städte an? Und konnte im Ernst davon die Rede sein, dass Philipp je den Römern gefährlich werden würde, er, der nicht einmal mit dem kleinen, zerrissenen Griechenland fertig werden konnte? Freilich wird bei diesem wie bei den meisten der nachfolgenden Kriege immer viel von ihrer Gefährlichkeit geredet; indess wer die Machtverhältnisse einigermassen beachtet, wird anerkennen müssen, dass diess nichts als rednerische Ausschmückung und Uebertreibung ist. Und was ist dasjenige, was H. M zur Rechtfertigung der Römer vorbringt, Anderes als was alle Eroberer von jeher die Welt haben glauben machen wollen? Aehnlich verhält es sich mit der Motivirung des Kriegs mit Antiochus S. 720 ff. In Betreff

die Art der Römer in ihrer ganzen Eigenthümlichkeit und Virtuosität hervortreten sehen.

So zunächst in der Intrigue, die in dieser Zeit von den Römern in dem eigenen Hause des Philipp angesponnen wurde.

Jener Demetrius, der jüngere Sohn des Philipp, wurde im J. 184 im Verfolg der oben erwähnten Verhandlungen nach Rom geschickt, um seinen Vater dort zu rechtfertigen und überhaupt die Sache Macedoniens zu führen. Hier überhäufte man den Jüngling mit Freundlichkeiten, „dessen Herz in Rom bleibe, wenn er auch nach Macedonien zurückkehre," und entliess ihn endlich mit der Antwort an seinen Vater, dass man ihm um des Demetrius willen (*Demetrii beneficio*, Liv.) verzeihe, Liv. XXXIX, 47. Pol. XXIV, 3. 7. Ja Flamininus nahm ihn bei Seite und versprach ihm die römische Hülfe, um ihn sofort, also durch den Sturz seines Vaters, auf den Thron zu heben.*) Es ist leicht zu denken, dass die Wirkung davon nicht ausbleiben konnte. Die Absicht

---

der Hinterlist wollen wir nur das eine Beispiel anführen, dass H. M. S. 709 den zweimonatlichen Waffenstillstand, der im Winter $19^8/_7$ zwischen Philipp und den Römern abgeschlossen wird, als ein freundlich gemeintes Zugeständniss des Flamininus darstellt, über das dieser gern herausgegangen wäre, wenn es ihm die Beschränktheit seiner Vollmacht gestattet hätte, während die Sache selbst wie das Zeugniss des Polybius (XVII, 10) und Livius (XXXII, 32) deutlich lehrt, dass es nichts als List und Intrigue war, was den Flamininus leitete. Flamininus gewann durch den Waffenstillstand Phocis und Locris und die Zeit, sich in diesen Landschaften festzusetzen (abgesehen davon, dass derselbe aus Gründen, deren Auseinandersetzung zu weitläufig sein würde, auch in seinem Privatinteresse lag), während Philipp gar keinen Vortheil davon hatte (Pol.: πρόλημμα τῷ Φιλίππῳ ποιῶν οὐδέν) ausser dem, dass er eine Frist erlangte, um eine Gesandtschaft an den Senat zu schicken, von der aber Jedermann und am meisten Flamininus selbst mit Bestimmtheit voraussehen konnte, dass sie fruchtlos sein würde.

*) Pol. XXIV, 3: ἐψυχαγώγησεν ὡς αὐτίκα μάλα συγκατασκευασόντων αὐτῷ τῶν 'Ρωμαίων τὴν βασιλείαν. Von Livius wird zwar in diesem Zusammenhang des Flamininus und seiner besonderen Anweisungen nicht gedacht, indess findet sich auch bei ihm später eine Hindeutung darauf, XL, 20. (Wir bemerken übrigens, dass bei dieser Geder Römer wurde vollkommen erreicht, vielleicht noch vollkommener als sie es selbst wünschten. Das königliche Haus spaltete sich in zwei Parteien und wurde durch Hass und Zwietracht zerrissen, bis endlich (im J. 181) der unglückliche Demetrius, den Nachstellungen seines älteren Bruders Perseus erliegend, ermordet wurde.

Um aber den weiteren Verlauf der römischen Intriguen zu überschauen, müssen wir wieder unseren Blick über den ganzen Umfang Macedoniens und Syriens und der dazwischen liegenden Reiche und Staaten erweitern.

Nachdem Antiochus in dem Frieden vom J. 189 auf ganz Vorderasien diesseits des Taurus verzichtet hatte: so wurden diese weiten und reichen Länderstrecken von den Römern nicht in Besitz genommen, sondern, mit Ausnahme einer Anzahl griechischer Städte, denen sie eine Freiheit nach ihrer Art schenkten, theils an den König von Pergamum theils an die Rhodier überlassen, in denen man sich hierdurch Wächter und Aufpasser für Macedonien und Syrien schuf. Und zwar war Eumenes, der König von Pergamum, nach der Lage seines Reiches wie nach seinen Antecedentien vorzugsweise für Macedonien, die Rhodier dagegen, die alten Feinde des syrischen Königshauses, für Syrien bestimmt.

Da die nächsten Nachfolger des Antiochus gleich diesem selbst eben so unfähig wie für ihre Ehre unempfindlich waren: so fanden die Rhodier wenig Gelegenheit, ihren Diensteifer zu bethätigen. Dagegen ist Eumenes desto thätiger. Er ist es, der durch seine Denunciation jene Untersuchungen gegen Philipp im J. 185 veranlasst, in Folge deren Philipp genöthigt wird, die Städte in Thessalien und an der thracischen Küste zu räumen, Pol. XXIII, 6; in Thessalonice macht er durch seine Gesandten den Hauptankläger gegen Philipp, Livius XXXIX, 28—29, und hiermit nicht zufrieden, schickt er auch nach Rom selbst in den Jahren 184, 183 und 182 Gesandtschaften, um gegen Philipp zu wirken, Pol. XXIII, 11.

---

legenheit die schändliche Politik der Römer auch von H. M. richtig gewürdigt wird, s. S. 752.)

XXIV, 1. 3. 10. Dabei ist er fortwährend beschäftigt, Anklagepunkte gegen Philipp und nach dessen Tode (179) gegen Perseus zu sammeln, von denen er ein langes Verzeichniss anfertigt, mit welchem er im J. 172 selbst nach Rom kommt, um es dort im Senat vorzutragen und hierdurch, wie durch alle sonstigen möglichen Mittel zum Kriege gegen Perseus zu reizen, Liv. XLII, 6. 11 — 13.

Auch unwillkührlich und passiv musste er noch zum Ausbruch des Kriegs beitragen, indem er auf der Rückreise bei Delphi durch einen von Perseus angestifteten Mordanschlag schwer verwundet wurde und damit den Römern einen weiteren Beschwerdegrund gegen Perseus lieferte, Liv. XLII, 15 — 16. *)

So kam also der Krieg mit Perseus zum Ausbruch, der bekanntlich damit endete, dass Perseus völlig besiegt und selbst gefangen genommen wurde, so dass Macedonien ganz in die Gewalt der Römer kam. Wir bemerken in Bezug auf diesen Krieg nur, erstens dass derselbe mit der schon oben S. 125 erwähnten Täuschung des Perseus eröffnet wurde, und zweitens, dass in demselben während der ersten Jahre derselbe Mangel an Disciplin bei dem Heere zum Vorschein kam, den wir schon bei Gelegenheit des letzten punischen Krieges wahrgenommen hatten.

Macedonien wurde hierauf dem Namen nach für frei erklärt**), zugleich aber in vier durch die strengsten Schranken getrennte Theile getheilt und auf diese Art durch die in

---

*) Wofern nämlich dieser Anfall auf Eumenes wirklich von Perseus veranstaltet worden ist, was M. H. E. Meier, Pergamen. Reich, Ersch und Gruber'sche Encycl., S. 41 des bes. Abdrucks, nicht ohne Grund bezweifelt hat.

**) H. M. (S. 767) erkennt es an, dass Macedonien schon nach dem Kriege mit Perseus „vernichtet" wurde, ohne sich jedoch über diese Freierklärung Macedoniens und ihren Charakter irgend wie zu äussern. Wie die Macedonier selbst sie ansahen, darüber haben wir schon oben S. 119 Anm. eine bezeichnende Stelle aus Livius beigebracht. Wie sehr gleichwohl die Römer sich auch bei dieser Gelegenheit mit ihrer Milde und Grossmuth brüsteten, mag man aus Liv. XLV, 18 ersehen.

Folge davon nothwendig hervorbrechenden Unordnungen und Zwistigkeiten*) auf die Verwandlung in eine Provinz vorbereitet, welche im J. 146 erfolgte.

Syrien war bis zur Besiegung des Perseus von den Römern völlig unbehelligt gelassen worden, theils wegen der schon erwähnten Unfähigkeit und Feigheit seiner Könige theils wohl auch weil man eben so wie früher erst mit Macedonien fertig werden wollte. Nachdem dieses Ziel erreicht war (vorher würde man wahrscheinlich weniger peremtorisch verfahren sein): so wurde der Rest von Selbstständigkeit, der den syrischen Königen geblieben war, durch die berühmte Gesandtschaft des Popillius Laenas an den König Antiochus Epiphanes völlig vernichtet (Pol. XXIX, 11. Liv. XLV, 12): denn welche Demüthigung blieb dem König noch zuzufügen übrig, nachdem Länas ihn mit einem Kreise umzogen und von ihm, ehe er aus diesem Kreise heraustrete, eine Erklärung verlangt hatte, ob er dem Befehle der Römer gehorchen wolle oder nicht, und nachdem er sich dem unterworfen und das Versprechen des Gehorsams geleistet hatte? Gleichwohl liessen die Römer nicht ab, sondern benutzten auch ferner jede Gelegenheit, um das syrische Reich herabzubringen. Als Antiochus Epiphanes im J. 164 starb, so hielt man den rechtmässigen Thronerben, der als Geissel in Rom lebte, daselbst zurück, um das Reich an ein Kind zu bringen, Pol. XXXI, 12. 21. vgl. App. Syr. 46.**) Zugleich schickte man Gesandte nach Syrien mit dem Auftrage, die Kriegsschiffe daselbst zu verbrennen, den Elephanten die Sehnen zu durchschneiden und die Macht des Reichs auch sonst auf alle Art zu schwächen, s. ebend. Als Demetrius nachher gleichwohl

---

*) Schon im J. 164 wurde es von den Römern wegen der in Macedonien ausgebrochenen Spaltungen für nöthig befunden, Gesandte dahin zu schicken, s. Pol. XXXI, 12: συνέβαινε γὰρ τοῖς Μακεδόσιν ἀήθεις ὄντας δημοκρατικῆς καὶ συνεδριακῆς πολιτείας στασιάζειν πρὸς αὐτούς.

**) Pol. a. a. O. c. 12: μᾶλλον δὲ κρίνασα συμφέρειν τοῖς σφετέροις πράγμασι τὴν νεότητα καὶ τὴν ἀδυναμίαν τοῦ παιδὸς τοῦ διαδεδεγμένου τὴν βασιλείαν.

aus Rom heimlich entwich (Pol. XXXI, 21—23) und sich der Herrschaft bemächtigte: so liess man diess zwar geschehen, aber nur, um eine günstigere Gelegenheit zum Eingreifen zu benutzen.*) Und als diese Gelegenheit sich darbot, indem ein gemeiner Ränkemacher, Namens Heraclides, mit einem Kronprätendenten nach Rom kam und sich durch die niedrigsten Mittel um die Unterstützung des Senats bewarb: so trug man kein Bedenken, sie zu ergreifen. Der Senat erkannte (wie Polybius sagt, trotz des Widerspruches der Bessergesinnten) den Prätendenten an, versprach ihm seine Unterstützung und bewirkte dadurch, dass Demetrius vom Throne gestossen wurde: woran sich eine weitere Kette von Thronstreitigkeiten und Bürgerkriegen anschloss, die das Reich zerrütteten, die wir jedoch an dieser Stelle nicht weiter verfolgen können.**)

Noch lehrreicher aber als Macedonien und Syrien selbst sind für unsern Zweck die beiden Staaten, die von den Römern zu Werkzeugen der Vernichtung jener ausersehen wor-

---

*) Pol. XXXII, 7: ἑτέρα δὲ (ἡ σύγκλητος) τὴν αὐτῶν ἀκέραιον, ὥστ᾽ ἔχειν ἐξουσίαν, ὅτε βούληται, χρήσασθαι τοῖς ἐγκλήμασιν, App. Syr. 47: ὡς δή τι τοῦτ᾽ ἔγκλημα τοῖς Σύροις ταμιευόμενοι. Wir brauchen nicht erst zu bemerken, wie sehr diese abwartende, lauernde Politik (auf die man anwenden kann, was Tacitus Annal. I, 69 von Tiberius sagt: odia recondit auctaque promit) mit dem sonstigen hinterlistigen Charakter des Senates unserer Zeit übereinstimmt.

**) H. M hat die Intrigue mit Heraclides und seinem Prätendenten völlig unerwähnt gelassen. Dagegen gedenkt er (II. S. 57) der Ausschliessung des Demetrius vom Thron, indem er zugleich anerkennt, dass derselbe besser berechtigt gewesen sei, er verschweigt auch die Gewaltthätigkeiten jener Gesandtschaft nicht, die „im besten Zug war den militärischen Ruin des Landes zu vollenden," aber nur, um seine Bemerkungen über den Vorgang mit den Worten zu schliessen: „Dies war für lange Zeit das letzte Mal, dass der römische Senat in den Angelegenheiten des Ostens mit derjenigen Tüchtigkeit und Thatkraft auftrat, welche er in den Verwickelungen mit Philippos, Antiochos und Perseus durchgängig bewährt hatte," um also die Römer desshalb zu loben und sein Bedauern auszudrücken, dass sie fernerhin nicht in gleicher Weise verfahren wären. Wir gestehen, dass diess ein Standpunkt der historischen Beurtheilung ist, auf den wir uns bei unserer Ansicht von der Aufgabe der Geschichtschreibung nicht zu erheben vermögen.

den waren, das Königreich Pergamum und die Republik Rhodus.

Schon bei den ersten Anordnungen im Verfolg des Friedens von 189 war von den Römern Fürsorge getroffen worden, dass diese beiden Staaten sich nicht etwa gegen sie vereinigen möchten, dass vielmehr die natürliche Eifersucht, die ohnehin zwischen einer demokratischen Republik und einem unumschränkten Königreiche bestehen musste,*) noch mehr gereizt wurde. Diess nämlich und nichts Anderes war jedenfalls der Zweck, warum dem Eumenes ausser seinem sonstigen reichen Antheil auch noch die Stadt Telmissus überlassen wurde, welche, mitten im Gebiet von Rhodus liegend, nothwendig zum Zankapfel zwischen beiden werden musste.**)

Ausserdem wurde zu derselben Zeit noch eine andere Intrigue gegen die Rhodier dadurch angesponnen, dass die römischen Commissarien, welche die Angelegenheiten von Asien zu ordnen hatten, auf der einen Seite den Rhodiern

---

*) Desshalb sagen die Rhodier selbst in einer Rede, die sie im J. 189 in Rom im Senate halten in Bezug auf sich und den König von Pergamum: *Ceterum non animi nostri, patres conscripti, nos, sed rerum natura, quae potentissima est, disiungit, ut nos liberi etiam aliorum libertatis caussam agamus, reges serva omnia et subiecta imperio suo velint.* Vgl. Pol. XXII, 5.

**) Für diese Auffassung spricht erstens der Erfolg, denn diese Besitzung des Eumenes in Lycien führte wirklich zu Streitigkeiten und Feindseligkeiten zwischen ihm und den Rhodiern; zweitens aber der Umstand, dass sich für diese Ueberlassung von Seiten der Römer schlechterdings kein anderer Grund denken lässt. H. M. (S. 741) meint freilich, es sei geschehen, damit es dem Eumenes nicht an einem Hafenplatze im südlichen Meere fehle. Aber wozu bedurfte Eumenes eines solchen? Hatte er nicht im eigenen Lande deren genug? Und wenn sie ihm einen solchen in Lycien zu geben für nöthig befanden, warum nicht auch in jedem andern beliebigen Gebiet? warum nicht in Aegypten? in Griechenland? H. M. erwähnt es selbst an einer andern Stelle (II. S. 41), dass Telmissus zu der Zeit, wo das pergamenische Reich zur römischen Provinz gemacht wurde, den damals für frei erklärten Lyciern zurückgegeben worden. Die Römer konnten also den Hafenplatz, als sie selbst die Beherrscher des pergamenischen Reichs waren, entbehren; warum nicht auch Eumenes?

den Besitz der Herrschaft über Lycien bestätigten und auf der andern Seite gleichzeitig den Lyciern eine Zusage wegen Erhaltung ihrer Freiheit gaben (die, wenn auch absichtlich unbestimmt ausgedrückt, doch von den Lyciern selbst nicht anders aufgefasst werden konnte).*)

Die Folge davon war, dass zwischen den Rhodiern und Lyciern sehr bald ein Krieg ausbrach, den die Römer nährten, indem sie erst (im J. 178 oder 177) den Rhodiern verkündigten, dass die Lycier ihnen nicht als Unterthanen, sondern als Freunde und Bundesgenossen überlassen worden seien, Pol. XXVI, 7. vgl. Liv. XLI, 6, und nachher, als die Rhodier sich durch eine Gesandtschaft auf ihr Recht und auf die Erklärungen der Römer vom J. 189 beriefen, gar keine Antwort gaben, Pol. XXVI, 9.

So wurde zunächst Rhodus gegen Eumenes gereizt und zugleich, weil man seiner weniger bedurfte, anderweit geschwächt und in Schwierigkeiten verwickelt. Eumenes wurde in derselben Zeit fortwährend aufs Entgegenkommendste und Gnädigste behandelt.

Das volle Spiel der römischen Intrigue wurde aber erst mit und nach dem Kriege mit Perseus entfaltet.

Wir erinnern uns, dass diess die Zeit war, wo die Römer es für angemessen erachteten, die längst vorbereiteten Eroberungen zu ergreifen. Nun würden wir nichts zu bemerken finden, wenn sie auch Pergamum und Rhodus völlig unter ihre Herrschaft gebeugt hätten, auch nicht wenn sie, wie es bei den ungerechtesten Eroberungen zu geschehen pflegt, dabei irgend einen scheinbaren Rechtsgrund angewendet hätten. Das Eigenthümliche und für die Römer Charakteristische ist

---

*) Polybius, der uns diese Intrigue berichtet (XXIII, 3), sagt von den römischen Commissarien in Betreff der Rhodier: $\pi\rho o\sigma\acute{\epsilon}\tau\epsilon\iota\mu\alpha\nu$ $\grave{\epsilon}\nu$ $\delta\omega\rho\epsilon\tilde{\alpha}$ $\tauο\tilde{\iota}\varsigma$ $\Lambda\upsilon\kappa\acute{\iota}ο\upsilon\varsigma$, dagegen in Betreff der Lycier: $ο\grave{\upsilon}\delta\grave{\epsilon}\nu$ $\grave{\epsilon}\beta ο\upsilon\lambda\epsilon\acute{\upsilon}\sigma\alpha\nu\tauο$ $\pi\epsilon\rho\grave{\iota}$ $\alpha\grave{\upsilon}\tau\tilde\omega\nu$ $\grave{\alpha}\nu\acute{\eta}\kappa\epsilon\sigma\tauο\nu$, worauf die Ilienser, welche das Interesse von Lycien bei den römischen Commissarien vertreten hatten, wie vorauszusehen war und namentlich auch die Römer selbst nicht anders voraussetzen konnten, überall in den lycischen Städten verkündigten, dass der Zorn der Römer versöhnt und Lycien die Freiheit wieder geschenkt sei.

aber, dass sie dabei allerlei berechnete Kunstgriffe anwandten und auch jetzt noch ihre Zwecke durch weit aus der Ferne angelegte hinterlistige Anschläge zu erreichen suchten.

Zuerst kamen die Rhodier an die Reihe. Es gab bei ihnen, wie fast überall, eine Partei, die im Geheimen den Perseus begünstigte, wenn auch nur mit ihren Wünschen. Sie hatten desshalb allen Grund, den Zorn der Römer zu fürchten, und schickten daher so wohl an den Senat als an die Befehlshaber von Landheer und Flotte, an den Consul Q. Marcius Philippus und an den Prätor C. Marcius Figulus Gesandte, um sich zu entschuldigen und das freundschaftliche Verhältniss wieder herzustellen. Noch war der Krieg mit Perseus nicht entschieden (es war das Jahr 169). Die Gesandten wurden daher überall freundlich aufgenommen und erhielten die beruhigendsten Versicherungen; in Rom wurde ihnen ausserdem eine Vergünstigung gewährt, um die sie baten, offenbar nur aus dem Grunde, weil man jetzt die Rhodier nicht reizen wollte, Pol. XXVIII, 2. 14. 15. Der Consul Q. Marcius aber, derselbe, den wir schon oben S. 125 bei einer ähnlichen Intrigue genannt haben, nahm den einen der Gesandten, Agepolis, bei Seite, nachdem er ihn schon vorher seinem Zwecke gemäss bearbeitet hatte, und sagte zu ihm, er wundere sich, warum die Rhodier nicht einen Versuch machten, den Krieg durch ihre Vermittelung zu beendigen, da diess Keinem mehr zukomme als ihnen: kurz er machte den Agepolis glauben, dass die Römer einen ungünstigen Ausgang des Kriegs fürchteten und es den Rhodiern Dank wissen würden, wenn sie sich als Vermittler aufwerfen wollten. Und nun waren die Rhodier wirklich so thöricht, dass sie sich dazu verleiten liessen und sowohl an Perseus als an den Senat zu diesem Zwecke Gesandte schickten sogar mit Hinzufügung der Drohung (wie wir wenigstens bei Livius XLIV, 13 lesen), dass sie ihrer Vermittelung nöthigen Falls mit den Waffen Nachdruck geben würden, Pol. XXVIII, 15. XXIX, 4. 7. vgl. Liv. XLIV, 14. 15. XLV, 3.*)

---

*) Es ist bemerkenswerth, dass Livius zwar die versuchte Ver-

Auf diesen Grund hin wurde nun nach Besiegung des
Perseus gegen die unglücklichen Rhodier vorgeschritten.*)
Man hielt ihre Gesandten so lange hin, bis die Nachricht von
der Besiegung des Perseus eingegangen war. Vergebens
suchten sie nunmehr ihre Vermittelung in eine Beglückwün-
schung wegen des Siegs zu verwandeln, vergebens beeilten
sich auch die Rhodier zu Hause, die Führer der den Römern
feindlichen Partei zum Tode zu verurtheilen: ein Urtheil, das
auch wirklich an allen, die sich nicht schon vorher durch die
Flucht gerettet hatten, vollzogen wurde. Man bedrohte die
Unglücklichen mit Krieg, und während diese Gefahr über
ihren Häuptern schwebte, so entriss man ihnen erst das im
J. 189 geschenkte Lycien und Carien, dann, zu immer här-
teren Massregeln stufenweise fortschreitend, im folgenden
Jahre die sogenannte rhodische Peraea, d. h. die Städte Kau-
nus und Stratonicea mit ihren Gebieten, die sie schon früher
besessen hatten und ohne die sie, da ihre Insel zu ihrem
Unterhalt nicht ausreichte, kaum existiren konnten, und endlich brachte man ihnen den härtesten Schlag bei, indem man
Delos für einen Freihafen erklärte, wodurch ihr Handel, ihre
einzige Erwerbsquelle, so gut wie völlig vernichtet wurde.
Auch unterliess man nicht, den Staat im Innern durch eine
gewaltsame Veränderung der Verfassung zu schwächen. S.
Pol. XXX, 4—5. XXXI, 7. Liv. XLIV, 15. XLV, 10. 20—25.

---

mittelung der Rhodier erwähnt, aber von der Intrigue des Consul Marcius
völlig schweigt.

*) Polybius (XXVIII, 15) ist zweifelhaft, ob Marcius seine In-
trigue aus Rücksicht auf Antiochus Epiphanes angesponnen habe, der
damals, wie wir gesehen haben, Aegypten bedrohte, oder weil er den
Römern einen Anlass und Vorwand zum Einschreiten gegen die Rhodier
nach Beendigung des Kriegs habe geben wollen (τοὺς Ῥοδίους προ-
ρύξας μεσίτας ἀποδείξαι καὶ τοῦτο πράξαντας δοῦναι τοῖς Ῥωμαίοις
ἀφορμὰς εὐλόγους εἰς τὸ βουλεύεσθαι περὶ αὐτῶν ὡς ἂν αὐτοῖς
φαίνηται). Indess neigt er sich doch mehr zu letzterer Ansicht hin,
und auch wir können nicht umhin, diese für die bei Weitem wahrschein-
lichere zu halten. Jedenfalls war es eine Intrigue des Marcius und jedenfalls wurde diese Intrigue nachher wirklich von den Römern dazu benutzt,
um die Rhodier zu Gründe zu richten.

Dass mit diesen Massregeln Rhodus für immer von seiner Höhe herabsank, dafür mag man die Beweise z. B. aus Pol. XXXI, 17 a. XXXIII, 15 a entnehmen. Das Ungerechte und Verwerfliche derselben hat Niemand nachdrücklicher ausgesprochen als Cato in einer Rede, die er bei Gelegenheit der Berathung über die Kriegserklärung gegen die Rhodier im Senate hielt, von der uns glücklicherweise ein längeres, überaus interessantes und werthvolles Bruchstück erhalten ist, s. Gell. X. A. VII, 3.

Aber auch gegen Eumenes wurde jetzt eingeschritten, da man seiner nicht mehr bedurfte, zwar etwas langsamer und vorsichtiger als gegen Rhodus, aber nicht minder hart und nur um so hinterlistiger.

Er hatte während des Kriegs nach wie vor den Römern die eifrigsten Dienste geleistet,*) hatte sich aber allerdings nicht enthalten, geheime Unterhandlungen mit Perseus anzuknüpfen.**)

---

*) Diess wird von Polybius (XXIX, 1 c) ausdrücklich bezeugt (Εὐμένη δὲ τὰς μεγίστας χρείας σφίσι παρεσχημένον καὶ πλεῖστον συνηργηκότα), während ihm freilich Livius (XLIV, 13. 20) theils mit seinen eigenen Worten theils mit denen des Valerius Antias Lauheit und Unzuverlässigkeit vorwirft. Allein wenn irgend wo, so liegt hier der Verdacht nahe, dass diese letztere Nachricht in nichts als in der römischen Parteilichkeit ihren Grund habe, die auf diese Art das nachherige Verfahren gegen Eumenes rechtfertigen wollte; womit auch übereinstimmt, dass die Nachricht an sich durchaus unbestimmt und unklar ist. Vgl. Meier a. a. O. S. 43.

**) Die Unterhandlungen konnten von Seiten des Eumenes keinen weiteren Zweck haben, als den Krieg durch einen Frieden zu beendigen, nicht aber dem Perseus zum Sieg zu verhelfen. Nur so weit sind sie glaublich, vgl. Meier a. a. O. S. 43 ff. Eben diess wird aber auch von Polybius (XXIX, 1 b—f) und Livius (XLIV, 25) nur berichtet. Wenn Polybius dabei zugleich erzählt, dass Eumenes von Perseus, wenn er sich vom Kriege entfernt halte, 500 und, wenn er den Frieden zu Stande bringe, 1500 Talente verlangt habe und dass die Unterhandlungen an dem Geize beider Könige gescheitert seien, so ist diess allerdings auffällig. Indess sagt Polybius (XXIX, 1 f) ausdrücklich, dass er diess von Freunden des Perseus bestimmt wisse. Wir möchten daher auch diesem Umstand so viel Glauben schenken, als bei dergleichen Dingen

Nach Beendigung des Kriegs wurde nun zuerst gegen Eumenes eine ähnliche Intrigue in Bewegung gesetzt, wie wir sie oben in Bezug auf Philipp von Macedonien zu berichten gehabt haben. Als nämlich sein Bruder Attalus im Jahr 167 als Gesandter nach Rom kam, so wurde er in und ausser dem Senat mit Freundlichkeiten und Lobeserhebungen überhäuft und ihm zugleich in der deutlichsten Weise der Wink gegeben, dass er sein Interesse von dem seines Bruders trennen und die Hälfte des pergamenischen Königreichs für sich verlangen möchte. Wie leicht zu erkennen, wollte man hierdurch die beiden Brüder entzweien und das Reich theils hierdurch theils durch die Theilung selbst entkräften, s. Pol. XXX, 1—3. Liv. XLV, 19—20.

Indessen diessmal scheiterte die Intrigue an der Klugheit und Vorsicht der beiden Brüder zum grossen Verdruss des Senats, der sich sogar nicht enthalten konnte, als er sich in seiner Hoffnung getäuscht sah, dem Attalus das Geschenk wieder zu entziehen, das er ihm mit den Städten Aenos und Maronea gemacht hatte.*) Nun wurde aber zu andern Mitteln gegriffen.

Man legte die Ungunst gegen Eumenes (wie wiederum auch bei Philipp geschehen war) auf alle Art an den Tag, damit seine Feinde sich gegen ihn erheben und ihn bekriegen möchten. Wir heben in dieser Hinsicht nur die beiden Thatsachen hervor, dass Eumenes im J. 166, als er selbst nach Rom kommen wollte, nachdem er schon in Italien gelandet

---

überhaupt zulässig ist, und ihn nicht ohne Weiteres mit H. M. (S. 770) für albern erlogen erklären.

*) Pol. XXX, 3. Auch diess ist eins von den Dingen, die von Livius verschwiegen werden. Uebrigens wurde der Zweck des Senats doch nicht ganz verfehlt. Wenigstens erfahren wir durch Polybius (XXXII, 5), dass Attalus nachher mit seinem Bruder in Zwist lebte und dass der Senat ihn desshalb im J. 160 mit besonderer Freundlichkeit empfing und behandelte (καθ' ὅσον γὰρ ἀπηλλοτρίωτο τοῦ βασιλέως καὶ διεφέρετο πρὸς τὸν Εὐμένη, κατὰ τοσοῦτον ἐφιλοποιεῖτο καὶ συνηῦξε τὸν Ἄτταλον), und sollte man diess nicht als eine Wirkung jener Intrigue anzusehen haben?

war, unter einem nichtigen erst zu diesem Zwecke neugeschaffenen Vorwande zurückgewiesen wurde, Pol. XXX, 16, und dass im J. 165 der römische Gesandte C. Sulpicius Gallus ein Edict erliess, dass alle diejenigen, welche eine Beschwerde gegen Eumenes vorzubringen hätten, an einem bestimmten Tage nach Sardes kommen möchten, wo er dann zehn Tage lang zu Gericht über Eumenes sass und ihm alle mögliche Schmach zufügte, Pol. XXXI, 10.

Man reizte ferner die Gallier, die Nachbarn und alten Feinde des pergamenischen Reichs, gegen ihn auf und gewährte ihnen unter der Hand allerlei Unterstützung. Mit ihnen lag Eumenes zur Zeit der Beendigung des macedonischen Kriegs in Fehde und Attalus hatte bei jener oben erwähnten Gesandtschaft vom J. 167 unter Anderem auch den Auftrag, die Römer um Hülfe gegen sie zu bitten. Nun schickten zwar die Römer Gesandte an sie, angeblich um sie von Feindseligkeiten gegen Eumenes abzumahnen. Statt dessen aber wurden die Gallier durch sie nur um so mehr gegen Eumenes gereizt, und unsere beiden Hauptgewährsmänner, Polybius und Livius, geben deutlich zu verstehen, dass diess durch die Schuld der Gesandten geschehen sei, Pol. XXX, 3. Liv. XLV, 34.*) Und auch weiterhin hören wir, wenn wir auch den Verlauf des Kriegs wegen der Unzulänglichkeit unserer Quellen nicht zu verfolgen im Stande sind, dass die Römer den Galliern ihre Unabhängigkeit verbürgen und ihnen fortwährend Vorschub leisten.**)

---

*) Polybius sagt diess geradezu: οἷς (nämlich den Gesandten) ποίας μὲν ἔδωκεν ἐντολὰς εἰπεῖν οὐ ῥᾴδιον, στοχάζεσθαι δὲ ἐκ τῶν μετὰ ταῦτα συμβάντων οὐ δυσχερές. Livius verräth es unwillkürlich, indem er naiver Weise seine Verwunderung darüber ausdrückt, dass die Gesandten, die sonst und selbst gegen mächtige Könige ihren Willen durchgesetzt, bei den Galliern gar nichts ausgerichtet hätten.

**) Aus Pol. XXXI, 2. 6 geht hervor, dass es sich besonders um Gebietstheile handelte, die von Galliern bewohnt und von den pergamenischen Königen früher unterworfen worden waren. Diese Gebiete erklärten die Römer für frei (XXXI, 2) und gaben dann dieser Unabhängigkeit eine immer weitere Ausdehnung (c. 6: τοῖς γε μὴν Γαλάταις ἀεί τι προσετίθει τῆς ἐλευθερίας).

Endlich liessen es die Römer auch nicht an einem Aufpasser fehlen. Diese Rolle wurde dem König Prusias von Bithynien zugetheilt, der im J. 167 nach Rom kam und dort im Senat ein Beispiel von Schmeichelei und Selbsterniedrigung gab, wie es selten vorkommen mag, eben desshalb aber die freundlichste Aufnahme fand, Pol. XXX, 16. Liv. XLV, 44.*) Dieser unterliess denn nun nicht, hierdurch aufgemuntert, immer wieder Gesandte nach Rom zu schicken und durch diese den Eumenes anzuklagen, bald dass er mit dem Könige von Syrien zusammen verrätherische Pläne hege, bald dass er den Galliern gegenüber den Anordnungen der Römer zuwiderhandle, bald dass er ihm selbst ungerechter Weise einen Gebietstheil entrissen oder sonst den Freunden der Römer etwas zu Leide gethan habe, Pol. XXXI, 6. 9. XXXII, 3. 5. Wenn dann auch Eumenes Gesandte schickte, so gelang es diesen wohl, die Anschuldigungen des Prusias zu widerlegen: der Verdacht und die Feindseligkeit gegen Eumenes wurde aber von den Römern desshalb nicht minder festgehalten.**) So wurde Eumenes von allen Seiten umlauert und gekränkt und gedemüthigt. Er behauptete zwar sein Reich, aber nur indem er durch die grösste Schmiegsamkeit und Unterwürfigkeit den Römern alle Unabhängigkeit und Selbstständigkeit zum Opfer brachte.

Es war wahrscheinlich auch ein solches Opfer (s. Meier a. a. O. S. 57), wenn er in seinem Testamente nicht seinen Sohn, sondern seinen Bruder, den schon genannten Attalus, den Günstling der Römer, zum Erben seines Reichs einsetzte. Er mochte einsehn, dass es nur auf diese Art seiner Familie erhalten werden konnte.

Ob die Vererbung des Reichs an die Römer im J. 133 aus dem freien Willen des letzten Königs Attalus III. hervor-

---

*) Pol. $\varphi\alpha\nu\epsilon\grave{\iota}\varsigma$ $\delta\grave{\epsilon}$ $\tau\epsilon\lambda\acute{\epsilon}\omega\varsigma$ $\epsilon\mathring{v}\varkappa\alpha\tau\alpha\varphi\varrho\acute{o}\nu\eta\tau o\varsigma$ $\mathring{\alpha}\pi\acute{o}\chi\varrho\eta\sigma\iota\nu$ $\check{\epsilon}\lambda\alpha\beta\epsilon$ $\delta\iota'$ $\alpha\mathring{v}\tau\grave{o}$ $\tau o\tilde{v}\tau o$ $\varphi\iota\lambda\acute{\alpha}\nu\vartheta\varrho\omega\pi o\nu$.

**) Pol. XXXI, 9: $\check{\epsilon}\delta o\xi\alpha\nu$ $\pi\varrho\grave{o}\varsigma$ $\check{\alpha}\pi\alpha\nu\tau\alpha\varsigma$ $\tau o\grave{v}\varsigma$ $\varkappa\alpha\tau\eta\gamma o\varrho o\tilde{v}\nu\tau\alpha\varsigma$ $\pi o\iota\acute{\eta}\sigma\alpha\sigma\vartheta\alpha\iota$ $\tau\grave{\eta}\nu$ $\mathring{\alpha}\pi o\lambda o\gamma\acute{\iota}\alpha\nu$ —. $o\mathring{v}$ $\mu\grave{\eta}\nu$ $\tau\tilde{\eta}\varsigma$ $\gamma\epsilon$ $\varkappa\alpha\tau\grave{\alpha}$ $\tau\grave{o}\nu$ $E\mathring{v}\mu\acute{\epsilon}\nu\eta$ $\varkappa\alpha\grave{\iota}$ $\varkappa\alpha\tau\grave{\alpha}$ $\tau\grave{o}\nu$ $\mathring{A}\nu\tau\acute{\iota}o\chi o\nu$ $\mathring{v}\pi o\psi\acute{\iota}\alpha\varsigma$ $\check{\epsilon}\lambda\eta\xi\epsilon\nu$ $\mathring{\eta}$ $\sigma\acute{v}\gamma\varkappa\lambda\eta\tau o\varsigma$. Vgl. ebendaselbst c. 6.

gegangen oder ob auch hierbei wieder List und Betrug der
Römer eine Rolle gespielt haben, darüber ist durch die Unzulänglichkeit unserer Quellen, wahrscheinlich zum Vortheil
der Römer, ein Schleier gebreitet, den wir vergeblich zu lüf-
ten versuchen.*).

Aegypten endlich — um auch über dieses noch einige
Worte hinzuzufügen — gerieth bereits im J. 205, als Ptolemäus Philopator mit Hinterlassung des unmündigen Ptolemäus
Epiphanes starb, in völlige Abhängigkeit von den Römern,
die sich zu Schutzherrn des Reichs aufwarfen.**) Dieser
Schutz wurde denn auch fortan von den Römern gewährt,
bald zögernd und spärlich, wie z. B. Antiochus dem Grossen
und Antiochus Epiphanes gegenüber, denen man das Reich
eine Reihe von Jahren preisgab, weil man mit anderen Kriegen beschäftigt war, bald aber auch mit grossem Nachdruck
und einer dem Ansehn des Reichs nicht eben förderlichen
Ostentation, wie in dem oben erwähnten Falle vom J. 168.
Obwohl aber hiermit die römische Oberhoheit über das Land
füglich als hinreichend begründet angesehen werden konnte:
so war man gleichwohl in Rom noch nicht zufrieden, sondern
benutzte (ähnlich wie in Syrien) jede Gelegenheit, um dasselbe durch List und Intrigue, hauptsächlich durch Erregung
und Nährung von Thronstreitigkeiten und inneren Kriegen zu

---

*) S. hierüber Meier a. a. O. S. 70 ff., welcher nach einer gründ-
lichen Untersuchung der Sache sich dafür entscheidet, dass das angeb-
liche Testament untergeschoben sei. Ueber das ganze Verfahren der Römer gegen die Attaliden wird vom Sallust, allerdings aus dem Munde
eines Feindes der Römer, in dem unter den Fragmenten der Historien
befindlichen Briefe des Mithridates an Arsaces (IV, 20 ed. Kr.) so geurtheilt: *Eumenem, cuius amicitiam gloriose ostentant, initio prodidere An-
tiocho pacis mercedem, post habitum custodiae agri captivi sumptibus et con-
tumeliis ex rege miserrimum servorum effecere, simulatoque impio testamento
filium eius Aristonicum, quia patrium regnum petiverat, hostium more per
triumphum duxere.*

**) Nach Val. Max. VI, 6 und Justin. XXX, 2 wären die Römer
von Ptolemäus Philopator zu Vormündern für den unmündigen Thronerben eingesetzt worden: indessen ist diess eine Nachricht, welche be-
gründeten Bedenken unterliegt, s. Flathe, Gesch. von Mac. B. 2. S. 501.

schwächen und zerrütten. Als Beleg dazu wird der folgende Vorgang vom J. 162 genügen, womit die Römer diese Art ihrer Thätigkeit begannen. Kurz vorher war zwischen den beiden Brüdern Euergetes II. und Physkon, den Söhnen des Ptolemäus Epiphanes, die sich um das Reich stritten, durch römische Gesandte ein Vertrag zu Stande gebracht worden, wonach der ältere, Euergetes, Aegypten und Cypern, der jüngere, Physkon, Cyrene erhalten sollte. Diese Theilung nun hoben die Römer im J. 162 selbst wieder auf, indem sie dem Euergetes Cypern nahmen und es dem Physkon zu seinem Theile hinzufügten, trotz dem dass der Vertrag, wie die Gesandten, die ihn geschlossen hatten, im Senat bezeugten, vollkommen rechtsgültig und trotz dem, dass Physkon eben so grausam und unfähig wie Euergetes mild und klug war, lediglich weil es ihr eigenes Interesse so zu erfordern schien, weil Euergetes ihnen durch die grössere Ausdehnung seines Antheils nach ihrer Meinung gefährlich werden konnte, und weil diese Aenderung, wie sie leicht voraussehen konnten, nothwendig Bürgerkriege zur Folge haben musste, die denn auch nicht ausblieben. Pol. XXXI, 18. vgl. 25—27. XXXII, 1. XXXIII, 5.*)

So haben wir also bis jetzt überall, so weit die damalige bekannte Welt reichte (mit Ausnahme derjenigen Länder, die, wie Spanien und Gallien, für solche Künste völlig unzugänglich waren) Berechnung, List und Betrug im Dienste der Herrschsucht, aber unter dem Scheine wohlwollender Fürsorge in Thätigkeit gesehen. Man übereilte sich nicht, man wartete (auch diess liegt in dem Wesen einer geschlossenen, sich immer wieder ergänzenden und daher unsterblichen Korporation, dass sie keinen Zeitverlust zu fürchten braucht), man

---

*) Polybius fühlt sich an der zuerst angeführten Stelle, nachdem er den Vorgang berichtet hat, zu folgender Bemerkung veranlasst: πολὺ γὰρ ἤδη τοῦτο τὸ γένος ἐστὶ τῶν διαβουλίων παρὰ τοῖς Ῥωμαίοις, ἐν οἷς διὰ τῆς τῶν πέλας ἀγνοίας αὔξουσι καὶ κατασκευάζονται τὴν ἰδίαν ἀρχὴν πραγματικῶς ἅμα χαριζόμενοι καὶ δοκοῦντες εὐεργετεῖν τοὺς ἁμαρτάνοντας.

spendete Gnaden und freundliche Worte, man stiftete Zwist
und Unfrieden, man erregte innere Kriege, und um diess zu
können, um stets überall vollständig unterrichtet und auch zu
persönlichen Einwirkungen immer bei der Hand zu sein, sandte
man in alle Länder und Städte und an alle Höfe Gesandtschaften, die wie ein Netz über die ganze Welt verbreitet
waren:*) Alles, um den letzten vernichtenden Schlag vorzu-
bereiten und ihn im passendsten Moment führen zu können.
Man kann die politische Klugheit des Senates bewundern, der
von Rom aus diese verwickelten Fäden mit unausgesetzter
Aufmerksamkeit und mit der feinsten Berechnung leitete, man
kann auch den Patriotismus anerkennen, der die Haupttrieb-
feder für diese angespannte Thätigkeit bildete: um aber zu
einem vollkommen richtigen Urtheil darüber zu gelangen,
muss man sich im Geist an die Stelle der unglücklichen Fürsten und Völker setzen, die von diesem Netze umsponnen
wurden und die sich ihre Unabhängigkeit und ihre Rechte
durch diese eben so schlaue als unbarmherzige Politik entreissen lassen mussten — vorausgesetzt nämlich, dass in der
Politik von einem sittlichen Massstab und von dem Rechte
Anderer überhaupt die Rede sein kann.

Bis hierher haben wir uns meistentheils im Einklang oder
wenigstens nicht im directen Widerspruch mit H. M. befunden. Denn wenn er auch an der oben angeführten Stelle die
Herrschsucht der Römer in Abrede stellt und im Allgemeinen
den Charakter der römischen Politik nicht scharf und be-

---

*) Perseus klagt (Liv. XLII, 25): *quod alii super alios legati ve-
nirent speculatum dicta factaque sua*, und wie hier, so geschah es überall.
Ueber die Unermüdlichkeit, mit der sich die Römer in alle auswärtigen
Angelegenheiten einmischten und die Entscheidung überall an sich zu
ziehen suchten, spricht sich Polybius (XXV, 1) mit den folgenden nachdrücklichen Worten aus: ἐξ οὗ καταφανεῖς ἅπασιν ἐγενήθησαν (οἱ
Ῥωμαῖοι) ὅτι τοσοῦτον ἀπέχουσι τοῦ τὰ μὴ λίαν ἀναγκαῖα τῶν
ἐκτὸς πραγμάτων ἀποτρίβεσθαι καὶ παρορᾶν, ὡς τοὐναντίον καὶ
δυσχεραίνουσιν ἐπὶ τῷ μὴ πάντων τὴν ἀναφορὰν ἐφ᾽ ἑαυτοὺς γίγνε-
σθαι καὶ πάντα πράττεσθαι μετὰ τῆς αὐτῶν γνώμης: eine Stelle, die
wie absichtlich von Polybius gegen eine weiterhin zu erwähnende Ansicht
von H. M. gerichtet zu sein scheint.

stimmt genug bezeichnet, so ist doch in den meisten einzelnen Fällen, wie wir an mehreren Beispielen gesehen haben, sein Urtheil mit dem unsrigen völlig übereinstimmend.

Wir kommen nun aber zu den Griechen, denen gegenüber H. M. in der römischen Politik überall nichts als hellenische Sympathien und eine bis zur Vernachlässigung der eigenen Interessen gehende Grossmuth findet, bei denen wir daher etwas länger verweilen müssen.

Wir bemerken dabei im Voraus, da H. M. überall die Entartung und den sittlichen Unwerth der damaligen Hellenen hervorhebt, um die Römer ihnen gegenüber in ein desto glänzenderes Licht zu setzen, dass auch wir weit entfernt sind, den Verfall des Griechenthums in dieser Zeit zu verkennen (obwohl H. M. auch dem Rest von Tüchtigkeit seine Anerkennung versagt, der sich auch jetzt noch bei ihnen findet),*) dass aber nach unserer Ansicht die Hinterlist der Römer dieselbe bleibt, mögen die Griechen sein wie sie wollen.

---

*) Wir werden weiter unten Gelegenheit haben, dem edlen aufopferungsvollen Patriotismus des Philopömen und derer, die nach seinem Tode seine Politik in derselben Weise fortführten, das gebührende Lob zu spenden. Hier nur ein Beispiel, in welcher Weise H. M. die Griechen herabzudrücken pflegt. Er sagt (I. S. 746): „Dazu kam der persönliche Eindruck, den die meisten dieser peloponnesischen Staatsmänner in Rom machten; selbst Flamininus schüttelte den Kopf, als ihm einer derselben heute etwas vortanzte und den andern Tag ihn von Staatsgeschäften unterhielt." Nun lesen wir bei Polybius (XXIV, 5), dem H. M. diese Anekdote entnimmt, dass eben dieser eine Staatsmann (Deinokrates war sein Name) wegen seines Leichtsinns auch unter den Griechen verachtet und verrufen war: was hat also H. M. für ein Recht, ihn gewissermassen als den Repräsentanten der peloponnesischen Staatsmänner hinzustellen? Wir wissen zufällig von einem vornehmen Römer derselben Zeit, M. Caelius (oder Caecilius), einem Senator und Volkstribun, der ein eben solcher Possenreisser war wie Deinokrates und den Leuten nicht minder als dieser etwas vorzutragen pflegte, s. Macr. Sat. III, 14 (II, 10): *Nimirum M. Cato senatorem non ignobilem. Caecilium, spatiatorem et fescenninum vocat cumque staticulos dare, ridicularia fundere, et alibi in eundem: Praeterea cantat, ubi collibuit, interdum graecos versus agit, iocos dicit, voces demutat, staticulos dat*: wird H. M. nun auch von diesem einen Schluss auf die übrigen römischen Staatsmänner machen wollen?

Der Anfang zu dem Verfahren gegen die Griechen wurde bekanntlich im J. 196 damit gemacht, dass ganz Griechenland durch Flamininus bei den isthmischen Spielen für frei erklärt wurde. Hierauf wurde im J. 195 von Flamininus im Verein mit dem achäischen Bunde (der damals den Kern von Griechenland bildete und gegen den desshalb die römischen Intriguen hauptsächlich gerichtet wurden) der Krieg gegen den Tyrannen Nabis von Sparta begonnen, aber vor der Vernichtung dieses gemeinschaftlichen Feindes der Römer und Achäer von Flamininus abgebrochen.

Beides geschieht nach unserer Meinung in hinterlistiger Absicht, ersteres, um durch die ungewohnte, den Verhältnissen nicht mehr entsprechende Freiheit Zwistigkeiten und Reibungen hervorzurufen und dadurch das Land zu zerrütten, das Andere, um in Nabis und den Spartanern, den alten Gegnern des achäischen Bundes, diesem ein eben solches Werkzeug entgegenzustellen, wie es Masinissa für Karthago, Attalus und Eumenes für den König von Macedonien u. s. w. war.

Von nun an werden fortwährend Gesandtschaften auf Gesandtschaften nach Griechenland geschickt, um zu beobachten und im Interesse der Römer einzuwirken, es werden die Wünsche des römischen Senats, wohl auch mit der offenen Erklärung verkündigt, dass sie nöthigen Falls in Befehle verwandelt werden würden, man mischt sich in die Streitigkeiten der Staaten unter einander oder der Parteien innerhalb der einzelnen Staaten, nicht um sie zu schlichten, sondern um sie hinzuhalten und zu nähren, man ermuntert insbesondere die Gegner des achäischen Bundes, Alles jedoch zunächst mit einer gewissen Vorsicht, so dass man sich sogar unter Umständen nicht scheut, einen Schritt zurückzuthun. Es ist diess nämlich die Zeit, wo man die Besorgniss hegen musste, dass Philipp den Krieg erneuern möchte, und wo man es also vermied, die Griechen zu reizen, damit sie nicht etwa mit diesem gemeine Sache machten.

In dieser Weise verfuhr man bis zum J. 179, bis zu dem Jahre, wo Philipp starb. Nachdem durch dessen Tod die Kriegsgefahr für die nächste Zeit beseitigt war, so ging man einen Schritt weiter. Es gab damals in dem achäischen Bunde eine Generation von Staatsmännern, die, von Philopoemen geleitet und von ihm ausgehend, die noch vorhandenen besseren Elemente des Volks zu beleben und um sich zu sammeln wusste und die mit eben so viel Freiheitsgefühl und Patriotismus als Einsicht und Selbstaufopferung die allgemeinen Angelegenheiten leitete. Um also diese Männer zu beseitigen und ihren lästigen Widerstand zu brechen, obwohl sich derselbe durchweg innerhalb der Grenzen der Verträge und der Verfassung hielt, bildete man sich im Schooss des achäischen Bundes eine aus feilen Vaterlandsverräthern bestehende Partei, mit dem Kallikrates an der Spitze, die man auf alle mögliche Weise nährte und förderte, der man alle Regierungsgewalt in die Hände spielte, und die nun die öffentlichen Angelegenheiten ganz so leitete, wie es die Römer in ihrem Interesse und zum Verderben Griechenlands wünschten.*) Und in ähnlicher Art wurde auch in den übrigen griechischen Staaten verfahren.

So wurde Griechenland zu Grunde gerichtet und es war nur ein weiterer Verfolg dieser Politik, wenn im J. 167 die besten Männer des achäischen Bundes, tausend an der Zahl, ohne alle ihre Verschuldung nach Rom abgeführt und dort 17 Jahre wider alles Recht zurückgehalten wurden, und wenn endlich im J. 146 mit der Niederschlagung eines letzten verzweifelten Widerstandes die Freiheit und Selbstständigkeit Griechenlands völlig und für immer vernichtet wurde.

In Bezug auf diesen letzten Krieg verkennen wir nicht, dass derselbe eben so thöricht unternommen als feige und planlos geführt wurde, es war in der That, wie es Polybius mit beredten Worten beklagt, ein Untergang in Unehren, wir

---

*) Pol. XXI, 3: ἡ δὲ σύγκλητος — τότε πρῶτον ἐπεβάλετο τοὺς μὲν κατὰ τὸ βέλτιστον ἱσταμένους ἐν τοῖς ἰδίοις πολιτεύμασιν ἐλαττοῦν, τοὺς δὲ καὶ δικαίως [καὶ ἀδίκως] προσιρέχοντας αὑτῇ σωματοποιεῖν· ἐξ ὧν αὐτῇ συνέβη κατὰ βραχὺ τοῦ χρόνου προβαίνοντος κολάκων μὲν εὐπορεῖν φίλων δὲ σπανίζειν ἀληθινῶν.

wollen ferner nicht in Abrede stellen, dass der Ausbruch des Kriegs den Römern bei ihrer Abgeneigtheit gegen alle gewaltsamen Massregeln unangenehm war, um so unangenehmer, als er gleichzeitig mit dem letzten macedonischen Kriege erfolgte. Wenn aber die Leidenschaften der Griechen diesen gewaltsamen Ausbruch nahmen und wenn es dann an tüchtigen Führern der Bewegung völlig fehlte: so ist eben diess wenigstens zum grossen Theile auf Rechnung der Römer zu schreiben, die nicht abgelassen hatten die Griechen fortwährend durch Intriguen und Unbilden zu reizen, und die zugleich Alles gethan hatten, um die griechischen Staaten im Innern zu zerrütten und sie ihrer besten Männer zu berauben.

Diess der Hergang der Dinge, wie ihn die Quellen ergeben und wie er auch sonst bis auf H. M. allgemein aufgefasst und dargestellt worden ist.

H. M. dagegen findet in der Freierklärung der Griechen nichts als die Wirkung des Edelmuths und der· hellenischen Sympathien der Römer und insbesondere des Flamininus, eines Mannes „von der jüngeren Generation, welche mit dem altväterischen Wesen auch den altväterischen Patriotismus von sich abzuthun anfing und zwar auch an das Vaterland, aber mehr an sich und an das Hellenenthum dachte" (I. S. 706). „Nur von der verächtlichen Unredlichkeit" (so heisst es an der schon oben S. 6 angeführten Stelle) „oder der elenden Sentimentalität kann es verkannt werden, dass es mit der Befreiung Griechenlands den Römern Ernst war." Und es wäre daher „vielleicht für Rom wie für Griechenland besser gewesen, wenn die Wahl auf einen minder von hellenischen Sympathien erfüllten Mann gefallen und ein Feldherr dorthin gesandt worden wäre, — der Hellas nach Verdienst behandelt, den Römern aber es erspart hätte unausführbaren Idealen nachzustreben." (I. S. 706)

Ueber das Abbrechen des Kriegs mit Nabis äussert er sich folgendermassen (S. 715): „Der Unbefangene wird nicht verkennen, dass Flamininus diese schwierigen Angelegenheiten so billig und gerecht regelte, wie es möglich ist, wo zwei beiderseits unbillige und ungerechte politische Parteien sich gegenüberstehen." Er fügt zwar hinzu: „Es ist möglich, dass Flamininus, der den Nabis kannte und wissen musste, wie wünschenswerth dessen persönliche Beseitigung war, davon abstand, um nur einmal zu Ende zu kommen und nicht durch unabsehbar sich fortspinnende Verwicklungen den reinen Eindruck seiner Erfolge zu trüben; möglich auch, dass er überdiess an Sparta ein Gegengewicht gegen die Macht der achäischen Eidgenossenschaft im Peloponnes zu conserviren suchte. Indess der erste Vorwurf trifft einen Nebenpunkt und in letzterer Hinsicht ist es wenig wahrscheinlich, dass die Römer sich herabliessen die Achäer zu fürchten." Wenn er aber hiermit ein gewisses Zugeständniss zu machen scheint, so sieht man, dass diess nur geschieht, um es sogleich wieder aufzuheben.

Demgemäss ist es nun auch nicht die Schuld der Römer, wenn sich bei den Griechen an die Freierklärung eine ununterbrochene Kette von Streitigkeiten und inneren Fehden knüpft, sondern es ist diess lediglich die Folge der Unverträglichkeit und Erbärmlichkeit der Griechen selbst, und wenn die Römer irgend ein Vorwurf trifft, so ist es der, dass sie sich in grossartiger, sogar zu „sträflicher Gleichgültigkeit" (S. 746) ausartender Unbekümmertheit zu wenig in die griechischen Angelegenheiten einmischen. „Die römischen Staatsmänner kümmerten sich so wenig als möglich um diese Sündfluth in der Nussschale, wie am besten die vielfachen Klagen beweisen über die oberflächlichen, widersprechenden und unklaren Entscheidungen des Senats; freilich wie sollte er klar antworten, wenn auf einmal vier Parteien aus Sparta zugleich im Senat gegen einander redeten" (S. 746). „Weit entfernt sich zu viel in diese Angelegenheiten zu mischen, ertrug der Senat nicht bloss die Nadelstiche der achäischen Gesinnungstüchtigkeit mit musterhafter Indifferenz, sondern liess selbst die ärgsten Dinge mit sträflicher Gleichgültigkeit geschehen" (ebend.). Und um auch hier eine bereits oben S. 6 angeführte Stelle zu wiederholen zum Beweise, wie sicher und apodiktisch H. M. diese Ansicht ausspricht: „Der von dem gelehrten

Pöbel hellenischer und nachhellenischer Zeit bis zum Ekel wiederholte Vorwurf, dass die Römer bestrebt gewesen wären inneren Zwist in Griechenland zu stiften, ist eine der tollsten Abgeschmacktheiten, welche politisirende Philologen nur je ausgesonnen haben."

So ist denn auch das weitere traurige Geschick Griechenlands in keiner Weise die Schuld der Römer, sondern nur der Griechen selbst; von Seiten der ersteren ist es nichts als eine Sache der Nothwendigkeit, zu der sie nur ungern und zögernd greifen. So heisst es in Bezug auf die Wegführung der tausend Achäer, dass man dabei „nicht so sehr den Zweck verfolgte, den weggeführten Leuten den Process, als die kindische Opposition der Hellenen mundtodt zu machen" (S. 775). „Wie die Dinge einmal standen, war dieser Ausweg, so gewaltsam er war, noch der erträglichste und die enragirten Griechen der Römerpartei sehr wenig zufrieden, dass man nicht häufiger köpfte" (ebend.). Und über die Zurückhaltung derselben in Italien trotz der wiederholten Bitten der übrigen Achäer heisst es (ebend.): „Den Achäern, die wie gewöhnlich sich nicht zufrieden gaben, bis sie die Antwort hatten, die sie ahnten, erklärte der Senat, ermüdet durch die ewigen Bitten um Einleitung der Untersuchung, endlich rund heraus, dass bis auf weiter die Leute in Italien bleiben würden. Sie wurden hier in den Landstädten internirt und leidlich gehalten, Fluchtversuche wurden mit dem Tode bestraft." Eben so endlich wird über die letzte Katastrophe Griechenlands im J. 146 geurtheilt (II. S. 44—51). Der Umstand, dass die Achäer nach manchen andern ähnlichen Unbilden jetzt die Weisung erhalten, auf Korinth, Orchomenos, Argos, Sparta und Heraklea am Octa d. h. auf ihre ganze politische Bedeutung zu verzichten, wird nur beiläufig erwähnt, ohne demselben irgend einen Einfluss auf die Beurtheilung des weiteren Verlaufs der Dinge einzuräumen (S. 44); dagegen wird die gleissnerische Milde, welche die römischen Gesandten zeigten (ohne jedoch von jener Forderung etwas nachzulassen), überall für baare Münze genommen und auf der andern Seite die Unbesonnenheit und Rath- und Muthlosigkeit der damaligen

Führer des achäischen Bundes und der in demselben herrschenden Partei mit den grellsten Farben ausgemalt. Und so ergiebt sich denn als Schlussurtheil, „dass an dem Kriege selbst nicht die Römer die Schuld trugen, sondern dass die unkluge Treubrüchigkeit und die schwächliche Tollkühnheit der Griechen die Intervention erzwangen" (S. 50). Auch wird das Schicksal Griechenlands, wie es sich jetzt gestaltete, nicht eben ungünstig befunden. „Das themistokleische Epigramm" (so heisst es ebend.), „dass der Ruin den Ruin abgewandt habe, wurde von den damaligen Hellenen nicht ganz mit Unrecht angewandt auf den Untergang der griechischen Selbsständigkeit."

Dabei ist es für H. M. besonders charakteristisch, was freilich eine nothwendige Consequenz seiner Auffassung des ganzen Hergangs der Dinge ist, dass er jene Patriotenpartei des Philopoemen und seiner Nachfolger und alle diejenigen, welche mit ihnen übereinstimmen, überall mit Hohn und Spott überschüttet, während ihm Kallikrates und Genossen wenigstens Männer sind, welche wissen, was sie wollen. Der „achäische Patriotismus" ist ihm nichts als „eine Thorheit und eine wahre historische Fratze." „Stets horcht Jeder nach Rom, der liberale Mann nicht weniger als der servile: man dankt dem Himmel, wenn das gefürchtete Decret ausbleibt; man mault, wenn der Senat zu verstehen giebt, dass man wohl thun werde freiwillig nachzugeben, um es nicht gezwungen zu thun; ,man thut was man muss wo möglich in einer für die Römer verletzenden Weise, um die Formen zu retten'; man berichtet, erläutert, verschiebt, schleicht sich durch und wenn das endlich alles nicht mehr gehen will, so wird mit einem patriotischen Seufzer nachgegeben. Das Treiben hätte Anspruch wo nicht auf Billigung doch auf Nachsicht, wenn die Führer zum Kampf entschlossen gewesen wären und der Knechtschaft der Nation den Untergang vorgezogen hätten" (also etwa wenn sie gethan hätten, was nachher Diaeos und Kritolaos thaten und wesshalb diese von H. M. und zwar mit Recht so nachdrücklich getadelt worden); „aber weder Philopoemen noch Lykortas dachten an einen solchen politischen Selbstmord, man wollte wo möglich frei sein, aber denn doch vor allem leben." Kallikrates dagegen kommt mit folgendem wenigstens halb lobenden Urtheile davon (S. 746): „Jener Achäer Kallikrates, der im J. 575 (179 v. Chr.) an den Senat ging, um ihn über die Zustände im Peloponnes aufzuklären und eine folgenrechte und gehaltene Intervention zu fordern, mag als Mensch noch etwas weniger getaugt haben als sein Landsmann Philopoemen, der jene Patriotenpolitik wesentlich begründet hat; aber er hatte Recht."

Diess also ist das Bild, welches H. M. — wir wiederholen es, im Widerspruch mit den Quellen wie mit der allgemein herrschenden Ansicht — von dem Verfahren der Römer gegen die Griechen entwirft.*)

Was nun zunächst die Freierklärung Griechenlands und das Abbrechen des Kriegs mit Nabis anlangt: so stützt H. M., wie aus den oben angeführten Stellen hervorgeht, seine Ansicht hauptsächlich auf den Philhellenismus und auf den Edel-

---

*) Wir wollen auch hier nicht unbemerkt lassen, dass an mehreren Stellen die römische Politik mit Obigem nicht völlig übereinstimmend geschildert wird, z. B. I. S. 769. II. S. 20. Hier wird das Verfahren der Römer ohne Ausnahme, also auch hinsichtlich Griechenlands, als „einer Grossmacht nicht würdig" bezeichnet und wegen der beständigen Eingriffe „in den Gang der afrikanischen, hellenischen, asiatischen, ägyptischen Angelegenheiten" und wegen der ununterbrochenen Gesandtschaften „nach Karthago und Alexandrien, an die achäische Tagsatzung und die Höfe der vorderasiatischen Herren" nachdrücklichst getadelt, freilich mit der wesentlichen Abweichung gegen unsere Ansicht, dass damit der Tadel der Schlaffheit verbunden wird, während wir die Erklärung dieser unermüdlichen diplomatischen Thätigkeit auf der einen und des Zögerns und Lauerns auf der andern Seite vielmehr in der früher geschilderten Neigung zu den Künsten der Intrigue suchen zu müssen glauben. Auch hinsichtlich der Beurtheilung des Philopoemen und seiner Anhänger und der römisch gesinnten Partei dürfte in folgenden Worten ein Widerspruch zu erkennen sein (I. S. 757): „Dass die tüchtigsten und rechtschaffensten Leute in ganz Griechenland gegen Rom Partei ergriffen, war in der Ordnung; römisch gesinnt war nur die feile Aristokratie." Denn wer sollte hiernach nicht meinen, dass H. M. den ersteren seine lebhaftesten Sympathien widmen, die Römerfreunde aber mit dem bittersten Hass verfolgen müsste?

muth des Flamininus, so dass er meint, das Verfahren der Römer würde ein anderes gewesen sein, wenn nicht gerade Flamininus die Leitung der Angelegenheiten in Griechenland in der Hand gehabt hätte.

Hiergegen ist indess erstens einzuwenden, dass weder dieser Philhellenismus noch dieser Edelmuth als etwas so Feststehendes anzusehen sein dürfte. Wir finden allerdings bei Plutarch (Flam. 12), dass Flamininus auf einige Weihgeschenke in Delphi Inschriften eingraben lässt, in denen er sich der Befreiung Griechenlands mit hohen Worten rühmt, und an einer andern Stelle (das. c. 16), dass er sich der Chalcidenser annimmt und durch sein Fürwort bei Acilius Glabrio ein härteres Geschick von ihnen abwendet. Indessen diese Thatsachen reichen bei Weitem nicht hin, um Hrn. M.'s Ansicht zu begründen. Jene Inschriften finden auch ohne die Annahme besonderer hellenischer Sympathien ihre volle Erklärung in der bekannten Eitelkeit des Flamininus, und wenn man aus der andern Thatsache einen Schluss auf den Edelmuth des Flamininus ziehen wollte, so steht dem eine Reihe von Vorgängen entgegen, die das Gegentheil beweisen, wie z. B. sein oben (S. 142) erwähnter Versuch, den Demetrius zur Empörung gegen seinen Vater Philipp aufzureizen, seine ebenfalls bereits (S. 141 Anm.) erwähnte Täuschung Philipps, seine bekannte Betheiligung an der ungrossmüthigen Verfolgung Hannibals u. A. m. Ueberhaupt glauben wir nicht, dass die Sympathien der Römer für die Griechen sich jemals über ihre Literatur hinaus bis zu einer gewissen Achtung und Rücksichtnahme gegen sie selbst erstreckt haben; wenigstens sehen wir, dass selbst später, wo das Griechenthum hinsichtlich der Literatur eine noch viel grössere Rolle in Rom spielt als zur Zeit des Flamininus, die Griechen selbst immer mit der grössten Geringschätzung behandelt worden.

Zweitens aber — und diess ist der Hauptgrund — ist die Befreiung gar nicht einmal das Werk des Flamininus, sondern vielmehr das des Senats, welcher, wie gewöhnlich, seine Commissarien absendet und diese mit bestimmten Instructionen versieht. Wir würden diess auch ohne besonderes

Zeugniss annehmen müssen, da es immer geschieht (siehe Becker-Marquardt, III. 1. S. 243). Es wird uns aber in unserem Falle zum Ueberfluss ausdrücklich bezeugt mit dem Hinzufügen, dass nur in Bezug auf Chalcis, Korinth und Demetrias den Commissarien (im Verein mit Flamininus) überlassen worden sei, die Entscheidung nach eigenem Ermessen zu treffen, s. Pol. XVIII, 27. 28. Liv. XXXIII, 24 ff. Plut. Flam. 10. Flamininus mochte also immerhin einen gewissen Einfluss ausüben: sollte aber hinsichtlich der Hauptsache der Senat sich durch ihn haben bestimmen lassen etwas zu thun, was er nicht selbst für zweckmässig und seinen Principien entsprechend gefunden, wofür also nicht er, sondern Flamininus die Verantwortung zu tragen hätte?

Wenn aber sonach die Befreiung Griechenlands im Zusammenhang mit der gesammten äusseren Politik des römischen Senats zu beurtheilen ist und wenn wir anderwärts finden, dass die Römer die Freierklärung von Ländern als Vorbereitung zu ihrer Unterwerfung anwenden,*) dass sie sich fortwährend in die Angelegenheiten der angeblich freien Völker mischen und Zwist und Unfrieden unter ihnen säen, um sie zu schwächen und innerlich zu zerrütten und sie so zur leichten Beute zu machen, wenn sonach die Freierklärung sonst überall nicht das Werk der Sympathie und des Edelmuths, sondern ein diplomatisches Kunststück ist: wird man dann nicht auch hinsichtlich der Griechen berechtigt sein, das Gleiche anzunehmen?

Setzen wir diess aber hinsichtlich der Freierklärung voraus: so wird sich auch das Abbrechen des Krieges mit Nabis unter denselben Gesichtspunkt stellen, wie es denn auch von den Achäern selbst nicht anders angesehen wurde.**) Wenn

---

*) Ausser den schon oben angeführten Beispielen von Macedonien und Lycien und Karien verweisen wir noch auf das Beispiel von Cyrenaica, s. Liv. LXX. Justin. XXXIX, 5, und von Grossphrygien, App. Mithrid. 11. 12. 56. Justin. XXXVIII, 5.

**) Liv. XXXIV, 41: *serva Lacedaemon relicta et lateri adhaerens tyrannus non sincerum gaudium praebebant.*

H. M. in der oben angeführten Stelle selbst anerkennt, dass dabei der Zweck obgewaltet haben möge, in Nabis ein Gegengewicht gegen den achäischen Bund zu conserviren, dieses Anerkenntniss aber nachher durch die Bemerkung wieder halb aufhebt, dass Rom den achäischen Bund nicht füglich habe fürchten können: so erinnern wir daran, dass der römische Senat in der damaligen Zeit, wie wir im Eingang dieser Abhandlung entwickelt haben, überhaupt jeden Krieg thunlichst zu vermeiden suchte und seine Zwecke am liebsten durch diplomatische Künste erreichte.

Wenn wir aber in Bezug auf diese ersten Schritte der Römer, da es sich dabei um innere Motive handelt, der Natur der Sache nach mit unserer Beweisführung nicht über die Wahrscheinlichkeit hinaus gelangen können: so sind wir von nun an hinsichtlich der weiteren Intriguen der Römer in dem günstigeren Falle, Hrn. M. Thatsachen entgegenstellen zu können. Bei der grossen Menge derselben und bei der Complicirtheit der griechischen Verhältnisse, die ein genaues Eingehen auf das Einzelne kaum gestattet, sind wir indess genöthigt, uns auf eine Auswahl zu beschränken, die jedoch, wie wir hoffen, für unsern Bedarf vollkommen ausreichen wird. Wir wollen zu diesem Zweck zuvörderst die Verhältnisse zwischen dem achäischen Bunde und Sparta etwas näher ins Auge fassen.

Es wird kaum der besonderen Bemerkung bedürfen, dass in dem Masse, in welchem es uns gelingt, in dem weiteren Verhalten der Römer gegen die Griechen das Berechnete und Tendentiöse nachzuweisen, zugleich auch unsere Auffassung von jenen ersten Schritten ihre vollere Bestätigung finden wird.

Die Spannung zwischen dem achäischen Bunde und Sparta, welche durch den Frieden von 195 nur noch mehr geschärft worden war, musste nothwendig zu einem Ausbruch führen. Nabis, der seine Einengung nicht ertragen konnte, begann die Feindseligkeiten, indem er gegen die Friedensbedingungen sich Gytheums bemächtigte. Er wurde indess in Folge einer eigenthümlichen Verwickelung durch die Aetolier getödtet, und eben diese Verwickelung lieferte nunmehr Sparta in die Hände des achäischen Bundes. Diess geschah im J. 192. Sparta wurde dem Bunde einverleibt, es behielt aber die Lykurgische Verfassung und mancherlei Anderes, was der Vereinigung mit dem Bunde im Wege stand, und es regte sich daher bald eine diesem feindselige Partei, welche die Feindseligkeiten im J. 189 mit dem Angriff auf einen unter dem Schutze des Bundes stehenden Platz von Neuem begann. So kam es wieder zum Krieg, der damit endete, dass Sparta im J. 188 niedergeworfen, die Lykurgische Verfassung abgeschafft und die Mauern der Stadt niedergerissen wurden; was nicht ohne eine gewaltsame Verletzung des Völkerrechts abging, die indess weniger den Achäern als den in ihrer Begleitung befindlichen spartanischen Verbannten zur Last fällt. S. Liv. XXXVIII, 30—34.

Ehe die Achäer diesen letzten Krieg anfingen, wandten sie sich an den eben in Griechenland anwesenden Consul Fulvius und dann auch an den römischen Senat, um über den Friedensbruch der Spartaner Beschwerde zu führen und Abhülfe zu verlangen. Sie erhielten aber von beiden Seiten zweideutige Antworten, die von den Achäern wie von den Spartanern als ihnen günstig gedeutet werden konnten.[*]) Die Römer wollten eben den Krieg, von dem sie voraussetzen mochten, dass er sich ohne Entscheidung hinziehen und so dazu dienen würde, beide Theile zu schwächen. Als nun aber der Krieg, jedenfalls sehr wider Erwarten und Wunsch der Römer, von den Achäern so schnell und glücklich beendigt worden war, so hütete man sich zwar vor einem gewaltsamen Einschreiten, dagegen liess man es sich aber angelegen sein, einen neuen Samen der Zwietracht auszustreuen. Man sprach in Betreff der Vorgänge vom J. 188 wiederholt seine Missbilligung aus, s. Pol. XXIII, 1. 7. 10. Liv. XXXIX,

---

[*]) Vom Consul heisst es Liv. XXXVIII, 32: *Consul cum alia satis ambitiose partem utramque fovendo incerta respondisset* —, vom Senat ebend.: *responsum ita perplexum fuit, ut et Achaei sibi de Lacedaemone permissum acciperent et Lacedaemonii non omnia iis concessa arbitrarentur.*

36, und ausserdem zog man die spartanischen Verbannten an sich, die von den Umwälzungen der Jahre 195, 192 und 188 her, nach der Heimkehr verlangend, die übrigen griechischen Städte füllten, und erweckte so in diesen die Hoffnung auf die Zurückführung, während man sich zugleich in Sparta durch die Aussicht auf Wiederherstellung der Unabhängigkeit eine Partei bildete.

Wir können nicht umhin, wenigstens aus der Zeit bis zum J. 179 einige einzelne Vorgänge hervorzuheben, die das Verhalten der Römer charakterisiren.

Zunächst eine Probe von der gleissnerischen Sprache der Römer. Als im J. 185 eine römische Gesandtschaft unter Führung des Q. Caecilius Metellus von den Behörden des achäischen Bundes verlangte, dass sie eine allgemeine Volksversammlung berufen sollten: so weigerten sich die Behörden unter Berufung auf das von den Römern anerkannte Bundesrecht, wonach eine solche ausserordentliche Versammlung nur dann zu berufen war, wenn die römischen Gesandten eine schriftliche Beglaubigung vorlegten, Pol. XXIII, 10. Hierauf wurde achäischen Gesandten, die desshalb nach Rom gingen, zuerst im Senate erklärt, dass die Achäer billiger Weise den römischen Gesandten immer Gelegenheit zu geben hätten, vor der Volksversammlung zu reden, gleichwie ihren Gesandten immer gestattet werde, im Senat zu erscheinen, und diese Erklärung wurde sodann im J. 184 von römischen Gesandten auch in der Volksversammlung der Achäer wiederholt, Pol. XXIII, 12. Liv. XXXIX, 33. War es erstens wirklich dasselbe, wenn man die achäischen Gesandten, oft nach langem Warten, im Senat anhörte, und wenn eine Volksversammlung der Achäer berufen wurde? Und wer will zweitens es glauben, dass die Römer je daran gedacht hätten, sich mit den Achäern gleichzustellen? Eben diese Gesandten kehrten in demselben Jahre (184) noch einmal nach Achaja zurück und gaben hier in einer andern Volksversammlung, der sie beiwohnten, den Achäern zur Erwiederung auf eine Rede des Lykortas, worin dieser das Benehmen des Bundes gegen Sparta gerechtfertigt hatte, statt aller Gegengründe den charakteristischen Rath, man möge das, was die Römer wünschten, lieber freiwillig thun, um es nicht bald gezwungen thun zu müssen.*)

Der folgende Vorgang lässt uns erkennen, wie weit die Römer von jener Unbekümmertheit um die auswärtigen Dinge, die H. M. annimmt, entfernt waren. Jener Fall, auf den H. M. hindeutet, wo „auf einmal vier Parteien aus Sparta zugleich im Senat gegen einander redeten," fand im J. 183 statt, s. Pol. XXIV, 4. Liess nun etwa der Senat die Sache auf sich beruhen oder begnügte er sich mit einem nichtssagenden Bescheid? Nichts weniger als diess. Vielmehr setzt er eine Commission ein, aus Männern bestehend, die erst vor Kurzem als Gesandte in Griechenland gewesen und desshalb über die dortigen Angelegenheiten genau unterrichtet waren. Diese Commission unterhandelt mit den Spartanern sowohl als mit den ebenfalls anwesenden achäischen Gesandten, es wird mit den ersteren eine schriftliche Vereinbarung getroffen, wonach die Verbannten nach Sparta zurückkehren sollten, und zu diesem Vertrag wird auch den achäischen Gesandten das Zugeständniss abgepresst, obwohl man wissen musste, dass dieselben hierzu keine Vollmacht hatten und das Zugeständniss also nur die Folge haben konnte, dass die Zwistigkeiten neu angefacht wurden. Und hiermit nicht zufrieden, schickte man auch noch eine Gesandtschaft nach Griechenland, den uns bereits bekannten Q. Marcius Philippus an der Spitze. Solcher Art also war die Unbekümmertheit der Römer um die griechischen Angelegenheiten!

In eben diesem Jahre (183) brach ein Krieg zwischen dem achäischen Bunde und den Messeniern aus, auf den wir zurückkommen werden. Die Römer hatten eigentlich die Verpflichtung dem Bunde Hülfe zu leisten. Indess Marcius Philippus machte nach seiner Rückkehr von der eben erwähnten Gesandtschaft den Senat darauf aufmerksam, dass die Spartaner wahrscheinlich mit den Messeniern gegen den Bund

---

*) Liv. XXXIX, 37: *ut dum liceret voluntate sua facere, gratiam inirent, ne mox inviti et coacti facerent.*

gemeine Sache machen würden, wenn sie hoffen dürften, an den Römern einen gewissen Rückhalt zu haben.*) Und so wurde nicht allein die erbetene Hülfe nicht gewährt, sondern auch den achäischen Gesandten angekündigt, dass man sich nicht darum kümmern würde, wenn auch Sparta und Korinth und Argos vom Bunde abfielen, was, wie Polybius mit Recht bemerkt, so viel hiess, als an diese Staaten, namentlich an Sparta, eine directe Aufforderung zum Abfall richten.**)

Im J. 181 endlich wurde den spartanischen Verbannten geradezu erklärt, dass man wegen ihrer Zurückführung an den achäischen Bund schreiben werde, s. Pol. XXV, 2. Liv. XXXIX, 48. Man blieb aber für diessmal noch auf halbem Wege stehen, indem man es unterliess, dem achäischen Bunde diese Aufforderung direkt zugehen zu lassen, wesshalb denn auch der achäische Bund es nicht für nöthig fand, ihr Folge zu leisten, Pol. XXV, 3.

So weit also war man bis zum J. 179 vorgegangen. In diesem Jahre aber, wo, wie wir uns erinnern, Kallikrates sich den Römern als Werkzeug zur Knechtung seines Vaterlandes anbot und von diesen bestens als solches acceptirt wurde, da vollendete man, was man bis dahin vorbereitet und begonnen hatte. Nun schickte man den Achäern den bestimmten Befehl, die verbannten Spartaner zurückzuführen, und forderte zugleich alle übrigen griechischen Staaten, bei denen man Hass und Eifersucht gegen den achäischen Bund voraussetzen oder zu erregen hoffen konnte, die Aetoler, die Epiroten, die Athener, die Böotier, die Akarnanen auf, mit zu helfen, dass diesem Befehl Folge geleistet werde, und Kallikrates

---

*) Pol. XXIV, 10: περὶ δὲ τῶν κατὰ Πελοπόννησον ὁ Μάρκιος τοιαύτην ἐπεποίητο τὴν ἀπαγγελίαν, διότι τῶν Ἀχαιῶν οὐ βουλομένων ἀναφέρειν οὐδὲν ἐπὶ τὴν σύγκλητον, ἀλλὰ φρυαττομένων καὶ πάντα δι' ἑαυτῶν πράττειν ἐπιβαλομένων, ἐὰν παρακούσωσι μόνον αὐτῶν κατὰ τὸ παρὸν καὶ βραχεῖαν ἔμφασιν ποιήσωσι δυσαρεστήσεως, ταχέως ἡ Λακεδαίμων τῇ Μεσσήνῃ συμφορήσει.

**) Pol. a. a. O.: κηρύγματος ἔχουσαν διάθεσιν τοῖς βουλομένοις ἕνεκεν Ῥωμαίων ἀφίστασθαι τῆς τῶν Ἀχαιῶν πολιτείας.

säumte denn auch nicht, nachdem er durch den Einfluss der Römer und durch Bestechung zum Strategen ernannt worden war, den Befehl sofort pünktlich zu vollziehen, Pol. XXVI, 3. Es ist leicht zu denken, dass diese Verbannten, von jeher die Widersacher des Bundes und durch den letzten Kampf um ihre Rückkehr aufs Aeusserste gegen denselben gereizt, deren politische Existenz überdem ganz und gar von den Römern abhing, nach ihrer Rückkehr jeden Augenblick auf die leiseste Anregung von Rom aus bereit waren, sich in den Krieg mit den Achäern zu stürzen, so dass also das römische Schwert von nun an fortwährend über den Häuptern der Achäer hing, und man wird es daher nicht übertrieben finden dürfen, wenn Polybius von dieser Massregel sagt, dass sie von den Römern getroffen worden sei, um die Achäer zu Grunde zu richten ($\chi\acute{\alpha}\varrho\iota\nu$ $\tau o\tilde{v}$ $\sigma\upsilon\nu\tau\varrho\tilde{\iota}\psi\alpha\iota$ $\tau o\grave{v}\varsigma$ $\mathit{{}'A\chi\alpha\iota o\acute{v}\varsigma}$).

Wir fügen hierzu noch den bereits berührten Vorgang mit Messenien, der uns nicht minder deutlich zu sein scheint.

Die Messenier gehörten seit dem J. 191 zu dem achäischen Bunde und zwar auf Anordnung des Flamininus, s. Liv. XXXVI, 31. Pol. XXIII, 10. Im J. 183 fielen sie vom Bunde ab, wie es nach Plut. Flam. 17. Pol. XXIV, 5 scheint, nicht ohne Mitwissen und Mitwirken des Flamininus. Es brach also der Krieg aus, der zunächst für die Achäer einen unglücklichen Verlauf nahm und ihnen namentlich durch den Tod des Philopoemen einen unersetzlichen Verlust brachte. Nun schicken die Achäer die oben erwähnte Gesandtschaft nach Rom mit der Bitte, dass der Senat ihnen Hülfe leisten oder wenigstens die Zufuhr von Waffen und Mundvorrath für die Messenier verbieten möge. Keins von Beiden geschieht. Vielmehr hört man auf jenen Rath des Marcius und erlässt das schon angeführte Edikt, welches auch auf die Messenier als Aufforderung zum Beharren im Abfall wirken musste. Die achäischen Gesandten werden einstweilen ohne Bescheid hingehalten. Marcius aber hatte schon in Griechenland Alles aufgeboten, um die Achäer von der Fortsetzung des Kriegs gegen die Messenier abzuhalten und sonach zu bewirken, dass diese im Besitz der gewonnenen Vortheile und ihrer Unabhängigkeit vom Bunde blieben, Pol. XXVI, 2. Wer sieht hier nicht, dass die Römer, wie bei den Spartanern, so auch bei den Messeniern die Absicht verfolgten, die Achäer in Zwist und Feindseligkeiten zu verwickeln und dadurch zu schwächen? Dass man diess zur Zeit nur durch List und diplomatische Künste zu erreichen suchte, wird durch den weiteren Verlauf der Dinge bis zu einer Klarheit bewiesen, die beinahe einen erheiternden Eindruck macht. Als nämlich die Achäer den Krieg mit den Messeniern ohne römische Hülfe durch eigene Anstrengung zu einem glücklichen Ende gebracht, so werden nunmehr die achäischen Gesandten vor den Senat geladen, um zu vernehmen, dass das (natürlich jetzt ganz nutzlose) Verbot wegen der Zufuhr erlassen sei, Pol. XXV, 1, und als die Achäer neue Gesandte schickten, die das Verfahren gegen die Messenier rechtfertigen sollten, so werden diese gnädig und huldvoll von dem Senate aufgenommen, ebend. 2.

Die Wiedervereinigung Messeniens mit dem achäischen Bunde war, wie sich denken lässt, nicht ohne zahlreiche Verbannungen abgegangen. Diese messenischen Verbannten wurden sodann von Kallikrates in derselben Zeit und zu demselben Zweck und mit derselben Wirkung wieder in ihr Vaterland eingesetzt, wie wir es oben von den spartanischen berichtet haben.

Alle diese Vorgänge, die sich leicht mit manchen andern ähnlichen vermehren liessen, sind, wie uns scheint, von der Art, dass sie sich ohne die Annahme der berechneten, hinterlistigen, herrschsüchtigen Politik der Römer, die wir beweisen wollen, schlechterdings nicht erklären lassen.

Die weitere Entwickelung der Angelegenheiten des achäischen Bundes ist so klar, dass wir nur wenig zu bemerken finden. Was die Wegführung der tausend Achäer anlangt, so wird auch von H. M. nicht behauptet, was sich freilich auch gegen das ausdrückliche Zeugniss des Polybius (XXX, 10) kaum behaupten lässt, dass diese Männer sich irgend einer Unterstützung des Perseus oder auch nur eines geheimen Einverständnisses mit denselben schuldig gemacht hätten. Es ist also ein reiner Gewaltstreich, durch den Griechenland seiner besten und edelsten Männer, des Kernes der Nation, beraubt wird, ein Gewaltstreich, der das sittliche Gefühl um so mehr empört, weil er unter der Maske der Gerechtigkeit und Milde verübt wird.

II. M. sucht zwar die Massregel als nothwendig zu rechtfertigen: wo wäre aber je ein Gewaltstreich geführt worden, der sich nicht von der ihn führenden Selbstsucht und Herrschsucht oder im Dienste derselben als nothwendig und heilsam hätte bezeichnen lassen? Wenn H. M. dann noch hinzufügt, dass die Wegführung erfolgt sei, nicht um den „Leuten" den Process, sondern um sie mundtodt zu machen: so können wir diess freilich acceptiren, nur nicht in dem Sinne, in welchem es von H. M. gesagt wird: denn allerdings wurden jene Männer nicht allein mundtodt gemacht, sondern auch politisch todt, während ihnen eigentlich und nach der Erklärung der Römer der Process gemacht d. h. ihre Schuld oder Unschuld untersucht und nur, wenn die erstere erwiesen war, eine Strafe über sie verhängt werden sollte.

Um aber die letzte Katastrophe des achäischen Bundes richtig zu beurtheilen, müssen wir uns erinnern, erstens, dass Alles, was zu demselben gehört, in dieser Zeit fortwährend unter dem Drucke der Vaterlandsverräther Kallikrates, Andronidas und ihrer Genossen schmachtete, die, von der Gunst der Römer getragen, Recht und Gesetz mit Füssen traten (wie allgemein verhasst sie waren und wie schwer die Achäer dieses Joch ertrugen, mag man aus Polyb. XXX, 20 ersehen), zweitens, dass die immer wiederholten Bitten um die Entlassung der Tausend mit nichtigen Ausreden oder höhnischen Antworten erwiedert wurden[*]), und endlich, dass

---

[*]) s. Pol. XXXI, 8. XXXII, 7. XXXIII, 1. 2. 13. An der erstgenannten Stelle wird aus dem J. 164 berichtet, dass der Senat auf die Bitten der achäischen Gesandten, da alle seine bisherigen Ausreden widerlegt worden (διὰ τὸ πανταχόθεν ἐξελέγχεσθαι), geantwortet habe, die Rückkehr dieser Männer werde weder den Römern noch den Achäern nützlich sein, auf dass, wie Polybius hinzufügt, die Achäer fortan dem Kallikrates und seinen Genossen schweigend (συμμύσαντες) gehorchen

man den Achäern im J. 164 Pleuron (Paus. VII, 11, 1. Pol. XXXI, 9) und dann mit einem Male im J. 147 Sparta, Korinth, Orchomenos und Heraklea am Oeta entriss (Paus. VII, 14, 1—2), wodurch der Bund in seiner politischen Bedeutung so gut wie völlig vernichtet wurde.

Man wird auch schwerlich irren, wenn man annimmt, dass die schliessliche Entlassung des Restes der Tausend im J. 151 nicht ohne böswillige Absicht geschah. Wie man sie bis dahin nach jener Erklärung des Senats selbst aus Rücksicht auf den eigenen Vortheil (denn der der Achäer dürfte kaum sehr schwer in die Wagschale gefallen sein) zurückgehalten hatte, so entliess man sie jetzt aus dem gleichen Grunde, um nämlich die Verwirrung durch die Leidenschaft dieser, wie sich denken lässt, aufs Aeusserste gereizten Männer zu vermehren. Sie waren es denn auch hauptsächlich, welche die neuen Unruhen in Griechenland erregten, s. Zonar. IX, 31.

Wenn man alle diese Umstände erwägt, so wird man, wie wir hoffen, wenigstens geneigt sein, einen ziemlichen Theil der Schuld an dem Untergange Griechenlands von den unglücklichen Achäern auf diejenigen überzutragen, welche nicht abgelassen hatten, Verwirrungen anzustiften und die Gemüther zu reizen, und welche durch die zurückkehrenden Achäer selbst den Feuerbrand in das Land warfen. Wenn nachher eine zweite Gesandtschaft des L. Julius nach derjenigen, welche die Losreissung Sparta's u. s. w. verkündigt hatte, und wenn Metellus selbst im Jahre 146 besänftigende

---

möchten. Wenn Hr. M. in Bezug hierauf an der bereits angeführten Stelle (S. 775) sagt, dass die Achäer sich nicht zufrieden gegeben, bis sie die Antwort gehabt, die sie ahnten, so können wir hierin nur einen weiteren Hohn finden, der den unglücklichen Achäern zugefügt wird. Wie ganz anders urtheilt hierüber Polybius! Derselbe führt, nachdem er jene Antwort des Senats berichtet, so fort: ταύτης δὲ τῆς ἀποκρίσεως ἐκπεσούσης οὐ μόνον περὶ τοὺς ἀνακεκλημένους ἐγένετό τις ὁλοσχερὴς ἀθυμία καὶ παράλυσις τῆς ψυχῆς, ἀλλὰ καὶ περὶ τοὺς Ἕλληνας ὡσανεὶ κοινόν τι πένθος ἅτε δοκούσης τῆς ἀποκρίσεως ὁλοσχερῶς ἀφαιρεῖσθαι τὴν ἐλπίδα τῆς σωτηρίας τῶν ἀκληρούντων.

Worte im Munde führt, so mochte diess seinen Grund nur darin haben, dass sich der Ausbruch der Leidenschaften bei den Achäern heftiger und gewaltsamer äusserte, als der bedächtigen Weise des das Staatsruder lenkenden Senats convenirte.

Wir können uns aber nicht enthalten, über die Art der Beurtheilung, wie sie H. M. dem Philopoemen, Lykortas und den von ihm so genannten Patrioten überhaupt zu Theil werden lässt, noch einige Worte hinzuzufügen.

Die Lage des achäischen Bundes war in dieser Zeit von der Art, dass man Rom mit der Gewalt der Waffen nicht widerstehen konnte und daher den einzigen Schutz vor der Erdrückung durch diesen drohenden Koloss in dem Festhalten an den geschlossenen Verträgen und der auch durch die Römer anerkannten Verfassung zu suchen hatte. Wenn diess aber der Fall war, so fragen wir: was konnten die leitenden Männer Anderes thun, als die sittlichen Kräfte des Bundes möglichst steigern und zusammenhalten, als dasjenige, was die Römer innerhalb des Rechts verlangten, rasch und bereitwillig erfüllen, auf der andern Seite aber den Uebergriffen Roms mit dem Worte und der nie ganz unwirksamen Macht des Rechts entgegentreten und in solchen Fällen die Folgeleistung, wenn sie nicht ganz abgewendet werden konnte, doch wenigstens auf alle Art so lange als möglich hinausschieben? Eben diess aber ist es, was Philopoemen und Lykortas und ihre Genossen thaten, wie die Thatsachen beweisen und wie es Polybius an einer sehr schönen Stelle (XXV, 9) bezeugt. Diese Männer waren sich vollkommen bewusst, dass sie auf ihrem Wege nichts als Kränkungen zu erwarten hatten, sie erkannten ferner sehr wohl, dass die Vernichtung der Unabhängigkeit ihres Vaterlands nur hinauszuschieben, aber nicht zu verhüten war, sie mussten ferner nichts mehr vermeiden als gerade dasjenige, was durch einen gewissen Glanz ihnen eine Befriedigung der Ruhmbegierde und des Ehrgeizes gewähren konnte. Wenn sie nun gleichwohl auf ihrem Streben beharrten und dadurch den ihnen durch die Umstände gebotenen bescheidenen Zweck wirklich erreichten (denn wer wollte leugnen, dass durch sie eine gewisse Unabhängigkeit des Bundes noch eine Zeit lang erhalten und Griechenland noch einmal mit dem hellen Schein des Abendrothes umleuchtet worden ist): so ist diess nach unserer Meinung ein Patriotismus, heroischer als manche glänzende Grossthat, weil er frei von aller Selbstsucht ist, es ist die Tugend des Helden, der, um mit unserem Uhland zu reden, „glüht sich dem zu weihen, was fromme und nicht glänzt," eine Tugend, die, je weniger sie die Anerkennung der Mitlebenden zu finden pflegt, es um so weniger verdient, von der Geschichtschreibung verunglimpft zu werden.*)

Was jede andere Politik ausser dieser unter den damaligen Umständen für Folgen haben musste, also namentlich die Politik der Devotion und die der leidenschaftlichen Erregung (welche letztere allerdings das eigene Leben, aber auch die Existenz des Vaterlandes für nichts achtete), das hat die weitere Geschichte des achäischen Bundes an den Beispielen des Kallikrates und Andronidas auf der einen und des Diäus und Kritolaus auf der andern Seite nur zu deutlich bewiesen.

Wie aber gegen den achäischen Bund, eben so verfuhren die Römer auch gegen die übrigen griechischen Staaten. Wir wollen zum Beweis hierfür wenigstens einige Thatsachen rasch vorführen.

In Böotien gab es zur Zeit des Krieges mit Philipp von Macedonien, wie überall, eine macedonischgesinnte Partei, aus deren Mitte eine Anzahl dem Philipp in dem Kampfe gegen die Römer Beistand geleistet hatte. Diese Zuzügler wurden nach Beendigung des Kriegs von Flamininus (den wir auch hier wieder in der uns bekannten Weise thätig fin-

---

*) Es ist diess dieselbe entsagungsvolle Tugend, welche die edelsten Männer in Rom unter den despotischen Kaisern zu beweisen hatten und welche an Tacitus einen so warmen Lobredner gefunden hat. Wir erinnern nur an die bekannte Stelle (Agr. 42): *Sciant, quibus moris est inlicita mirari, posse etiam sub malis principibus magnos viros esse obsequiumque ac modestiam, si industria ac vigor adsint, eo laudis excedere, qui plerique per abrupta, sed in nullum reipublicae usum ambitiosa morte inclaruerunt.*

den) in die Heimath entlassen, weil es damals wegen des drohenden Kriegs mit Antiochus zweckmässig und nützlich schien, die Böotier durch Gunstbezeugungen zu gewinnen.*) Dadurch gewann aber die macedonischgesinnte Partei die Oberhand, und nun kamen die Führer der römischgesinnten Gegenpartei, Zeuxippus und Pisistratus, zu Flamininus und stellten vor, dass etwas geschehen müsse und dass es namentlich nöthig sei, den Führer jener Partei, Brachylles, aus dem Wege zu räumen. Diess geschah denn auch und zwar mit Zustimmung des Flamininus,**) hatte aber die Folge, dass der Parteikampf in Böotien aufs heftigste auflöderte, dass Pisistratus hingerichtet wurde, dass Zeuxippus fliehen musste, dass ganz Böotien in einen völlig anarchischen und rechtlosen Zustand verfiel und dass auch zahlreiche römische Soldaten, die durch das Land zogen, heimlich ermordet wurden. Was thaten nun aber die Römer? Sie begnügten sich zunächst (Flamininus war noch immer in Griechenland anwesend und er war es also, der die Dinge leitete) mit einer leichten Busse der Böotier für die ermordeten Soldaten, wodurch die Flamme der inneren Zwietracht und des Bürgerkriegs nicht gelöscht, sondern nur zugedeckt wurde. Erst nach Beendigung des Kriegs mit Antiochus forderten sie die Zurückberufung des Zeuxippus (auch hierbei war es wiederum Flamininus, der die Veranlassung gab). Aber auch jetzt machten sie der Sache kein Ende, sondern als die Böotier sich weigerten, den Zeuxippus zurückzurufen, so begnügten sie sich, den Achäern und Aetolern die Exekution des Beschlusses aufzutragen, ohne ihrerseits etwas Weiteres zu thun: was die unzweifelhaft in der Absicht der Römer liegende Folge hatte, dass

---

*) Pol. XVIII, 26: ὁ δὲ (Τίτος) βουλόμενος ἐκκαλεῖσθαι τοὺς Βοιωτοὺς πρὸς τὴν σφετέραν εὔνοιαν διὰ τὸ προοράσθαι τὸν Ἀντίοχον ἑτοίμως συνεχώρησεν (nämlich die Rückkehr jener Zuzügler).

**) Diess wird von Polybius ausdrücklich bezeugt, während Livius (auch diess wieder ein Beispiel seiner absichtlichen Reticenzen) zwar im Uebrigen dem Polybius genau folgt, diese Zustimmung aber ganz unerwähnt lässt.

Zeuxippus nicht zurückgerufen wurde, dass die inneren Zwistigkeiten nicht aufhörten, dass vielmehr zu ihnen noch ein äusserer Krieg hinzukam, und dass also Böotien immer mehr zerrüttet und geschwächt wurde. S. Pol. XVIII, 26. XXIII, 2. Liv. XXXIII, 27—29.

Wir reihen hieran noch einige Thatsachen aus der Zeit des Kriegs mit Perseus, um zu beweisen, dass damals, wo die Intriguen der Römer dem achäischen Bunde gegenüber am deutlichsten hervortreten, ihr Verfahren in den übrigen griechischen Staaten kein anderes war. Wie in Achaja den Kallikrates und Andronidas, eben so hatten sie auch anderwärts feile Vaterlandsverräther an sich gezogen, um Streit und Zwietracht zu säen und die Patrioten zu verderben, so in Epirus den Charops, in Akarnanien den Chremes und Glaucus, in Aetolien den Lyciscus und Thoas, Pol. XXVII, 13. XXXII, 21—22. Pol. XXVIII, 4. 5. Und nun wird mit Hülfe dieser dienstfertigen Werkzeuge weiter vorgeschritten. Schon im J. 171 werden mehrere Aetoler nach Rom geschickt und wider alles Recht dort zurückgehalten, Pol. XXVII, 13;*) im J. 169 werden von den eben anwesenden römischen Gesandten die Einleitungen getroffen, dass in Aetolien die Söhne der angesehensten patriotisch gesinnten Männer als Geisseln nach Rom abgeführt und dass in Akarnanien römische Besatzungen in die Städte gelegt werden sollen, was nur durch den Muth und die Energie ihrer Gegner verhindert wird, Polyb. XXVIII, 4. 5;**) endlich werden nach dem Kriege auf Betrieb jenes oben genannten Lyciscus 550 der angesehensten Aetoler von den Soldaten des A. Bäbius theils ermordet, theils ins Exil getrieben, Liv. XLV, 28, eine

---

*) Livius erwähnt zwar dieser Aetoler, ohne aber des eigentlichen Grundes, warum sie nach Rom geschickt wurden, zu gedenken, den er vielmehr lediglich in ihrer bei dem Reitertreffen des P. Licinius bewiesenen Feigheit findet, s. XLII, 60.

**) Auch hierbei wird von Livius der Intrigue der einheimischen Verräther und des inneren Zusammenhangs der Sache nicht gedacht, s. XLIII, 10.

Massregel, die nachher auch die Bestätigung des römischen Oberfeldherrn findet.*)

In allen diesen Vorgängen beim achäischen Bunde sowohl wie in den übrigen griechischen Staaten ist, wie wir schon oben bemerkt haben, zugleich ein hinreichendes Mass von Grausamkeit enthalten. Es ist in der That eine überaus grausame Quälerei, wenn der Stärkere den Schwächeren nie ruhen lässt, wenn er fortwährend an ihm herumtastet, wenn er ihm mit kaltem Blute eine Ungerechtigkeit und Kränkung nach der andern zufügt und dabei immer noch schöne Worte macht und eine besondere Anerkennung seiner Milde und Grossmuth in Anspruch nimmt: eine Quälerei, von der wir die volle Mitempfindung empfangen werden, wenn wir uns in die Seele der oben geschilderten Patrioten des achäischen Bundes versetzen. Um indess zum Schluss noch zu beweisen, dass die eigentlich oder doch gewöhnlich so genannte, in Blutvergiessen und gewaltsamer Zerstörung bestehende Grausamkeit auch in dieser Zeit den Römern nicht fremd ist, so wollen wir nur, von den zahlreichen Städten absehend, die, wie Oeniadae, Nasos, Anticyra, Aegina, Oreos, noch im Laufe des zweiten punischen Krieges von den Römern im Bunde mit den Aetolern zerstört und völlig vernichtet werden, s. Pol. IX, 39. XI, 5. XXIII, 8. Liv. XXVI, 24. 26. XXVIII, 6, an das Beispiel der Städte Chalcis, Oreos und Haliartos erinnern, von denen die beiden ersteren im J. 200 (Oreos zum zweiten Male), Haliartos im J. 171 in Trümmerhaufen verwandelt, die Einwohner aber niedergemacht oder in die Sclaverei verkauft werden, s. Liv. XXXI, 23. 24. 46. XLII, 63, und endlich noch der furchtbaren Grausamkeit gedenken, mit welcher im J. 167 mit einem Male 70 Städte

---

*) Liv. XLV, 31: *Aetoli deinde citati, in qua cognitione magis utra pars Romanis, utra regi favisset quaesitum est. Noxa liberati interfectores, exilium pulsis aeque ratum fuit ac mors interfectis. A. Bachius unus est damnatus, quod milites Romanos prachuisset ad ministerium caedis. Hic eventus Aetolorum caussae in omnibus Graeciae gentibus populisque eorum, qui partis Romanorum fuerant, inflavit ad intolerabilem superbiam animos.*

von Epirus durch die Römer nicht etwa erstürmt, sondern in wehrlosem Zustande überfallen und zerstört und ihre Einwohner, 150000 an der Zahl, in die Sclaverei verkauft werden, wie es scheint nur um die Soldaten für die ihnen entzogene Beute des macedonischen Kriegs schadlos zu halten, s. Pol. XXV, 15. Liv. XLV, 34.*)

So bietet uns die römische Geschichte derjenigen Zeit, von welcher wir handeln, überall das Bild einer äussern Politik, die, recht eigentlich aus dem Wesen des römischen Charakters erzeugt, in dieser Weise (wir glauben diess unbedenklich sagen zu können) noch nicht da gewesen war. Es hatte selbstverständlich schon vorher an Selbstsucht, an Gewaltthätigkeit, an Grausamkeit, List und Hohn, wie überhaupt, so auch in dem Verkehr der Völker unter einander nicht gefehlt, aber eine schlaue Berechnung und eine Heuchelei und eine Freude an diplomatischen Künsten, durch die der Andere übervortheilt wird, wie wir sie bei den Römern der damaligen Zeit finden, war bis dahin der Welt unbekannt geblieben. Nur allenfalls bei den Spartanern, die überhaupt in mancher Beziehung mit den Römern eine gewisse Aehnlichkeit zeigen, lässt sich in der Zeit ihres innern Verfalls und ihrer grössten äusseren Macht nach dem peloponnesischen Kriege ein kleiner Anfang dazu erkennen, der aber vor der Virtuosität der Römer völlig verschwindet.

Wir glauben auch sagen zu können, dass diese Art der Politik dem Mittelalter fremd blieb. Erst der Zeit, die in so

---

*) Trotz dem will H. M. (1. 696) für die Römer das Recht in Anspruch nehmen, über den König Philipp wegen ähnlicher Grausamkeiten sittlichen Unwillen zu empfinden und ihn desshalb vor ihr Gericht zu ziehen, indem er sagt: „Es ist seltsam den Römern das Recht zu bestreiten über die frevelhafte Behandlung der Kianer und Thasier in ihren menschlichen wie in ihren hellenischen Sympathien sich empört zu fühlen." (Uebrigens bieten die obigen Beispiele aus der Zeit des zweiten punischen Kriegs zugleich weitere Beispiele für die Reticenzen des Livius, indem der Zerstörung Aeginas bei ihm gar nicht, bei Oeniadae, Nasos und Anticyra wenigstens der grausamen Behandlung der Städte nicht gedacht und bei Oreos mit den zwei Worten *caedantur capiunturque* über die Sache hinweggegangen wird, XXVI, 24. 26. XXVIII, 6.)

vielen Beziehungen an das klassische Alterthum und an das römische insbesondere wieder anknüpfte, dem fünfzehnten Jahrhundert war es vorbehalten, sie praktisch wieder ins Leben zu rufen und zugleich durch Macchiavelli, den ausgezeichneten Kenner der römischen Politik, ein System derselben hervorzubringen.

Wir lassen es dahin gestellt, inwieweit es seitdem gelungen ist, diesen Macchiavellismus durch reinere sittliche Principien auch in der wirklichen Welt zu überwinden. Jedenfalls aber scheint es uns Pflicht und Aufgabe der Geschichtschreibung zu sein, diese reineren Principien zur Geltung zu bringen, nicht aber eine Politik zu preisen und zu fördern, welche die gleissnerische Sprache der Humanität und Gerechtigkeit nur zu dem Zwecke redet, um im Dienste der rücksichtslosesten Selbstsucht die Moral mit Füssen zu treten.

Halle, Druck der Waisenhaus-Buchdruckerei.

www.ingramcontent.com/pod-product-compliance
Lightning Source LLC
Chambersburg PA
CBHW020844160426
43192CB00007B/782